Simon Edwards

Ich denke, also glaube ich?

Was dem Leben Bedeutung gibt

Simon Edwards

ICH DENKE,
ALSO GLAUBE ICH?

Was dem Leben Bedeutung gibt

Aus dem britischen Englisch von Renate Hübsch

SCM
R.Brockhaus

SCM

Stiftung Christliche Medien

SCM R. Brockhaus ist ein Imprint der SCM Verlagsgruppe,
die zur Stiftung Christliche Medien gehört, einer gemeinnützigen Stiftung,
die sich für die Förderung und Verbreitung christlicher Bücher,
Zeitschriften, Filme und Musik einsetzt.

© der deutschen Ausgabe 2024
SCM R. Brockhaus in der SCM Verlagsgruppe GmbH
Max-Eyth-Straße 41 · 71088 Holzgerlingen
Internet: www.scm-brockhaus.de; E-Mail: info@scm-brockhaus.de

Originally published in English under the title *Sanity of Believe*
by SPCK Group, London, England.
Text by Simon Edwards.
© This edition copyright Simon Edwards, 2021.

Soweit nicht anders angegeben, sind die Bibelverse folgender Ausgabe entnommen:
Neues Leben. Die Bibel, © der deutschen Ausgabe 2002 und 2006 SCM R.Brockhaus
in der SCM Verlagsgruppe GmbH, Holzgerlingen
Weiter wurden verwendet:
Gute Nachricht Bibel, revidierte Fassung, durchgesehene Ausgabe in neuer
Rechtschreibung, © 2000 Deutsche Bibelgesellschaft, Stuttgart.
HFA – Hoffnung für alle ® Copyright © 1983, 1996, 2002, 2015 by Biblica, Inc.®.
Verwendet mit freundlicher Genehmigung des Herausgebers Fontis – Brunnen Basel

Lektorat: Anne-Julia Haupt, HauptLektorat.de
Übersetzung: Renate Hübsch
Umschlaggestaltung: Christian Wilker, www.crioco.com
Titelbild: Bildcomposing von crioco mit Hilfe von Midjourney-KI
Satz: typoscript GmbH, Walddorfhäslach
Druck und Bindung: GGP Media GmbH, Pößneck
Gedruckt in Deutschland
ISBN 978-3-417-01024-4
Bestell-Nr. 227.001.024

Für Natasha, meine wunderbare Frau
und Gefährtin bei Abenteuern

INHALT

Vorwort 9

Einführung 11

Teil 1
WAS WESENTLICH IST

1 Sinn – Was gibt meinem Leben
eigentlich Bedeutung? 20

2 Wert – Es gibt acht Milliarden Menschen –
was ist an mir so außergewöhnlich? 40

3 Tugend – Warum das Richtige tun, wenn es
der anstrengendere Weg ist? 58

4 Wahrheit – Gibt es die Wahrheit und ist sie wichtig? 78

5 Liebe – Gibt es eine Liebe, die mich
nie aufgeben wird? 104

6 Leid – Gibt es Hoffnung, wenn ich leide? 119

Teil 2
WELCHE HINWEISE ES GIBT

7 Denkender Glaube – Wann macht es Sinn
zu glauben? 144

8 Hinweise um uns herum – Ist mein Dasein Zufall
oder beabsichtigt? 151

9 Hinweise in uns – Warum glaube ich, dass manche
Dinge tatsächlich falsch sind? 171

10 Historische Beweise – Ist die Geschichte
von Jesus Tatsache oder Fiktion? 189

Fazit 212

Bibliografie 232

VORWORT

Johannes Keppler, der berühmte Astronom und Physiker, soll gesagt haben: »Astronomie treiben heißt, die Gedanken Gottes nachlesen.«

Und Prof. Dr. Heino Falke bezeugte vor kurzem am Rande eines Vortrags: »Je mehr ich forsche, desto wichtiger wird mir mein Glaube an Gott.« Falke war der Ideengeber und Leiter der Gruppe von Wissenschaftlern und Wissenschaftlerinnen, die 2019 erstmals ein Foto eines Schwarzen Lochs veröffentlichten.

Beide Wissenschaftler sind sich einig: Denken und Glauben gehören zusammen; sie bedingen sich sogar gegenseitig.

Das liegt daran, dass beide nicht an einen Gott glauben, der als Lückenfüller die Begrenztheit unseres Wissens ausgleicht, sondern – wie es Prof. John Lennox ausdrückt – an den »Gott der ganzen Show«, der hinter diesem Universum mit seinen Naturgesetzen steht, der diesen Planeten und uns Menschen lebendig gewollt und geliebt hat. Der Gott, der also auch das Denken, Fragen und Forschen erfunden hat und es darum enorm schätzt, wenn wir kritisch hinterfragen und die Dinge ergründen.

Dieser Leidenschaft Gottes gehen wir im Pontes Institut nach, indem wir Brücken bauen zwischen Wissenschaft, Kultur und Glaube; zwischen intellektuellen Fragestellungen, unseren existenziellen, menschlichen Sehnsüchten und der großen, geheimnisvollen Frage nach Gott.

Deshalb lieben wir den Dialog mit Menschen unterschiedlichster Weltanschauungen, die ihre Erfahrungen, ihre Fragen und ihre Leidenschaften einbringen, um sich gemeinsam auf die Suche nach Sinn und Bedeutung zu begeben.

Eine solche Suche ist auch dieses Buch. Mein Kollege Simon Edwards nimmt uns mit auf die Reise zu den großen Fragen unserer Existenz. Und um ehrlich zu sein: Ich kenne wenige Menschen, mit denen ich lieber auf eine solche Such-Reise gehen würde als mit Simon. Ich schätze seine Integrität, seinen Humor, seine Menschen-freundlichkeit und seinen scharfen Verstand. Als Anwalt hat er eine besondere Liebe zur Gerechtigkeit, zur Wahrheit und zur Würde-kraft des Menschen. Als Theologe beschäftigt er sich mit dem, was das Leben in der Tiefe ausmacht. Als Angehöriger der Universität Oxford ist ihm skeptisches, wissenschaftliches Denken vertraut.

All das bringt er in diesem Buch auf ehrliche und tiefgründige Art zusammen. Er lädt uns ein, mit ihm gemeinsam zu fragen, zu denken und zu suchen: nach dem, was wir eigentlich glauben, was unserem Leben Bedeutung gibt und was die Sehnsucht unserer Seele stillt.

Auf dieser Reise wünsche ich Ihnen viel Inspiration, spannende Begegnungen und neue Erkenntnisse.

Julia Garschagen
Leiterin des Pontes *Institut für Wissenschaft, Kultur und Glaube*
Juni 2024

EINFÜHRUNG

Wie langweilig wäre das Leben ohne Abenteuer! Manche meinen, dass Glaubensabenteuer die aufregendsten Abenteuer sind, und sie sind durchaus nicht ohne Risiko.

Als ich jung war, war ich ein Abenteurer. Wie es aber für die Jugend typisch ist, war ich in meiner Suche nach dem Kick gelegentlich sehr leichtsinnig, zum Beispiel als ich aus einer Bergwanderung spontan eine Kletterpartie eine zweihundert Meter hohe Felswand hinauf machte, ohne vorher zu prüfen, ob es auch genug Griffe gäbe (ich musste aus der Wand gerettet werden), oder als ich von einem Felsen ins trübe Wasser eines ehemaligen Steinbruchs sprang, ohne zu überlegen, ob das Wasser tief genug war (meine Füße waren so stark geprellt, dass ich tagelang nicht laufen konnte), oder als ich versuchte, auf feuchtem Beton einen Rückwärtssalto zu machen (Jahre später zeigte ein Röntgenbild einen angeknacksten Halswirbel).

Im Nachhinein betrachtet, waren diese Unternehmungen weniger Glaubensabenteuer als vielmehr Abenteuer aus Dummheit. Der Unterschied zwischen einem Glaubensabenteuer und einem Abenteuer aus Dummheit besteht darin, dass Ersteres auf Vernunft und Realität beruht, Letzteres dagegen auf Gedankenlosigkeit oder einem Realitätsverlust.

Zur Veranschaulichung: Viele Menschen bewerben sich beim *Special Air Service* (SAS) oder bei den *Navy Seals*, weil sie hoffen, dort Abenteuer zu erleben. Zu den Dingen, die man bei den Spezialeinheiten der britischen bzw. US-amerikanischen Streitkräfte lernen muss, gehört das Fallschirmspringen. Nun gibt es sicher viele Leute, die es verrückt finden, aus einem vollkommen intakten Flugzeug herauszuspringen, aber für die Spezialkräfte ist

Fallschirmspringen weder gedankenlos noch realitätsfern. Das liegt daran, dass Fallschirmspringen zwar beängstigend sein mag, aber in der Realität verankert ist. Es ist eine gut durchdachte und erprobte Methode, um sicher aus dem Heck eines Flugzeugs zu einem bestimmten Punkt auf dem Boden zu gelangen. Lange Rede, kurzer Sinn: Es funktioniert, deshalb wird es von den Spezialeinheiten praktiziert.

Dass es funktioniert und erprobt ist, heißt noch nicht, dass dazu kein Glaube nötig wäre. Man muss ein beträchtliches Maß an Angst und Selbstschutzinstinkt überwinden, um auf den Fallschirm und die eigene Ausbildung zu vertrauen und schließlich aus dem Flugzeug zu springen. Ich wiederhole: Es ist ein vernunftbasiertes Vertrauen, weil es in der Realität und in der Erfahrung begründet ist. Fallschirmspringen ohne Fallschirm wäre ein Akt des Wahnsinns, Fallschirmspringen mit Fallschirm dagegen ist ein Abenteuer des Glaubens. Es ist beängstigend, aber der Glaube, auf dem dieses Tun beruht, ist vernünftig.

Ohne Glaube kommen wir im Leben überhaupt nicht aus. Täglich setzen wir unser Vertrauen in die verschiedensten Menschen (Freunde, Familienangehörige, Ärzte, Lehrer, Chemiker, Mechaniker, Piloten, Influencer) und in alle möglichen Dinge (Stühle, Pillen, Schulbücher, Busse, Schwimmwesten, Ampeln und Hautcremes), um nur einige Beispiele zu nennen. Glaube ist unvermeidlich, aber nicht jeder Glaube ist gleich. Darauf zu vertrauen, dass die Pillen, die mir mein Apotheker gegeben hat, nicht giftig sind, ist vernünftig. Fallschirmspringen mit einem Ausbilder der Spezialstreitkräfte ist beängstigend, aber trotzdem vernünftig. Ohne Training, Planung oder Sicherung an einer zweihundert Meter hohen Felswand zu klettern, ist einfach verrückt.

Wie steht es in dieser Hinsicht mit dem religiösen Glauben? Ist es sinnvoll, an Gott zu glauben? Einige prominente Atheisten meinen, dass Glaube an Gott nur ein beschönigender Ausdruck für »Wahnsinn« ist. Es war Sigmund Freud, der sagte, dass der Glaube an Gott, dass Religion, ein Wahn sei. Und Richard Dawkins hat diese Ansicht in seinem Buch *Der Gotteswahn* aufgegriffen. In seinem Vorwort zitiert er Robert M. Pirsig, der sagt: »Leidet ein Mensch an einer Wahnvorstellung, so nennt man es Geisteskrankheit. Leiden viele Menschen an einer Wahnvorstellung, dann nennt man es Religion.«

Ohne Zweifel ruft das Christentum die Menschen zu einem Glaubensabenteuer. Ist es aber ein vernünftiger Glaube, wie Christen meinen, auch wenn er ein wenig beängstigend ist? Oder ist es nichts weiter als ein Abenteuer ohne jeden Sinn für Realität, wie Atheisten behaupten? Ganz direkt gefragt: Ist der Glaube an Gott eine Form des Wahnsinns, der Unzurechnungsfähigkeit?

Das sind die Fragen, auf die ich in diesem Buch Antwort geben möchte.

Als studierter Jurist stütze ich mich gern auf juristische Definitionen. Die Kriterien für »Unzurechnungsfähigkeit«[1] wurden im englischen Recht wegen eines Falls aus dem 19. Jahrhundert verankert. Darin ging es um ein versuchtes Attentat auf den damaligen Premierminister Robert Peel. Wegen einer Verwechslung tötete der Attentäter den Sekretär des Premierministers Edward Drummond. Alle waren sich einig, dass der Attentäter, Daniel M'Naghten, unzurechnungsfähig war, aber das Gericht musste Unzurechnungsfähigkeit rechtsverbindlich definieren. Die Richter entschieden, dass folgende Fragen bei der Entscheidung darüber ausschlaggebend sein

---

[1] Im Englischen verwendet der Autor den Begriff *insanity*, der sowohl für »Geisteskrankheit« als auch im juristischen Sinn für »Unzurechnungsfähigkeit« steht. Im Deutschen setzt der juristische Begriff der Unzurechnungsfähigkeit nicht notwendigerweise wahnhafte Vorstellungen voraus. Im Folgenden wird vor allem mit der juristischen Dimension des Begriffs gearbeitet. [Anmerkung d. Übers.]

konnten: Wusste der Angeklagte, was er tat, und wenn ja, wusste er, dass das, was er tat, falsch war?

So würde nach englischem Recht jemand, der einen Nachbarn tötet, weil er glaubt, dass dieser der Teufel ist, als unzurechnungsfähig gelten. Das Gleiche gilt aber auch für eine Person, die einen Nachbarn tötet, von dem sie weiß, dass er ein Nachbar ist, die aber nicht weiß, dass es falsch ist, andere Menschen zu töten. Unzurechnungsfähig kann also jemand sein, der keinen Bezug zur *physischen* Realität hat, aber auch jemand, der keinen Bezug zur *moralischen* Realität hat.

Mit dieser Definition im Hinterkopf scheint es angebracht, anzunehmen, dass ein Glaube, der von Zurechnungsfähigkeit zeugt, eine rationale Grundlage für unsere Überzeugungen hinsichtlich Gut und Böse sowie Richtig und Falsch bietet und unsere Wahrnehmung stützt, dass die Welt, die uns umgibt, real ist und nicht nur eine Illusion. Ein geistig gesunder Glaube ist also ein Glaube, der uns die Gesamtheit der Realität zu erklären vermag und uns zugleich mit ihr verbindet – sowohl mit ihren moralischen als auch mit ihren physischen Aspekten.

Jeder verliert gelegentlich in gewissem Maß den Bezug zur Realität, aber damit gelten wir nicht gleich als unzurechnungsfähig. Das ist vielmehr eine Sache von Fokussierung und Ablenkung. Wir sind auf einen Aspekt der Realität fixiert und verlieren dabei den Kontakt zum großen Ganzen. Versetzen Sie sich zum Beispiel in folgende Situation: Sie sitzen in einem Flugzeug, völlig vertieft in einen spannenden Film, und plötzlich kommt Ihnen wieder zu Bewusstsein, dass Sie sich 12 000 Meter über der Erdoberfläche befinden und mit 1 000 Kilometern pro Stunde durch die Atmosphäre rasen.

Das ist doch paradox. Mit Stöpseln in den Ohren, die Augen auf den Bildschirm geheftet, Brezeln naschend und an einem Getränk nippend, das ein Flugbegleiter freundlicherweise auf einen Wink hin gebracht hat, tun wir etwas, wovon Menschen lange Zeit nur träumen konnten – fliegen.

Wenn ich darüber nachdenke, erscheint es mir wirklich unglaublich. Wenn ich bei einem Flug das Unterhaltungsprogramm einmal abstelle und mich auf die Tatsache konzentriere, *dass* ich *fliege* (und darauf, dass unzählige Instrumente und Komponenten eines Flugzeugs funktionieren müssen, damit das möglich ist), habe ich oft so ein flatteriges Gefühl im Bauch, während mein Verstand versucht, die physische Realität, in der ich mich befinde, gänzlich zu begreifen.

Ich finde, es ist eine treffende Metapher für unser Leben und dafür, wie leicht wir den Bezug zu der größeren Realität, die uns umgibt, verlieren. Wenn man sich vor dem Spiegel die Zähne putzt oder E-Mails auf dem Handy checkt, ist es leicht, die Tatsache für selbstverständlich zu halten oder auch gänzlich zu ignorieren, dass sich die Erde unter unseren Füßen mit etwa 1 000 Kilometern pro Stunde dreht, während wir gleichzeitig mit mehr als 100 000 Kilometern pro Stunde durch die Galaxie rasen. Wenn man es sich recht überlegt, ist das Leben einfach unglaublich.

Ich habe nicht darum gebeten, geboren zu werden. Sie sicher auch nicht. Und doch sind wir hier, atmende, denkende, fühlende Wesen. Wesen, die Erfahrungen machen, Wünsche haben, Erinnerungen pflegen, Beziehungen leben. Wesen, die planen, träumen, hoffen, Angst haben, lieben, hassen, warten, staunen. Wir sind lebendig.

Und während wir unseren nächsten Atemzug tun, geschehen in uns und um uns herum gleichzeitig unzählige Dinge, die dies möglich machen, Dinge, über die wir keine Kontrolle haben. Unser Herz pumpt Blut durch unsere Arterien und Venen. Unser Gehirn leitet über seine Nervenbahnen Informationen an die Organe des

Körpers weiter. Die Atmosphäre versorgt unsere Lungen mit genügend Sauerstoff, damit wir leben können, während andere Gase uns vor der Sonneneinstrahlung schützen. Unser Planet umkreist die Sonne in genau dem richtigen Abstand, damit Leben möglich ist. Der Mond stabilisiert die Erdachse. Unsere Sonne strahlt stabil und dauerhaft Wärme und Licht ab. Die immense Schwerkraft des Jupiters zieht Asteroiden, Kometen und Meteoriten wie ein Magnet von der Erde weg und die Gesetze der Bewegung, Energie, Materie und Schwerkraft gelten im gesamten Universum. Da spüre ich wieder dieses Flattern im Bauch.

Zugegeben, es ist nicht leicht, sich dieser Realität im Alltag ständig bewusst zu sein, und zwar aus zwei Gründen. Erstens ist unsere physische Realität im Universum so unvorstellbar und zugleich so prekär, dass es fast zu viel für unseren Verstand ist, sie überhaupt zu erfassen, geschweige denn, sie uns dauerhaft vor Augen zu halten.

Zweitens – und das ist noch wichtiger – ist diese ganze physische Realität, so wunderbar und so prekär sie auch ist, nur die Bühne, auf der sich das Drama unseres Lebens abspielt. Unser Verständnis des Lebens wäre unvollständig, wenn es nicht über die Ebene von Energie und Materie, Planeten und Schwerkraft, Gehirn und Blut hinausgehen würde. Warum? Weil das Wissen über diese physischen Gegebenheiten zwar dazu beitragen kann, uns physisch am Leben zu erhalten, uns aber darüber hinaus nicht viel weiterhilft. Bei Entscheidungen, die für uns wirklich wichtig sind, kann es uns nicht helfen, nämlich bei Entscheidungen darüber, wo wir leben, was wir beruflich machen oder wen wir lieben, wem wir vertrauen oder mit wem wir Kontakt pflegen. Es kann uns nicht dabei helfen, zu entscheiden, was uns wichtig ist. Es kann uns nichts darüber sagen, was für ein Mensch wir sind oder sein sollten. Und es kann uns nicht offenbaren, wie wir unsere Tage verbringen sollen. Unser Verständnis der Realität muss sich daher nicht nur auf die physische, sondern auch auf die nicht physische Realität erstrecken, auf Begriffe wie Sinn, Wert, Güte, Wahrheit, Hoffnung und Liebe und auch auf deren Gegensätze. Wir könnten sie als »menschliche« Realitäten bezeichnen, denn durch sie und in Bezug auf sie leben wir. Und an diesen Dingen richten wir unser Leben aus. Das sind die Begriffe, die für uns als Menschen wirklich wichtig sind.

Geistig gesund zu sein bedeutet, mit der Realität als Ganzem in Kontakt zu sein. Sie schließt das gesamte Spektrum der menschlichen Persönlichkeit ein, Intellekt, Moral, Beziehungen, Emotionen und Wille. Man kann also davon ausgehen, dass ein vernünftiger Glaube in der Lage ist, die Realität in ihrer ganzen Fülle zu erfassen – ihre naturwissenschaftlichen genauso wie ihre menschlichen Aspekte –, ohne dass dafür der Verstand an der Garderobe abgegeben werden müsste. Das ist ein Glaube, der uns nicht nur hilft, die Welt, die uns umgibt, zu verstehen, sondern auch die Welt, die wir in uns tragen, einschließlich unserer tiefsten Gedanken, Intuitionen, Sehnsüchte und Gefühle, sozusagen ein Glaube, der Sinn ergibt, sowohl für den Kopf als auch für das Herz, ein Glaube, der in der realen Welt funktioniert.

Hält der christliche Glaube diesem Test stand? Dieses Buch wurde geschrieben, um das herauszufinden.

TEIL 1

WAS WESENTLICH IST

1

SINN

Was gibt meinem Leben eigentlich Bedeutung?

Die unvermeidlichen Fragen

Eine Frau arbeitet wieder lange im Büro und starrt aus dem Fenster auf den vertrauten Anblick der Lichter der Stadt. Ein junger Mann zieht aus dem Elternhaus aus und betritt eine schöne neue Welt der Unabhängigkeit. Eine Frau feiert ihren fünfundachtzigsten Geburtstag und wundert sich, wie schnell die Jahre vergangen sind. Ein Landwirt bestaunt die Schönheit des Nachthimmels über sich. Eine Philosophin liest in ihrem Ledersessel Platon. Und ein vierzehnjähriger Junge, der sich in dem seltsamen Niemandsland zwischen Kindheit und Erwachsensein befindet, macht sich Gedanken über die Zukunft, wie er es noch nie zuvor getan hat. Verschiedene Menschen in verschiedenen Lebenssituationen, aber im tiefsten Kern ihres Wesens stellen sie alle ähnliche Fragen: Was für einen Sinn hat mein Leben? Was ist mein Ziel? Wie sollte ich leben? Wo kann ich Glück finden, das Bestand hat?

Übrigens, dieser vierzehnjährige Junge bin ich. Oder zumindest war ich es.

Eigentlich war ich es nicht gewohnt, mich mit tiefsinnigen philosophischen oder spirituellen Fragen zu beschäftigen. Ich wuchs in einem fröhlichen, normalen, nicht religiösen australischen Elternhaus auf. Gespräche über Gott, Religion, Philosophie oder den Sinn des Lebens waren bei uns nicht üblich. Nicht, dass die Themen tabu gewesen wären, aber sie kamen, aus welchen Gründen auch immer, einfach nicht zur Sprache.

Als Teenager war ich sehr sportbegeistert. Ich habe damals fünf verschiedene Sportarten gleichzeitig trainiert. Ich will nicht angeben, aber ich war ziemlich gut. Ich habe es sogar bis zu den nationalen Leichtathletikmeisterschaften geschafft. Wer mich heute sieht, würde das allerdings kaum vermuten. Weil ich aber so viel trainierte und gleichzeitig kräftig wuchs, bekam ich erhebliche Probleme mit meinen Kniegelenken. Und schließlich sagte der Arzt, ich müsse auf unbestimmte Zeit mit dem Sport aufhören, um meinem Körper Zeit zu geben, wieder in Ordnung zu kommen. Damit änderte sich mein Lebensstil radikal. Statt eines sehr aktiven und verplanten Lebens hatte ich plötzlich so viel Zeit zur Verfügung, dass ich nicht wusste, was ich damit anfangen sollte. Ich hätte mich selbst nicht für einen übermäßig nachdenklichen Menschen gehalten, aber mit all dieser zusätzlichen freien Zeit begann ich, über das Leben nachzusinnen.

Ich kann mich noch gut an einen bestimmten Moment erinnern. Ich stand in der Mittagspause auf dem Schulhof und dachte nach: Wenn das Leben nur darin besteht, dass wir achtzig oder neunzig Jahre leben und dann sterben, und das war's – aus das Spiel – und alles, was wir erreicht haben, was wir geliebt und was wir aus uns gemacht haben, irgendwann unweigerlich zu Staub zerfällt, dann ist das nicht nur ziemlich traurig, sondern auch völlig sinnlos. Es wäre wie bei einem Computerspiel, bei dem es egal ist,

wie gut man spielt oder welche Entscheidungen man trifft, das Endergebnis wäre immer das gleiche, ein leerer Bildschirm. Verloren.

Und ich weiß noch, wie ich zweifelte: Das fühlt sich einfach
nicht nach der richtigen Erklärung an. Ist das denn tatsächlich der
Lauf der Dinge? Und wenn ja, was ist dann der Sinn des Ganzen?

Fragen wie diese sprechen wir selten laut aus oder teilen sie mit
jemand anderem. Ich zumindest habe das nicht getan. Natürlich sind
wir im Leben ständig beschäftigt. Jeder Tag ist angefüllt mit hundert
kleineren Fragen und Herausforderungen, die es zu lösen gilt. Und
in unserer Freizeit haben wir eine solche Fülle an Ablenkungs- und
Unterhaltungsmöglichkeiten, mit denen wir unseren Geist füllen
und zerstreuen können, dass diese tieferen Fragen des Herzens nur
selten eine Chance haben, an die Oberfläche zu kommen.

Doch die Fragen sind wichtig. Sie sind so alt wie die Menschheit – wie das Brot, das Feuer oder das Rad – und die Suche nach
Antworten bleibt als zeitloses menschliches Bedürfnis immer aktuell.

Wenn man eine Gruppe von Menschen auf der Welt auswählen
müsste, von denen man sagen kann, dass sie anscheinend alles im
Leben haben, was man sich nur wünschen kann, wären Studenten
von Harvard, eine der führenden Universitäten der Welt, sicher ein
gutes Beispiel. Sie sind jung, begabt, voller Energie und vor ihnen
liegt eine Welt voller Möglichkeiten. Aber was glauben Sie, was der
beliebteste Kurs an der Uni ist? Dieser hier: *Die Wissenschaft des
Glücks*. Der Psychologe Dr. Ben-Shahar, der den Kurs unterrichtet,
sagt, das Streben nach Glück sei schon immer eine angeborene
Sehnsucht der Menschen gewesen und reiche zurück bis in die
Zeit von Konfuzius und Aristoteles. Auf die Frage, warum gerade
sein Kurs bei den zukünftigen Eliten so beliebt ist, die doch bereits
so viel auf der Habenseite des Lebens für sich verbuchen können,
antwortete er: »All diese jungen Menschen verspüren zunehmend
das Bedürfnis, ihrem Leben mehr Sinn zu geben.«

Wenn Dr. Ben-Shahar recht hat, dann sind es nicht Jugend, Reichtum, Intelligenz oder Leistung, die glücklich machen, sondern Sinn.

Ein kritischer Blick auf das Leben

Der große französische Denker des 17. Jahrhunderts, Blaise Pascal, schrieb: »Ich habe es oft gesagt: Das ganze Unglück der Menschen rührt allein daher, dass sie nicht ruhig in einem Zimmer zu bleiben vermögen.« Er meinte damit, dass der Hauptgrund, warum die Menschen kein dauerhaftes Glück finden, darin liegt, dass sie sich nicht die nötige Zeit und den Raum geben, um über die großen Fragen nach Sinn und Zweck des Lebens nachzudenken. Wenn das schon zu Pascals Zeiten so war, wie viel mehr muss es dann im Zeitalter des Internets und der sozialen Medien gelten?

Sokrates vertritt eine ähnliche Auffassung wie Pascal. Er meint, dass das ungeprüfte Leben nicht lebenswert sei. Und Mark Twain drückt es vielleicht am treffendsten aus: »Die beiden wichtigsten Tage in deinem Leben sind der Tag, an dem du geboren wirst, und der Tag, an dem du herausfindest, warum.«

Ich habe gelegentlich Menschen, die sich selbst einen nüchternen Menschenverstand zusprechen, sagen hören, über Sinn und Zweck des Lebens zu reden, sei zu abstrakt und zu philosophisch. Dabei gibt es nur wenige Dinge im Leben, die von größerer praktischer Bedeutung sind. Der jüdische Psychologe Victor Frankl entdeckte diese Wahrheit während des Zweiten Weltkriegs in einem Konzentrationslager. Während er darüber nachdachte, wie er die immensen Herausforderungen seiner Gefangenschaft überstehen könnte, begann Frankl, seine Mitgefangenen zu beobachten, in der Hoffnung, herauszufinden, welche Bewältigungsmechanismen sich bewährten. Er entdeckte, dass diejenigen, die nicht akzeptieren konnten, was mit ihnen geschah – diejenigen, die keinen Sinn in ihrem Leben entdecken konnten, der über ihre gegenwärtige Lage hinausging –, verzweifelten, die Hoffnung verloren und schließlich aufgaben und starben. Mit viel größerer Wahrscheinlichkeit überlebten dagegen die Menschen, die einen Sinn im Leben hatten oder eine Hoffnung für die Zukunft jenseits ihrer gegenwärtigen qualvollen Lage fanden.

»Wer ein Warum zu leben hat, erträgt fast jedes Wie«, schrieb der Philosoph Friedrich Nietzsche. Um einen Sinn im Leben zu wissen, ist lebenswichtig, es ist wie Sauerstoff für die Seele. Leider braucht es oft erst eine richtige Lebenskrise, bis wir endlich (und unvermeidlich) bereit sind, uns mit den großen Fragen des Lebens und dem Sinn des Ganzen auseinanderzusetzen.

Der Bestsellerautor Philip Yancey kam an einen solchen Punkt, als sein Auto von einer kurvenreichen Straße in Colorado in einen Abgrund stürzte. Als er aufwachte, fand er sich mit Kopf und Körper an einem Krankenhausbett fixiert wieder. Eine Computertomografie hatte gezeigt, dass einer der oberen Halswirbel zertrümmert worden war und spitze Knochensplitter in Richtung einer wichtigen Arterie spießten. Wenn die Arterie durchstochen würde, würde er verbluten. In dieser Zeit des Wartens, in der er wusste, dass er jeden Moment sterben könnte, rief er Menschen an, die ihm nahestanden, weil es vielleicht das letzte Mal wäre, dass er mit ihnen sprechen konnte. Er schrieb später:

Als ich so dalag, wurde mir klar, wie sehr ich mich in meinem Leben auf triviale Dinge konzentriert hatte. Glauben Sie mir, während [dieser Zeit des Wartens] habe ich nicht daran gedacht, wie viele Bücher ich verkauft habe oder was für ein Auto ich fuhr (es stand mittlerweile eh schon auf dem Schrottplatz) oder wie viel Geld ich auf meinem Bankkonto hatte. Alles, was zählte, waren ein paar grundlegende Fragen. Wen liebe ich? Wen werde ich vermissen? Was habe ich aus meinem Leben gemacht? Und bin ich bereit für das, was als Nächstes kommt?

Meine Überzeugung ist, dass das Leben nicht als selbstverständlich angesehen werden sollte. Wir sollten auch nicht auf Krisen warten, ehe wir unser Leben einer Prüfung unterziehen. Wir müssen uns mit den großen Fragen des Lebens auseinandersetzen, wenn wir wirklich dauerhaftes Glück finden wollen. Fragen wie die folgenden: Was gibt unserem Leben in einem Universum, das viel größer ist, als unser endlicher Verstand erfassen kann, einen Sinn? Was macht mich als Einzelperson aus – in einer Welt mit über acht Milliarden Menschen? Sind wir alle zufällig auf einem Planeten, auf dem es von unglaublicher Komplexität und Schönheit des Lebens nur so wimmelt, oder sind wir gewollt? Hat mein Leben angesichts der vielen Entscheidungen, die ich jeden Tag, jede Woche, jeden Monat und jedes Jahr treffen muss, einen übergreifenden Sinn oder ein Ziel? Gibt es eine Hoffnung, die mich tragen kann, wenn mich Krankheit, Leid und Tod treffen?

Gibt es da noch mehr?

Das vielleicht berühmteste Gleichnis in der Geschichte der Philosophie ist Platons Höhlengleichnis. Der Philosoph bittet uns, uns drei Gefangene in einer Höhle vorzustellen, deren Körper gefesselt und deren Köpfe so fixiert sind, dass sie nichts anderes sehen können als die Höhlenwand vor sich. Sie sind von Geburt an so gefesselt und starren auf diese Wand. Sie haben keine Ahnung, dass es eine

Welt jenseits dieser Wand gibt, geschweige denn außerhalb der Höhle. Hinter den Gefangenen brennt ein Feuer. Zwischen dem Feuer und den Gefangenen gibt es einen Gang, auf dem Menschen umhergehen, reden und Gegenstände befördern. Die Gefangenen nehmen nur die Schatten der Menschen und Dinge wahr, die durch das Feuer an die Wand geworfen werden. Sie hören die Echos der Gespräche, die aus den Schatten kommen. Für die Gefangenen sind die Schatten und die Echos die Realität. Das ist ihre Welt. Schatten und Echos. Es ist die einzige Realität, die sie kennen.

Wie, so fragen wir uns, könnten diese Menschen erfahren, dass es eine bessere Welt als ihre Schattenwelt gibt, eine Welt mit Sonnenlicht, blauem Himmel und frischer Luft? Könnte etwas in der Höhle es ihnen zeigen oder könnten vielleicht sogar die Schatten und Echos selbst als das erkannt werden, was sie wirklich sind, nicht die ultimative Realität, sondern Hinweise auf etwas, das über sie hinausweist – auf eine tiefere, umfassendere Wirklichkeit?

Oder haben diese bedauernswerten Höhlenbewohner vielleicht eine Ahnung, dass es in ihrem Leben irgendwo noch etwas anderes geben könnte als diese düstere und eintönige Welt, die sie schon immer gekannt haben? Vielleicht regt sich in ihnen ein tiefes Gefühl von Rastlosigkeit und Unzufriedenheit, eine unterschwellige Sehnsucht oder ein Hunger nach einer anderen Welt – nach einer Realität, die sie noch nie zu Gesicht bekommen haben, die sie aber dennoch in ihren Gedanken und Sehnsüchten heimsucht?

Dieser Hunger nach mehr, nach etwas, das schwer zu fassen ist, nach etwas, das sich uns anscheinend immer wieder entzieht, ist etwas, das heute viele Menschen in ihrem Leben entdecken.

Ich habe einmal eine Woche lang vor einigen sehr klugen und hochgebildeten Mitarbeitern von Investmentbanken und Beratungsfirmen in London über einige der großen Fragen des Lebens gesprochen. Und in den Rückfragen und Pausengesprächen kam immer wieder dasselbe Thema zur Sprache – diese Ahnung, die all diesen Menschen, denen es äußerlich sehr gut ging und die erfolgreich waren, gemeinsam war: Es muss im Leben mehr geben als nur das, was die materielle Welt zu bieten hat.

Der berühmte Oxford-Professor C. S. Lewis (wie hilfreich ich seine Schriften finde, erkennen Sie an den vielen Zitaten, die in diesem Buch auftauchen) nennt diesen Hunger oder dieses Verlangen »die geheime Signatur der menschlichen Seele«. Es ist dieses Gefühl, diese Sehnsucht, diese Hoffnung auf etwas, das das Leben anscheinend nicht bieten kann, dessen Echo wir aber in den Tiefen unserer Seele immer wieder wahrnehmen, manchmal nur sehr schwach, manchmal aber auch stark und unüberhörbar.

Der Philosoph Roger Scruton stellte fest, dass, egal, wie sehr der Atheismus sich als vorrangige Sicht auf die Welt durchsetzen werde, wir als Menschen immer Hunger nach dem Heiligen, dem Spirituellen, verspüren werden. Das wirft eine spannende Frage auf: Wenn der Atheismus recht hat und die Wirklichkeit nichts weiter ist, als dass physische Dinge den unerbittlichen Gesetzen der Physik und Chemie folgen wie in einer großen Maschine, warum haben wir, die wir ein Teil und ein Produkt dieser großen Maschine sind, dann Sehnsucht nach etwas anderem als dem, was diese Maschine bieten kann? Und wie erklärt es sich, dass im Verlauf der Menschheitsgeschichte, von der Zeit vor Platon an bis heute, so viele Menschen bezeugt haben, dass es so etwas gibt wie eine spirituelle Realität?

Könnte es daran liegen, dass der Mensch tatsächlich mehr ist als die Summe seiner Teile? Mehr als nur Fleisch und Knochen und Biochemie? Das ist zumindest genau das, was Jesus von Nazareth glaubte und lehrte. Er sagte: »Der Mensch braucht mehr als nur Brot zum Leben« (Matthäus 4,4). Damit meinte er, dass es eine spirituelle Dimension in uns gibt, die durch physische Dinge nicht befriedigt werden kann. Und so wie unser körperlicher Hunger darauf hinweist, dass es etwas gibt, das unseren körperlichen Hunger stillen kann, so weist auch unser geistlicher Hunger darauf hin, dass es etwas gibt, was unseren geistlichen Hunger stillen kann.

Jesus sagte auch: »Ich bin das Brot des Lebens. Wer zu mir kommt, wird nie wieder hungern. Wer an mich glaubt, wird nie wieder Durst haben« (Johannes 6,35). Mit anderen Worten: »Was deinen geistlichen Hunger stillen kann, das bin ich, Jesus. Ich bin das Brot, das deine Seele sättigt.«

Wenn Sie ein überzeugter Atheist vom Schlag eines Richard Dawkins sind, dann werden Sie den Glauben an die Existenz einer spirituellen Dimension der Wirklichkeit vielleicht für lächerlich, wenn nicht gar abergläubisch halten, für völlig irrational.

Vor ein paar Jahren haben Dawkins und die *British Humanist Association* eine Werbekampagne auf Bussen in London mit folgendem Slogan gesponsert: »Wahrscheinlich gibt es keinen Gott, also hören Sie auf, sich Sorgen zu machen, und genießen Sie Ihr Leben.« Abgesehen davon, dass die Aufforderung, sich keine Sorgen zu machen, hier von dem ziemlich besorgniserregenden Wort »wahrscheinlich« abhängt (Dawkins kann nicht behaupten, dass es keinen Gott gibt, denn auch er weiß, die Gewissheit, dass es keinen Gott gibt, würde eine Allwissenheit voraussetzen, die nur Gott, wenn es ihn gäbe, besitzen könnte), ist es interessant, von welcher Voraussetzung Dawkins ausgeht. Nämlich davon, dass die Existenz eines Gottes Grund zur Sorge wäre, seine Nichtexistenz dagegen Unbeschwertheit nach sich zieht. Aber warum? Vor allem, wo es doch viele Menschen gibt, die bezeugen, dass sie tiefe Zufriedenheit und Erfüllung in der Beziehung zu einem Gott gefunden haben, der sie liebt.

Wenn man jedoch glaubt, dass die atheistische Sicht der Realität zutrifft, dass es keinen Gott und keine spirituelle Dimension im Leben gibt, was machen wir dann mit unserem tief in uns verankerten Hunger nach Sinn und Bedeutung?

In einem Video mit dem Titel *How Can I Be Happy* verkündet der bekannte Atheist, Moderator und Autor Stephen Fry, dass Sinn nicht in einem göttlichen Plan oder einem kosmischen Zweck des Universums liege, sondern darin, welchen Sinn wir für uns selbst erschaffen. Das kann seiner Meinung nach alles sein, wofür wir uns entscheiden, zum Beispiel ein Engagement in der Politik, unsere berufliche Karriere oder eine künstlerische Tätigkeit oder auch ganz einfache Vergnügungen, wie mit Freunden ein Glas Wein zu trinken, in der Natur zu wandern oder einen Garten zu pflegen.

Ist das so? Würden Sie dem zustimmen? Glauben Sie, dass man in den vielen guten Dingen, die das Leben zu bieten hat, einen Sinn finden kann, ohne dass das Leben insgesamt einen größeren Sinn oder Zweck aufzuweisen hat?

Haschen nach Wind

Mit dieser Frage ringt ein alter jüdischer Philosoph, der als »Prediger« oder »Lehrer« bekannt ist. Sein Buch *Prediger* ist eines der Weisheitsbücher der hebräischen Schriften. Als Verfasser dieser Schrift gilt der berühmte und sagenhaft reiche König Salomo.

Gleich zu Beginn des Buches werden wir mit seinem bekanntesten Satz konfrontiert: »Es ist alles sinnlos und bedeutungslos …, unnütz und bedeutungslos – ja, es ist alles völlig sinnlos … Es ist alles sinnlos und gleicht dem Versuch, den Wind einzufangen« (Prediger 1,2.14). Oder in einer anderen Übersetzung: »Vergeblich und vergänglich! … Vergeblich und vergänglich! Alles ist vergebliche Mühe!« (Prediger 1,2; GNB).

Das ist nicht gerade vielversprechend, aber das ist die Schlussfolgerung, zu der der Prediger nach gründlichem Nachdenken über die menschliche Suche nach Sinn und Erfüllung *unter der*

Sonne (eine Formulierung, die so viel bedeutet wie »ohne Bezug zu irgendeinem göttlichen oder kosmischen Zweck«) gelangt ist. Wie Professor Ben-Shahar, der den Kurs über Glück in Harvard gibt, glaubte Salomo, dass Menschen, die einen göttlichen oder kosmischen Sinn des Lebens ablehnen, in der Regel auf zwei Arten versuchen, dennoch Sinn und Erfüllung zu finden. Entweder indem sie Vergnügen und Erfahrungen suchen oder – diejenigen, die in der Lage sind, sich und ihre Wünsche zu disziplinieren – durch das Streben nach Erfolg und Leistung. Salomo erforschte diese beiden Wege der Suche nach Erfüllung gründlich.

Als König standen Salomo die erlesensten Sinnesfreuden zur Verfügung, die es gab: Wein, Weib und Gesang vom Feinsten. Er schreibt: »Wenn mir etwas ins Auge stach, was ich haben wollte, nahm ich es mir. Ich versagte mir keine einzige Freude« (Prediger 2,10). Das klingt verlockend. Aber Salomo muss feststellen, dass Genuss und Vergnügen allein, egal wie exquisit sie sind, nicht befriedigen. In einer Gesellschaft, die dazu neigt, Glück mit der Abwesenheit von Schmerz und einem Übermaß an Vergnügen gleichzusetzen, mag das überraschend erscheinen, aber viele Menschen, die sich dem Vergnügen verschrieben haben, bezeugen, dass die Autobahn des Hedonismus auf lange Sicht entweder in den Ruin oder zu Langeweile führt. Wenn man sich nur dem Vergnügen hingibt, findet man irgendwann an nichts mehr »Geschmack«.

»Sinnlosigkeit kommt nicht daher, dass man vom Leid niedergedrückt ist. Sinnlosigkeit kommt daher, dass man des Vergnügens überdrüssig ist«, bemerkte der Essayist G. K. Chesterton. Das klingt unlogisch, aber es ist wahr, der Gewinn, den das Vergnügen bietet, nimmt mit wachsendem Genuss immer mehr ab. Statt eine tragfähige Grundlage für Erfüllung zu bieten, verstärkt dies nur das Gefühl der Leere und Langeweile, das ein Leben ohne jeden tieferen Sinn mit sich bringt.

Deshalb versuchte Salomo auch auf dem anderen bewährten Pfad Erfüllung zu finden, dem Streben nach Leistung und Erfolg. Er gibt große öffentliche Projekte in Auftrag, errichtet Prachtbauten, pflanzt Weinberge, entwirft Gärten und Parks und legt große Stauseen an. Er erwarb auch mehr Reichtum als jeder andere vor ihm: Viehherden, Gold und die Schätze von fremden Königen und entfernten Provinzen. An Macht, Ruhm und Ansehen überragte er alle. Er schreibt: »Und ich freute mich bei all den Mühen, die ich hatte – das war gleichsam ein Nebenlohn meiner Anstrengungen« (Prediger 2,10).

Er hat unglaublich viel erreicht und doch schreibt er am Ende: »Als ich alles prüfend betrachtete, was ich mir mit meinen Händen erworben hatte, und die Mühe dagegen hielt, die ich darauf verwendet hatte, merkte ich, dass alles sinnlos war. Es war so unnütz wie der Versuch, den Wind einzufangen. Es gibt keinen bleibenden Gewinn auf dieser Welt« (Prediger 2,11).

Im Nachdenken über alles, was er erreicht hatte, kam er zu dem Schluss, dass es am Ende egal war, ob man sehr viel oder sehr wenig im Leben vollbrachte – oder ob man reich oder arm, mächtig oder machtlos, berühmt oder unbekannt war –, denn am Ende ereilte sowieso alle das gleiche Schicksal. Das Leben erkannte er als einen endlosen Kreislauf, den er so beschreibt:

Generationen kommen und gehen ... Was einmal gewesen ist, kommt immer wieder, und was einmal getan wurde, wird immer wieder getan. Es gibt nichts Neues unter der Sonne ... Wir haben nur vergessen, was damals geschehen ist. Und in einigen Jahren wird man sich nicht mehr an das erinnern, was wir jetzt tun.
Prediger 1,4.9.11

Weder im Genuss noch im eigenen Tun fand Salomo einen Sinn, und so versucht er schließlich, ihn in der Weisheit zu finden, dem letzten großen Trost des Philosophen (für seine Weisheit ist Salomo schließlich berühmt). Doch auch die Weisheit bringt ihm nicht den erhofften Sinn. Er stellt fest, dass es zwar besser ist, ein weiser Mensch zu sein als ein Narr und sein Leben eher im Licht als in der Finsternis zu leben, aber dennoch würde dem Weisen dasselbe Schicksal widerfahren wie dem Narren: »Man erinnert sich an den Weisen ebenso wenig wie an den Dummen: Später, in der Zukunft, wird sowieso alles vergessen sein. Der Weise muss genauso sterben wie der Dummkopf!« (Prediger 2,16).

Kurz gesagt kommt Salomo zu folgendem Schluss: Die Vergänglichkeit unseres individuellen Lebens zusammen mit dem endlosen Kreislauf der Geschichte, der sich durch alle Zeitalter *endlos* wiederholt, führt unweigerlich zu einem Gefühl von Sinnlosigkeit und Überdruss *unter der Sonne,* weil es wirklich, wie sein berühmter Ausspruch lautet, »nichts Neues unter der Sonne« gibt (Prediger 1,9).

Dieses Gefühl der Verzweiflung, das man empfinden kann, wenn man Salomos Sicht auf das Leben *unter der Sonne* (das heißt ohne Bezug zu einem göttlichen oder übergeordneten Ziel) liest, erinnert mich an mein Gefühl der Verzweiflung, als ich zum ersten Mal auf einen oft zitierten Satz des bekannten atheistischen Philosophen Bertrand Russell stieß. Er beschreibt hier seine Sicht auf das große Ganze des Lebens:

Der Mensch ist das Produkt von Ursachen, die das Ziel, das erreicht wurde, in keiner Weise bezweckten. Sein Ursprung, sein Wachstum, seine Hoffnungen, seine Ängste, seine Liebe und sein Glaube sind nur das Ergebnis einer zufälligen Ansammlung von Atomen ... kein Feuer, kein Heldentum, keine Intensität des Denkens und Fühlens kann ein einzelnes Leben über das Grab hinaus bewahren ... und all die Mühen aller Zeiten, all die Hingabe, all die Inspiration, all der Mittagsglanz des menschlichen Genies ist dazu bestimmt, schließlich in einem einzigen allumfassenden Tod des Sonnensystems ausgelöscht zu werden... der gesamte Tempel der Errungenschaften der Menschheit muss unweigerlich unter den Trümmern eines zerstörten Universums begraben werden.

Das ist die atheistische Version der Geschichte des Lebens und, wie man uns sagt, die einzig vernünftige Version, die man glauben kann. In anderen Worten: Vergiss das Gerede von Gott oder einem höheren Sinn des Lebens. Denn das Leben »unter der Sonne« ist das einzige Leben, das es gibt.

Wenn das stimmt, was gibt dann meinem oder Ihrem Leben überhaupt eine Bedeutung?

Meine Geschichte

Das war die Frage, die ich mir als Vierzehnjähriger sehr ernsthaft stellte. Was gibt dem Leben seine Bedeutung?

Ungefähr zur gleichen Zeit, als meine Auszeit vom Sport mich dazu brachte, tiefer über das Leben nachzudenken, war ich auch gezwungen, in der Schule am Religionsunterricht teilzunehmen, weil es Teil des Lehrplans war. In diesem Unterricht wurde mir eine andere Version der Geschichte präsentiert als die der Atheisten. Danach waren wir nicht zufällig hier, sondern absichtlich, weil jemand (Gott) wollte, dass wir hier sind, und weil er uns liebt. Ich erfuhr, dass die Bibel lehrt, dass Gott uns so sehr liebt, dass er uns sogar, als wir uns von ihm abgewandt hatten, nachgegangen ist, anstatt uns aufzugeben, und dass Gott in Jesus einer von uns wurde, in unsere Welt kam, unter uns wohnte und sogar für uns an einem römischen Kreuz starb, um uns aus dem Schlamassel unserer Selbstsucht zu retten, in dem wir gefangen sind. Als ich dieser alternativen Geschichte zuhörte, stellte ich etwas Interessantes fest: Obwohl sie nicht besonders fesselnd vorgetragen wurde, erschien mir diese Geschichte doch irgendwie realer und wahrer als die andere Geschichte. Sie *fühlte* sich auch so an – realer und wahrer als diejenige, die mir sagte, dass Sie und ich nur kosmische Unfälle in einem Universum blinder und gleichgültiger Kräfte sind, die aufgrund einer beliebigen Kombination aus Zeit, Materie und Zufall hier sind und, wenn wir Glück haben, ein paar Jahrzehnte leben und dann für immer verschwinden.

Gefühle sind eine Sache, Fakten eine andere. Ich war schon immer eher ein Denker als ein Gefühlsmensch. Von Natur aus bin ich skeptisch und immer bereit, jede Aussage oder Annahme zu hinterfragen und nach Gründen und Beweisen zu verlangen (was meine Mutter sehr ärgerlich fand, was aber auch dazu führte, dass sie überhaupt nicht überrascht war, als ich schließlich Anwalt wurde). Im Religionsunterricht, den ich besuchte, zeigte uns der Lehrer eines Tages ein Video mit einem Gerichtsszenario. In diesem Video stand die christliche Behauptung, dass Jesus auferstanden ist, vor Gericht und erstaunlicherweise (zumindest für mein damals begrenztes Wissen über das Christentum) konnte die Verteidigung ein überzeugendes Argument für die Wirklichkeit der Auferstehung vorbringen. Ich war fasziniert von dem Gedanken, dass es Beweise für Jesus geben könnte, die man befragen konnte, von der Vorstellung, dass an dieser Sache namens Christentum etwas dran sein könnte, die mich irgendwie dazu gebracht hatte, zu fühlen, dass Gott tatsächlich real sein könnte, dass wir vielleicht nicht nur zufällig hier sind und dass der Tod vielleicht nicht das letzte Kapitel in der Geschichte eines jeden Menschen ist.

Und weil ich damals dank meiner Knieprobleme viel Zeit hatte, begann ich zu recherchieren. Ich fing an, in der Mittagspause in die Bibliothek zu gehen und Bücher zu lesen – wir hatten damals noch kein Internet, falls sich das noch jemand vorstellen kann! Ich las Bücher über verschiedene Religionen, Bücher über verschiedene Weltanschauungen, Bücher über die Beziehung zwischen dem Glauben an Gott und den Naturwissenschaften, der Philosophie und der Geschichte. Im Laufe der Monate kam ich zu dem Schluss, dass das Christentum von all den verschiedenen Erklärungen, warum wir uns in diesem unglaublichen Universum befinden, bei Weitem die beste bietet. Kurz gesagt, die christliche Version der Geschichte ergab für mich Sinn, mehr Sinn als alle Alternativen, einschließlich des Atheismus.

Ich konnte zum Beispiel die atheistische Ansicht nicht akzeptieren, dass wir das Universum einfach als unumstößliches Faktum betrachten müssen, für das es keine Erklärung gibt. Mir schien, dass das Universum so viele interessante und unwahrscheinliche Aspekte aufwies – Dinge wie Musik, Mathematik, Liebe, Bewusstsein, unsere Sehnsucht nach Ewigkeit und die schiere Unwahrscheinlichkeit von Leben –, dass es wirklich nach einer Erklärung verlangte.

Ich erinnere mich zum Beispiel daran, dass ich von der New-Age-Bewegung angezogen war und auch von der uralten mystischen Idee des Ostens, dass die Antwort in mir liegt, dass ich tief im Inneren wirklich einen göttlichen Kern habe, aber mir wurde schnell klar, dass diese Idee, so attraktiv sie auch klang, einfach nicht mit meiner Erfahrung übereinstimmte. Ich fühlte mich ganz sicher nicht göttlich. Wenn ich also wirklich göttlich war, wie kam es dann, dass ich vergessen hatte, dass ich es war?

Außerdem wurde mir irgendwann klar, dass die verschiedenen religiösen Überzeugungen, über die ich las, eines gemeinsam hatten: Sie schienen mir nahezulegen, dass ich mir meinen Weg in den Himmel oder ins Nirwana oder zu Gott oder zur Erlösung oder zu was auch immer es war, das die jeweilige Weltanschauung oder Philosophie anbot, erarbeiten oder verdienen konnte, wenn ich die richtigen Gedanken dachte oder die richtigen Dinge tat oder die richtigen spirituellen Aktivitäten praktizierte – alle, bis auf eine. Das Christentum hob sich von allen anderen dadurch ab, dass es konstatierte, dass ich nichts tun konnte, um mir selbst zu helfen. Vielmehr lehrte es, dass ich gerettet werden musste. Ich brauchte eine »geistliche Wiederbelebung«. Es besagte, dass wir uns niemals durch moralische Leistung zu Gott hocharbeiten können und dass wir das auch gar nicht müssen, weil Gott in Jesus Christus zu uns herabgestiegen ist, um für uns zu tun, was wir nicht selbst tun können. Ich erinnere mich, dass ich als Vierzehnjähriger dachte, dass dies nicht wie eine Geschichte wirkte, die sich Menschen ausgedacht hatten, weil es dem natürlichen menschlichen Instinkt widersprach, wonach wir uns bestätigt sehen wollten und zeigen, wie gut wir waren. Das konnte ich als Jugendlicher, der sich gegenüber anderen beweisen wollte, sehr gut nachvollziehen.

Das sind nur einige Beispiele dafür, warum das Christentum für mich »den Ring der Wahrheit« zu besitzen schien. Keine der einzelnen Überlegungen, die ich anstellte, war an sich ein schlüssiger Beweis dafür, dass das Christentum wahr war. Vielmehr war es die allmähliche Ansammlung vieler Einzelüberlegungen, Einsichten und Beweise, die mir zunehmend nahelegten, dass das Christentum einen Sinn hatte. Und so kam ich durch diesen Prozess des Lesens und Nachdenkens, Forschens und Reflektierens schließlich zu dem intellektuellen Schluss, dass das Christentum tatsächlich wahr war. Meine Ahnungen, dass wir alle nicht zufällig da waren, dass das Leben einen Sinn hatte, dass es tatsächlich eine richtige und eine falsche Weise zu leben gab und dass der Tod nicht die letzte Realität für einen Menschen war, fanden eine tragfähige Basis im christlichen Verständnis der Realität.

Verstehen Sie mich nicht falsch. Auch wenn es in erster Linie meine Intuitionen vom Leben waren, die mich an der atheistischen Version der Realität zweifeln ließen, war ich doch während meiner Nachforschungen bereit, den Schluss zu akzeptieren, zu dem die Beweise mich führen würden. Und wenn die Beweise mich zu dem Schluss geführt hätten, dass die atheistischen Erklärungen wahr und dass der Tod und das Nichts das endgültige Ende für jeden Menschen waren – egal, wie gut er das Spiel des Lebens spielte –, dann wäre ich bereit gewesen, diese harte Wahrheit zu schlucken. Ich hätte immer noch versucht, in der Zeit, die mir blieb, Freude und Glück zu finden, aber ich hätte – anders als es manchen Atheisten möglich ist – nicht glauben können, dass das Leben einen Sinn hat.

Ich hätte gesagt: Auch wenn es sich so anfühlt, als wäre das Leben sinnvoll, muss ich im kalten, harten Licht der Logik zugeben, dass es das in Wahrheit nicht ist. Denn wenn die Entscheidungen, die ich im Leben treffe, keinen Einfluss auf das Endergebnis haben und nichts, was wir in diesem Leben tun, von Dauer ist oder einen bleibenden Wert hat, dann gibt es keine rationale Grundlage, auf der ich meine Entscheidungen oder Handlungen im Leben als sinnvoll oder bedeutsam bezeichnen könnte. Als ich jedoch die Beweise (aus Naturwissenschaft, Geschichte, Philosophie, der menschlichen Erfahrung und der Bibel) untersuchte, kam ich zu dem Schluss, dass nicht ich mit meiner Intuition im Blick auf das Leben falschlag, sondern der Atheismus.

Das war jedoch noch nicht das Ende meiner Entdeckungsreise. Ein paar Wochen später sah ich, wie einer meiner Klassenkameraden auf dem Schulhof ein kleines grünes Büchlein las. Ich fragte ihn, was es sei, und er sagte nur: »Hier, nimm«, und ging weg. Ich fand sein Verhalten ziemlich seltsam. Dann schaute ich mir das Büchlein an. Es war ein kleines Traktat, das erklärte, warum das Christentum eine gute Nachricht ist. Im Wesentlichen hieß es darin: Gott hat uns geschaffen, er liebt jeden Menschen, aber all die falschen Dinge, die man getan hat, haben uns von Gott getrennt. Die gute Nachricht ist, dass Gott Jesus in die Welt gesandt hat, nicht um uns zu verurteilen, sondern um uns zu retten. Durch diesen Jesus – der für uns am Kreuz gestorben und auferstanden ist – können wir jetzt und für alle Ewigkeit Vergebung und Frieden mit Gott erfahren, wenn wir ihm unser Leben anvertrauen.

Am Ende des Heftchens wurde ich vor die Wahl gestellt, ob ich das wollte. War ich bereit, mein Leben Jesus anzuvertrauen und ihm zu folgen, so wie ein Lehrling den Schritten des Meisters folgt? War ich bereit, vor ihm als Herrn und Retter meines Lebens die Knie zu beugen?

Durch dieses kleine Büchlein und die Entscheidung, vor die es mich am Ende stellte, wurde mir eine wichtige Wahrheit sonnenklar: Zum Christsein gehörte mehr als nur die Überzeugung, dass es einen Gott gab. Es ging auch darum, zu glauben, was er sagte, und danach zu handeln. Es ging darum, ihm zu folgen. Zu diesem Zeitpunkt war ich nur allzu bereit, Jesus zu folgen, denn ich glaubte nicht nur, dass es ihn gab und dass er gut war, sondern ich liebte ihn auch, denn ich hatte durch das Lesen der Bibel verstanden, wie sehr er mich liebte.

Das ist meine Geschichte und natürlich geht sie auch heute noch weiter. Es begann jedoch, wie gesagt, alles mit der Frage, was meinem Leben eine Bedeutung gab.

Irrelevant, irrational und unmoralisch?

Viele Menschen vertreten heute die Meinung, dass der christliche Glaube irrelevant, irrational und möglicherweise sogar unmoralisch ist. Manchmal haben Menschen diese Ansicht, weil ihr Bild vom Christentum nicht der Realität entspricht, sondern lediglich eine Karikatur ist, die auf dem basiert, was sie über das Christentum gehört haben, und die den Kern der Sache nicht trifft. Ich habe oft Gespräche geführt, in denen ich schließlich gesagt habe: »Den Gott, von dem Sie sprechen, würde ich auch ablehnen. Doch das ist nicht der Gott der Bibel.«

In anderen Fällen sind Menschen jedoch zu negativen Ansichten über Gott oder die Bibel gekommen, weil sie gute Fragen oder begründete Einwände gegen einen Aspekt der christlichen Lehre hatten, aber keine überzeugende Antwort darauf bekommen haben. Ich hoffe, dass dieses Buch nicht nur gute Gründe dafür liefert, zu glauben, was Christen glauben, sondern dass es auch auf einige der ehrlichen Bedenken und intellektuellen Einwände eingeht, die Menschen gegen den christlichen Glauben haben. Und ich erkenne an, dass viele der zu behandelnden Fragen in der Tat tiefgründig und herausfordernd sind.

Der Ansatz, den ich in diesem Buch verfolge, geht davon aus, dass die folgenden Aussagen über unser Leben zutreffen müssen, wenn wir wirklich einen Sinn darin finden wollen. Erstens: Es ist wichtig, wer wir sind – das ist die Frage des Wertes. Zweitens: Es kommt darauf an, was wir tun oder nicht tun – das ist die Frage der Tugend. Drittens: Das, was wir erleben, ist real – das ist die Frage der Wahrheit. Viertens: Unsere Beziehungen sind sinnvoll – das ist die Frage der Liebe. Und schließlich: Wir finden eine Antwort auf die größte Infragestellung von Hoffnung und Sinn in diesem Leben – auf die Frage des Leids.

Sinn, Wert, Tugend, Wahrheit, Liebe, Hoffnung und Leid – das sind die Dinge, auf die es letztendlich ankommt. Denn das sind die Fragen, mit denen wir uns als Menschen auseinandersetzen müssen, wenn wir Sinn im Leben und Erfüllung für unsere Seele finden wollen.

2

WERT

Es gibt acht Milliarden Menschen – was ist an mir so außergewöhnlich?

Manche Dinge im Leben sind besonders

Eines schönen Tages im Jahr 1967 fand eine Frau bei ihrem Abendspaziergang am Straßenrand eine Geige, die offenbar jemand einfach dort abgelegt hatte. Sie beschloss, das Instrument mit nach Hause zu nehmen, und da sie selbst nicht Geige spielen konnte, gab sie es ihrem jungen Neffen. Ihr Neffe war nicht sehr interessiert an der Geige, nahm sie aber trotzdem dankend an, wie es jeder gute Neffe tun würde. So blieb die Geige bei dem Jungen, der heranwuchs und schließlich heiratete. Als seine Frau die Geige entdeckte, beschloss sie, dass sie gern lernen würde, sie zu spielen. Der Name dieser Frau war Teresa Salvato. Teresa begann also, Unterricht zu nehmen, und eines Tages im Frühjahr 1994, 27 Jahre nachdem die Geige am Straßenrand gefunden worden war, entschied Teresa, die Geige zu einem Geigenbauer zu bringen, um sie überarbeiten zu lassen.

Wenn jemand Teresa gefragt hätte, wie viel die Geige wert war, hätte sie geantwortet, dass sie absolut keine Ahnung hätte. Der Grund dafür, dass sie keine Ahnung vom Wert der Geige hatte, war, dass sie nichts über das Instrument wusste. Die Geigenbauer merkten jedoch schnell, dass die Geige, die Teresa gebracht hatte, keine gewöhnliche war. Es war ein ganz besonderes Instrument. So besonders, dass es sogar einen eigenen Namen hatte. Der Name der Geige war *Duca di Alcantara* (Herzog von Alcantara). So hatte sie der Mann genannt, der sie zweieinhalb Jahrhunderte zuvor gebaut hatte. Er hieß Antonio Stradivari. Teresa hatte keine Ahnung, dass die Geige, auf der sie zu spielen gelernt hatte, eine Stradivari und über eine Million US-Dollar wert war. Und sie war einfach am Straßenrand gefunden worden. Offenbar war sie dort gelandet, weil der zweite Geiger des Orchesters der Universität von Kalifornien, der die Geige für ein Konzert ausgeliehen hatte, sie auf das Dach seines Autos gelegt und dort vergessen hatte, als er losfuhr.

Stradivari-Geigen erinnern uns daran, dass manche Dinge im Leben besonders sind. Manche Dinge im Leben sind wichtig. Manche Dinge im Leben verlangen von uns, dass wir sie mit Sorgfalt und Würde behandeln. Aber was genau ist es, das etwas bedeutsam macht? Was ist es, das etwas wertvoll und besonders macht? Kurz gesagt, was macht *Sie* zu etwas Besonderem? Was macht in einer Welt mit mehr als acht Milliarden Menschen gerade Ihr Leben bedeutsam? Was gibt Ihnen einen Wert?

Den Wert einer Geige können wir anhand der Identität des Instruments bestimmen. Und wir können die Identität eines Instruments anhand seiner Herkunft erkennen. Könnte das auch bei uns der Fall sein? Wenn ja, dann können wir unseren Wert als Menschen nicht verstehen, ohne unsere wahre Identität zu kennen. Und unsere Identität lässt sich nicht verstehen, wenn wir nicht wissen, wo wir herkommen.

Wenn das stimmt, was passiert dann, wenn wir die Verbindung zu unserer Identität (wer wir wirklich sind) und unserem Ursprung (wo wir wirklich herkommen) verlieren? Was ist der Rahmen für unser Verständnis von Menschenwürde und dem Wert des Lebens, wenn wir, wie es unsere Gesellschaft zunehmend tut, Gott aus dem Gesamtbild streichen?

Für den Atheisten, der glaubt, dass es keinen Schöpfergott gibt und dass die Realität nicht über das rein physikalische Universum hinausgeht, ist alles, was wir sind und tun, denken und fühlen, im Grunde nur eine Abfolge physikalischer Prozesse, die sich in einem komplexen System aus Ursache und Wirkung abspielen. Um den bekannten Psychologen und Atheisten B. F. Skinner zu zitieren: »Der Mensch ist eine Maschine.« Natürlich eine komplexe Maschine, aber letzten Endes ist er einfach eine Maschine, und in dieser Hinsicht ist sein Verhalten vollständig durch die geltenden physikalischen Gesetze bestimmt.

Man ist versucht, auf diese Behauptung mit der Frage zu antworten, warum wir irgendetwas von dem, was Skinner sagt, glauben sollten, wenn alles, was er denkt und tut, auf diese Weise vorbestimmt ist. Wenn dies aber seine Überzeugung ist – und es ist eine Überzeugung, die viele Menschen heute teilen –, was macht dann irgendjemanden oder irgendetwas besonders? Denn wenn wir alle nur »nach unserer DNA tanzen«, dann wäre die DNA zwar etwas Besonderes, aber wir wären Marionetten. Dann wäre ein Teil besonderer geworden als das Ganze. Wir wären nicht mehr die Hauptfiguren in der Geschichte, sondern die entscheidende Rolle spielte unsere DNA.

Bin ich etwas Besonderes?

Kein Wunder also, dass viele junge Menschen sich heute fragen: »Bin ich etwas Besonderes? Kommt es auf mich überhaupt an?«

Gibt es etwas, das einen Menschen besonders oder bedeutend macht?

Jean-Paul Sartre ist einer der bekanntesten Philosophen des 20. Jahrhunderts. Als Existenzialist und Atheist vertrat er die Ansicht, dass es nichts gab, was uns als Menschen auszeichnete, geschweige denn zu etwas Besonderem machte. Da es keinen Gott gab, der uns geschaffen hatte, so argumentierte er, hatte der Mensch keinen Bauplan, keine Essenz, kein Wesen. Daher müssten wir unser eigenes Wesen, unseren eigenen Wert und unsere eigene Identität erschaffen. Es war Sartres Partnerin Simone de Beauvoir, die – aus der gleichen existenzialistischen Perspektive heraus – schrieb: »Man kommt nicht als Frau zur Welt, man wird es.« Man führt also seine Natur dorthin, wo man sie haben will, denn es gibt kein Drehbuch, keinen Plan und keinen Weg. Man kann Mann, Frau oder eine Mischung sein. Man kann sexuelle Beziehungen mit dem gleichen Geschlecht, dem anderen Geschlecht oder einer Mischung aus beiden haben. Kurz gesagt, man kann tun und lassen, was man will. Man ist frei, sich selbst zu erschaffen und sich immer wieder neu zu erfinden, denn man ist durch nichts definiert und muss durch nichts definiert werden, außer durch die eigenen Wünsche.

Wenn ein Mensch, nach Sartres Ansicht, ohne ihm innewohnende Identität auf die Welt kommt, stellt sich die Frage, warum wir dann das Bedürfnis haben, uns eine Identität zu schaffen. Woher kommt diese Sehnsucht nach Identität, die wir doch nach Sartres Meinung nicht haben? Ein Hund hat keine Probleme damit, nichts Besonderes zu sein. Solange er getränkt, gefüttert, untergebracht und gestreichelt wird, ist ein Hund zufrieden. Hunde plagen sich nicht mit existenziellen Fragen. Warum tun wir es? Warum ist es uns überhaupt wichtig, ob unser Leben von Bedeutung ist oder nicht?

Ich möchte behaupten, dass der Grund für unser grundlegendes menschliches Bedürfnis, bedeutend zu sein, darin liegt, dass wir bedeutend *sind*. Wir wollen besonders sein, weil wir es sind! Sogar unsere Märchen erzählen uns das. *Das hässliche Entlein, Aschenputtel, Shrek* – sie alle erzählen von der menschlichen Sehnsucht, etwas Besonderes zu sein. Nur leider fühlen wir uns oft gar nicht so wichtig oder besonders.

In meiner Schulzeit verfolgte mich ein Gefühl der Unsicherheit und die Angst, dass ich – wenn ich ehrlich zu mir selbst war – nicht wirklich bedeutend war, dass ich mich nicht von der Masse abhob, dass ich wirklich niemand Besonderes war.

In meiner Schulzeit arbeitete ich zeitweise nachmittags und an den Wochenenden in einem Supermarkt, wo ich Einkaufswagen hin und her schob und Regale einräumte – für umgerechnet weniger als fünf Euro pro Stunde. Um ein paar Hundert Pfund anzusparen, musste ich wochenlang arbeiten. Aus irgendeinem Grund beschloss ich, dass es sinnvoll war, gut 200 Pfund von meinem hart verdienten Geld auszugeben, um mir eine richtig coole Sonnenbrille zu kaufen. Ich glaubte, dass sie meinen Coolness-Faktor erheblich steigern würde. Es war eine coole Sonnenbrille – die *Oakley Razor* –, eine Sonnenbrille mit Regenbogentönung, die damals viele australische Cricketspieler trugen. Ich glaubte genau das, was mir die cleveren Werbestrategen weismachen wollten: Wenn bedeutende Menschen wie diese Sportgrößen solche Brillen trugen, würde (nach einer unbestreitbaren Logik) auch ich bedeutend sein, wenn ich sie tragen würde. Ich wäre dann genauso cool. Ich wäre dann ein Jemand.

Können Sie nachempfinden, was ich meine? Oder geht es nur mir so, dass ich die angespannte Frage kenne, ob ich wichtig bin oder nicht? Ob andere Leute mich ansehen und denken: »Das ist jemand Besonderes«, oder ob sie einfach durch mich hindurchschauen?

Wir hören oft, wir sollten uns keine Gedanken darüber machen, was andere über uns denken – denn sie dächten gar nicht an uns, sie dächten an sich selbst. Das ist so wahr. Ich wünschte, jemand

Älteres und Weiseres hätte mich auf diese einfache Wahrheit hingewiesen, als ich jung war. Wir verfallen der Angst darum, wie andere uns auf der gesellschaftlichen Bedeutungsskala einstufen, aber so leicht. Es gibt sogar einen Namen für diese Art von Angst. Sie wird Statusangst genannt. Der Philosoph Alain de Botton erklärt in seiner Beschreibung der Statusangst, dass Menschen, die eine wichtige Position in der Gesellschaft innehaben, gemeinhin als »Jemand« bezeichnet werden, während alle anderen als »Niemande« gelten. »Jemande« sind sehr sichtbar und werden bewundert. »Niemande« sind so gut wie unsichtbar.

Eine unserer größten Ängste als Menschen ist es, nicht wahrgenommen zu werden, unsichtbar zu sein. Niemand will unsichtbar sein. Niemand will ein Niemand sein. Wir beschwichtigen unsere Angst damit, dass in einer Welt mit acht Milliarden Menschen schließlich nicht jeder ein Jemand sein kann.

Und wohin bringt uns das? Wir stehen im Konkurrenzkampf, und zwar mit jedem!

Das Leben als Konkurrenzkampf

Jeder konkurriert mit jedem darum, *jemand* zu sein, bedeutend zu sein, sich von den namenlosen Gesichtern in der Menge abzuheben.

Aber meinen Sie nicht auch, dass eine Gesellschaft, in der jeder mit jedem konkurriert, nicht die gesündeste Umgebung für allgemeines menschliches Glück und Gedeihen ist? Leider leben wir aber zunehmend unter solchem Konkurrenzdruck.

Ist Ihnen schon mal aufgefallen, wie viele Filme das Leben als Konkurrenzkampf darstellen und die Mitmenschen als Konkurrenten? Denken wir etwa an Katniss Everdeen in *Die Tribute von*

Panem, Frank Underwood in *House of Cards* oder Daenerys Targaryen in *Game of Thrones*. Für viele Menschen sind diese Serien treffende und aufschlussreiche Metaphern dafür, was das Leben wirklich ist – ein bitterernstes Spiel mit Gewinnern und Verlierern. Und wie die Filme uns anschaulich vor Augen führen, ist es wirklich nicht toll, im Spiel des Lebens der Verlierer zu sein.

Es überrascht nicht, dass viele Menschen heute mit der Überzeugung aufwachsen, dass sie nie bedeutend und glücklich sein werden, wenn sie es nicht bis an die Spitze schaffen. An die Spitze zu kommen, bedeutet normalerweise, reich, berühmt oder der Beste in seinem Studienfach, im Sport, im Beruf oder in seiner Kunst zu sein. Wenn wir nicht reich, berühmt oder die Besten in unserem Fachgebiet werden, haben wir im Leben versagt, haben wir als Mensch versagt. Wir sind Versager.

Lassen Sie mich sagen: Das ist das falsche Narrativ. Danach können wir nicht leben.

Wenn man Ihnen jemals gesagt hat, Sie seien ein Versager, oder wenn Sie sich das selbst schon eingeredet haben, dann ist das nicht wahr. Es ist eine Lüge, denn Versagen ist ein Ereignis und kein Merkmal einer Person. Wer Scheitern damit gleichsetzt, dass jemand ein Versager *ist,* begeht den Fehler, das Tun einer Person mit ihrem Sein zu verwechseln. Beides ist nicht dasselbe.

Untersuchungen des Instituts für Sozialforschung der Universität Michigan haben außerdem ergeben, dass der Versuch, das Selbstwertgefühl und die Bedeutung des eigenen Lebens an *äußeren* Erfolgen wie dem Aussehen oder dem Erfolg in Beruf, Studium, Sport, Musik, Reisen oder Beziehungen festzumachen, zu mehr Stress, Ärger, Problemen im Studium, Beziehungskonflikten und einem höheren Drogen- und Alkoholkonsum sowie zu Symptomen von Essstörungen führt. Warum ist das so? Ich möchte einige mögliche Gründe nennen.

Menschen, die ihre Bedeutung als Person an ihrer Leistung, ihrem Erfolg oder an dem, was sie tun oder erreichen können, messen, stellen oft fest, dass ihr Fokus im Leben immer auf der Verfolgung des nächsten Ziels liegt, was immer das sein mag – Reichtum, Familie, Karriere, Beziehung. Diese Ziele und ihre Erreichung bestimmen allmählich das Selbstverständnis der Person vollständig, sodass ihr unbewusstes Lebensmotto im Laufe der Zeit lautet: »Ich erreiche etwas, also bin ich.« Mit anderen Worten: »Ich bin, was ich tue.« Kommt Ihnen das vielleicht unangenehm bekannt vor?

Eines der vielen Probleme, die mit dieser Lebenseinstellung verbunden sind, besteht darin, dass mein persönliches Gefühl von Bedeutung von meiner Einschätzung dessen abhängt, wie gut ich mich schlage. Ein Urteil darüber, wie gut ich mich schlage, hängt aber zwangsläufig davon ab, wie gut ich mich im Vergleich zu anderen schlage, und damit ist mein Gefühl von Bedeutung umgekehrt proportional dazu, wie gut andere in meinem Umfeld sich schlagen. Damit wird es unter anderem schwierig, sich über den Erfolg anderer aufrichtig zu freuen. Wenn wir unser Gefühl der Bedeutung ausschließlich auf das stützen, was wir tun und was wir erreichen, hat das letztlich negative Auswirkungen auf unser Selbstverständnis und auf die Art und Weise, wie wir uns gegenseitig sehen.

Ich habe erwähnt, dass ich als Schüler in einem Supermarkt gearbeitet habe. Und wenn Sie jemals im Einzelhandel gearbeitet haben, wissen Sie, dass der Erfolg eines Produkts viel damit zu tun hat, wo es im Regal platziert ist. Untersuchungen haben ergeben, dass Kunden das Regal zunächst auf Augenhöhe betrachten, sich von links nach rechts vorarbeiten und ihre Kaufentscheidung in weniger als acht Sekunden treffen. Wenn ein Produkt nicht in diesem Acht-Sekunden-Fenster ausgewählt wird, wird kein Einzelhändler den wertvollsten Platz in seinen Regalen dafür verschwenden.

Deshalb sind auffällige Verpackungen und eine clevere Vermarktung der Produkte so wichtig. Und die verschiedenen Vertreter, die in den Laden kommen, versuchen auf alle möglichen Arten, den Einzelhändler davon zu überzeugen, ihr Produkt an der Stelle im Regal zu platzieren, wo die Wahrscheinlichkeit am größten ist, dass sie gekauft werden, und das ist normalerweise auf Augenhöhe, denn »Augenhöhe ist Kaufhöhe«. Die Lieferanten werden also versuchen, den Ladeninhaber zu überzeugen, und ihm verschiedene Anreize bieten, damit er diesen Platz für ihr Produkt zur Verfügung stellt.

Und es ist wirklich interessant, zu beobachten, wenn zwei konkurrierende Vertreter zur gleichen Zeit im Laden sind. Selten lächeln sie sich an und sagen: »Ist es nicht cool, dass wir ganz ähnliche Produkte verkaufen?« Meistens tun sie so, als würden sie die andere Person nicht bemerken, und wenn doch, dann ist ihnen die Begegnung unangenehm.

Stellen wir uns also einmal vor, was mit menschlichen Beziehungen passiert, wenn jeder mit jedem um den umkämpften Platz im Regal konkurriert, den begehrten Platz, an dem wir von anderen gesehen, anerkannt, geschätzt und ausgewählt werden.

Wir neigen dazu, uns selbst und andere wie Objekte zu behandeln und uns miteinander zu vergleichen und uns gegenseitig zu bewerten, so wie wir Produkte auf dem Markt bewerten. Seit Jahren sprechen Soziologen über die zunehmende Verobjektivierung des Menschen. Man sieht es im Sport, wo Spieler zwischen Teams wie Waren an der Börse gehandelt werden, oder in der Wirtschaft, wo Mitarbeiter von anderen Unternehmen abgeworben oder einfach entlassen und durch neuere, bessere Modelle ersetzt werden.

Dieser allgemeine Trend zur Verobjektivierung und Kommerzialisierung der menschlichen Person hat in den letzten Jahren durch die Art und Weise, wie soziale Medien mit ihren Inhalten und Kommunikationsstrategien die Gesellschaft prägen, noch einen gewaltigen Schub bekommen.

Die sozialen Medien und der Selbstwert

In der Science-Fiction-Serie *Black Mirror*, die überall sehr gefeiert wird, geht es darum, wie die Digitalisierung unsere Gesellschaft prägt. Teilweise ist das recht beunruhigend. Eine der eindrücklichsten Folgen zeigt eine Welt in nicht allzu ferner Zukunft, in der wir vollständig von sozialen Medien abhängig sind. Menschen können gegenseitig das Aussehen oder die zwischenmenschlichen Interaktionen mit bis zu fünf Sternen bewerten. Bewertet wird zum Beispiel, wie man ein Gegenüber in der U-Bahn angeschaut hat oder welche Reaktion man für das Geburtstagsgeschenk des Arbeitskollegen gezeigt hat. Solche Bewertungen haben dann Auswirkungen auf die reale Welt: Wenn man vier Sterne bekommt, verliert man Freunde, wenn man drei Sterne bekommt, kann man den Job verlieren oder von bestimmten Läden oder Gruppen ausgeschlossen werden. In einem Artikel des Magazins *Business Insider* heißt es dazu:

> Es ist tatsächlich gar nicht so weit entfernt von der Welt, in der wir heute leben. Stellen Sie sich vor, Sie kombinieren Ihre Über-Bewertung mit der Anzahl der Likes auf Facebook und der Anzahl der Antworten auf Twitter, die Sie im letzten Monat erhalten haben. Jetzt stellen Sie sich vor, dass das Ergebnis alles in Ihrem Leben bestimmt, vom Arbeitsplatz bis hin zu der Wohnung, für die man Sie als Mieter in Betracht zieht.

Diese Black-Mirror-Folge hat eine Debatte darüber angestoßen, ob das nur eine Parodie auf die heutige Situation ist oder nicht vielleicht eine prophetische Vision, die uns zeigt, worauf wir zugehen, wenn wir nicht aufpassen.

Kürzlich wurde in Großbritannien ein Bericht mit dem Titel *#StatusofMind* über die Auswirkungen von Social-Media-Plattformen auf das Wohlbefinden junger Menschen veröffentlich. Fazit ist: Instagram, Snapchat, Facebook und Twitter haben allesamt ausgesprochen negative Auswirkungen auf die allgemeine psychische Gesundheit junger Menschen und verstärken bei den Nutzern Ängste, Depressionen und Probleme mit der eigenen Identität und dem Körperbild. Der Autor des Berichts, Matt Keracher, schreibt, dass diese Plattformen junge Menschen dazu verleiten, »sich mit unrealistischen, hochgradig selektiven, gefilterten und mit Photoshop bearbeiteten Versionen der Realität zu vergleichen«.

Regelmäßig werden in der Presse die verzweifelten Versuche vor allem von Teenagermädchen thematisiert, ihr Profilbild sexyer und verlockender aussehen zu lassen und so die gewünschten Likes zu bekommen – heute ein wichtiger Maßstab für Erfolg.

Dr. Jessica Strubel, die vor der *American Psychological Association* die Hauptstudie über die Auswirkungen neuer Dating-Apps wie Tinder vorstellte, erklärt: »Die Menschen leben in einer surrealen Welt und erzeugen diese unerreichbaren Ideale und Erwartungen, die niemand erfüllen kann. Das führt dazu, dass man sich rund um die Uhr um seinen Eindruck und sein Aussehen kümmern muss.«

Der britische *National Health Service* (NHS) hat berichtet, dass sich die Zahl der Jugendlichen, die mit Angstzuständen ins Krankenhaus eingeliefert werden, in den letzten fünf Jahren verdreifacht hat. John Cameron, Leiter der wichtigsten nationalen Beratungshotline für Jugendliche, sagte kürzlich in einem Artikel im *Telegraph:* »Diese Probleme werden oft durch das Bedürfnis verstärkt, mit den Freunden mitzuhalten und ein perfektes Leben zu führen. Dadurch, dass der Einfluss digitaler Medien rund um die Uhr besteht, können junge Menschen diesem Druck nie entkommen.«

Vielleicht ist das Elternhaus einer der wenigen Orte auf der Welt, an dem ein junger Mensch lernen kann, dass er nicht deswegen geliebt wird, weil er etwas Bestimmtes tut, sondern dass er geliebt wird, weil er ist, wer er ist. Auf Instagram oder in der Welt des Online-Datings, im Klassenzimmer oder am Arbeitsplatz werden junge Menschen das sicher nicht lernen. Leider vermitteln Eltern in ihrem Wunsch, ihre Kinder in einer wettbewerbsorientierten Gesellschaft erfolgreich zu sehen, ihnen manchmal unbeabsichtigt eine Botschaft, die der Botschaft, die sie von der Welt erhalten, nicht unähnlich ist: »Leiste etwas und wir werden dich sehen. Erreiche etwas und wir werden dich lieben.«

Meine Tochter Grace singt oft laut vor sich hin, wenn sie allein ist und denkt, dass niemand sie hört. Als Vater war ich überglücklich, als ich hörte, wie Grace, damals vier Jahre alt, in ihrem Zimmer vor sich hin sang: »Papa hat mich lieb, er hat mich wirklich lieb, auch wenn ich ganz, ganz böse bin, er hat mich trotzdem lieb, und Jesus auch!«

Ich dachte: »Ja! Sie hat es verstanden!« Ihr Herz hat verstanden, dass sie geliebt wird, weil sie eben sie ist, und nicht, weil sie sich auf eine bestimmte Weise verhält oder dies und jenes erreicht hat.

Jedoch haben es nicht nur Kinder oder junge Erwachsene schwer, zu erkennen, dass sie mit einem innewohnenden Wert und mit einer angeborenen Würde in diese Welt gekommen sind. Denn das ist ein Teil des Problems der menschlichen Geschichte: Wir versuchen alle, Bedeutung und Selbstwert in dem zu finden, was wir tun, was wir bewirken und erreichen können – und es funktioniert nicht.

Es funktioniert nicht

Es funktioniert nicht, weil wir uns damit eine Verantwortung aufladen, die wir nicht tragen können, nämlich die ständige Last, unser Selbstwertgefühl, unseren Namen und unser Ansehen in der Welt zu begründen oder zu beweisen.

Die Freiheit, von der Sartre, de Beauvoir und andere existenzialistische Philosophen sprechen – die Freiheit, sich selbst unaufhörlich zu erschaffen und wieder neu zu erschaffen, weil man durch nichts anderes definiert ist als durch die eigenen Wünsche –, ist keine Freiheit, sondern Sklaverei. Denn da hängt alles von uns selbst ab. Unsere Identität, unseren Selbstwert und unsere Bedeutung eigenständig zu erschaffen ist eine gnadenlose Aufgabe. Es hängt alles von uns selbst ab, und wenn man nach 1980 geboren ist und in den sozialen Medien lebt, ist das ein Rund-um-die-Uhr-Vollzeitjob. Selbst wenn man sich die allergrößte Mühe gibt, ist das keine Garantie dafür, dass die Welt um uns herum uns applaudiert und sagt: »Hey, das ist jemand, der es wert ist, angeschaut zu werden!«

Selbst der kleine Prozentsatz der Menschen, die den Reichtum, den Ruhm, den Erfolg und die Beliebtheit erlangen, die jemanden aus der Masse herausheben, stellt nicht unbedingt fest, dass dieser Erfolg auch das Glück und die Erfüllung bringt, die sie sich davon versprochen haben.

Einer der beeindruckendsten »Jemande« des 20. Jahrhunderts und vielleicht auch die größte Berühmtheit der Neuzeit war der »King«, Elvis Presley. Ein Reporter stellte dem King einmal die folgende Frage: »Elvis, als du mit dem Musikmachen angefangen hast, hast du gesagt, dass du reich, berühmt und glücklich werden willst. Du bist jetzt reich und berühmt. Bist du glücklich?« Elvis antwortete darauf: »Ich bin verdammt einsam!« Das war sechs Wochen vor seinem Tod.

Markus Persson ist eine Legende in der Gaming-Welt – der Erfinder von *Minecraft,* dem vielleicht beliebtesten und erfolgreichsten Computerspiel aller Zeiten. Er verkaufte es für 2,5 Milliarden US-Dollar an *Microsoft.* Monate später schrieb er folgenden Tweet: »Ich hänge mit ein paar Freunden auf Ibiza ab und feiere mit berühmten Leuten. Ich kann tun, was immer ich will, und habe mich noch nie so isoliert gefühlt.«

Die Schauspielerin Nicole Kidman sagte, dass sie erst durch den Erhalt eines Oscars im Jahr 2003 erkannte, wie leer ihr Leben wirklich war.

Es gibt wohl nur wenige Dinge im Leben, die einen stärker desillusionieren und deprimieren können, als wenn man das erreicht, wovon man dachte, es würde einem das ultimative Gefühl von Selbstwert und Bedeutung geben, und dann merkt, dass dem nicht so ist.

Es geht um die Seele

Gemessen an der globalen Berühmtheit und dem weltweiten Einfluss, ist Jesus womöglich die bedeutendste Person, die je gelebt hat. Während seines Lebens auf dieser Erde sprach er oft vor großen Menschenmengen, aber er bezog das Gefühl seiner Bedeutung nie aus der Größe seiner Zuhörerschaft. Er wusste, dass sie ihn an einem Tag bejubelten und am nächsten versuchen könnten, ihn zu töten. So wankelmütig ist die Menge.

In einer solchen Rede vor einem großen Publikum stellte Jesus seinen Zuhörern folgende zentrale Frage: »Was nützt es, die ganze Welt zu gewinnen und dabei seine Seele zu verlieren? Gibt es etwas Kostbareres als die Seele?« (Matthäus 16,26). Jesus zufolge ist es tatsächlich möglich, im Leben alles zu gewinnen, wovon Sie dachten, dass es Sie besonders macht, und dabei das Einzige zu verlieren, was Sie wirklich besonders macht – Ihre Seele.

Aus der Sicht des Christentums ist das Wichtigste an Ihnen nicht das, was man von außen sehen kann. Das Wichtigste an Ihnen ist Ihre Seele, denn Ihre Seele ist Ihr Lebenszentrum. Jesus sagt, dass Ihre Seele wertvoller ist als alles andere auf der ganzen Welt. Denn es ist die einzige Seele, die Sie je haben werden, und sie ist für die Ewigkeit gemacht. Sie ist für Gott gemacht. Wie eine kostbare Stradivari-Geige den Stempel ihres Erbauers trägt, so trägt Ihre Seele das Abbild ihres Schöpfers. Egal wie unsichtbar Sie sich auch manchmal fühlen mögen, für Ihren Schöpfer sind Sie nicht unsichtbar, denn Sie sind – wie die Bibel sagt – der Augapfel Gottes. Sie sind weder ein Fehler noch ein Unfall noch ein Versager. Der christliche Philosoph Dallas Willard drückt es so aus: »Sie sind ein unaufhörliches, spirituelles Wesen, das mit voller Absicht für eine ewige Zukunft in Gottes großem Universum geschaffen wurde.«

Wenn das stimmt, würde es erklären, warum oberflächliche und vergängliche Dinge wie Geld, Ruhm und Erfolg uns letztlich nicht erfüllen und nicht befriedigen können. Diese Dinge sind an sich völlig in Ordnung. Sie sind aber nicht in der Lage, uns das zu geben, wonach sich unsere *Seele* zutiefst sehnt: gesehen, gekannt und geliebt zu werden, und zwar für immer.

Die Bibel sagt, dass eine solche Liebe nur in Gott zu finden ist. Und dass unsere Seelen krank sind, weil wir die Verbindung zur Liebe Gottes verloren haben. Sie nennt diese Krankheit »Sünde« und erklärt, dass es diese Seelenkrankheit ist, die uns dazu bringt, zu konkurrieren, statt zu kooperieren, andere zu Objekten zu machen, statt sie zu würdigen, sie zu verunglimpfen, statt sie zu feiern, sie herunterzuziehen, statt sie zu fördern, und sie zu beneiden und uns an ihnen zu stoßen, statt sie zu lieben und zu respektieren.

Die biblischen Berichte über das Leben der ersten Anhänger von Jesus beschönigen die Schwächen und Fehler der Apostel nicht. Und wenn es in der Bibel jemanden gibt, der die große Lüge geschluckt hatte, dass man etwas erreichen muss, um etwas Besonderes zu sein, dann war es ein Mann namens Saulus von Tarsus. Wie die Bibel erzählt, war Saulus ein Kind aus bestem Hause, ein Schüler des berühmten Lehrers Gamaliel, ausgebildet an jüdischen Eliteschulen. Er war auf dem Weg zu Erfolg und Einfluss. Bevor er Jesus begegnete, hielt er sich für einen moralischen Menschen. Trotzdem war er bereit dazu, alles zu tun, um in seiner Karriere als religiöse Autorität voranzukommen, sogar dazu, Leben zu zerstören. Er verfolgte die ersten Anhänger von Jesus von Nazareth, weil sie das religiöse Establishment herausforderten. Er spürte gläubige Familien auf, schickte sie ins Gefängnis und billigte auch die Ermordung eines Jesusanhängers namens Stephanus. Er hielt sich selbst für von Gott berufen, aber er war nicht berufen, sondern nur getrieben. Er fühlte sich berufen, Gott einen Namen zu machen, aber in Wirklichkeit versuchte er nur, sich selbst einen Namen zu machen.

Saulus war eifrig, sogar religiös fanatisch. Er hatte die Liebe Gottes noch nicht kennengelernt. Doch als das geschah, änderte sich alles. In einem dramatischen Moment der Erkenntnis begegnete Saulus Jesus auf der Straße nach Damaskus und Jesus, der Herr, befreite ihn von der Last, sich selbst einen Namen machen zu müssen. In Jesus entdeckte Saulus Gottes Liebe und zugleich Identität und Berufung, die irdische Ehre, Auszeichnungen oder Prestige niemals übertreffen können. Dieser stolze, getriebene, gnadenlose religiöse Moralist namens Saulus – der so groß und erfolgreich sein wollte – wurde als Apostel Paulus, was klein oder demütig bedeutet, bekannt, als Diener aller Menschen, sowohl der Juden als auch der Nichtjuden. Bevor er Jesus begegnete, meinte er, er sähe das Leben so, wie es wirklich war – ein Wettbewerb, den es zu gewinnen galt. Jesus half ihm, das Leben so zu sehen, wie es tatsächlich gedacht war.

Kein Wunder, dass Paulus später in einem seiner Briefe an die Gemeinde in Korinth einen der bewegendsten Texte über die Liebe verfasst hat, die je geschrieben wurden:

> Wenn ich die Sprachen aller Menschen spreche und sogar die Sprache der Engel, aber ich habe keine Liebe – dann bin ich doch nur ein dröhnender Gong oder eine lärmende Trommel. Wenn ich prophetische Eingebungen habe und alle himmlischen Geheimnisse weiß und alle Erkenntnis besitze, wenn ich einen so starken Glauben habe, dass ich Berge versetzen kann, aber ich habe keine Liebe – dann bin ich nichts. Und wenn ich all meinen Besitz verteile und den Tod in den Flammen auf mich nehme, aber ich habe keine Liebe – dann nützt es mir nichts. Die Liebe ist geduldig und gütig. Die Liebe eifert nicht für den eigenen Standpunkt, sie prahlt nicht und spielt sich nicht auf.
>
> *1. Korinther 13,1-4; GNB*

Jesus half Paulus zu erkennen, dass das Leben kein Wettbewerb ist, den es zu gewinnen gilt, sondern ein Privileg und eine Gelegenheit, zu lieben und geliebt zu werden. Jesus zufolge ist es der Sinn Ihres Lebens, zu lieben und geliebt zu werden. Das ist das, worum es im Leben geht. Das ist die Musik, die unsere Seele spielen soll, zu lieben und geliebt zu werden. Und alles beginnt laut Jesus damit, die Liebe Gottes zu empfangen.

Wenn Sie diese Liebe schmecken, so lehrt der christliche Glaube, müssen Sie sich keinen Namen mehr machen, um jemand Besonderes zu werden, weil Sie bereits etwas Besonderes sind. Sie begreifen, dass Sie bereits von Ihrem Schöpfer *gesehen, erkannt, geschätzt* und *auserwählt sind* und dass das wertvoller ist als alles, was diese Welt zu bieten hat. Im tiefsten Inneren Ihrer Seele erkennen Sie, dass Sie von Gott geliebt werden und dass Sie nach seinem Ebenbild erschaffen wurden. Die Frage »Wer bin ich?« wird beantwortet, weil Sie nun wissen, wem Sie gehören. Sie gehören Gott. Sie sind ein Kind des Schöpfers des Universums und Sie tragen seine Handschrift auf Ihrer Seele. Die Signatur des Meisters.

3

TUGEND

Warum das Richtige tun, wenn es der anstrengendere Weg ist?

Wer bin ich?

Kurze Quizfrage: Wer bin ich?

Ich wurde 1971 in den Vereinigten Staaten geboren. Als ich sechzehn Jahren alt war, begann ich, an Triathlons teilzunehmen, und wurde 1989 und 1990 nationaler Meister im Sprint. 1992 startete ich meine Karriere als professioneller Radrennfahrer. 1993 gewann ich die Weltmeisterschaft. Drei Jahre später wurde bei mir Krebs diagnostiziert. Ich erholte mich und kehrte 1998 zum Radsport zurück. In diesem Jahr gewann ich die *Tour de France* und danach weitere sieben Jahre in Folge ebenfalls.

Ich bin – Sie haben es wahrscheinlich schon erraten – Lance Armstrong.

Wir lieben Gewinner. Besonders solche, die Widrigkeiten überwinden. Warum wird Lance Armstrong, einer der größten Gewinner und Überwinder aller Zeiten, von vielen Menschen heute aber nicht geliebt? Weil er betrogen hat. Er hat das Falsche getan. Er hat leistungssteigernde Mittel genommen, um seine Ziele zu erreichen.

Wir lieben Gewinner, aber Betrüger mögen wir nicht. Menschen, die das Falsche tun, bewundern wir nicht. Warum ist das so?

Tiere scheinen sich nicht um Fragen der Ethik oder Moral zu kümmern. Wenn ein Wolf opportunistisch das schwächste Reh im Rudel angreift, werfen ihm die anderen Wölfe keinen mangelnden Sportsgeist vor. Und wenn eine Katze nur zum Vergnügen eine Maus quält, sagen die anderen Katzen nicht, sie solle sich gefälligst jemanden suchen, der ihr gewachsen ist.

Der Mensch unterscheidet sich in dieser Hinsicht deutlich von anderen Tieren. Für Tiere gilt das Gesetz des Dschungels. Wir kennen aber auch ein anderes Gesetz, das moralische. Wie nennen wir zum Beispiel jemanden, der ohne Rücksicht auf ein moralisches Gesetz handelt? Tier! Und das ist nicht anerkennend gemeint.

Das Richtige tun

Als Menschen betrachten wir die Welt nicht nur durch die Brille dessen, was ist. Wir beurteilen sie auch durch die Brille dessen, was sein sollte. Wir können nicht anders, als so zu denken, nämlich dass einige Dinge richtig und andere falsch sind.

Deshalb macht es uns wütend, wenn wir von Betrug und Korruption im Sport hören. Erinnern wir uns zum Beispiel an den Fußball-Wettskandal oder die verschiedenen Dopingfälle. Oder in der Wirtschaft: Man denke nur an den Abgasskandal des Volkswagenkonzerns, der versucht hat, die Umweltbehörde über die Menge der Schadstoffemissionen seiner Autos zu täuschen. Oder in der Politik: Immer wieder gibt es Spesenskandale verschiedener Politiker oder undurchsichtige Machenschaften in der Lobbyarbeit.

Da kann man denken: Wäre es nicht toll, wenn wir Betrug, Korruption und unethisches Verhalten in der Gesellschaft irgendwie beenden könnten? Wäre die Welt dann nicht ein besserer Ort?

Nun, die Frage ist: Warum beenden wir diese Dinge nicht einfach? Wenn wir Betrug, Korruption und unethisches Verhalten nicht mögen, warum schaffen wir das alles nicht einfach ab?

Das Problem ist, dass es nicht so einfach geht. Dallas Willard schreibt: »Wir Menschen wollen nicht tun, was schlecht ist, aber wir finden es notwendig.« Ging es Ihnen auch schon einmal so, dass das Richtige zu tun, wie zum Beispiel die Wahrheit zu sagen, mit Ihrem Wohlgefühl oder Ihrem Glücksempfinden in Konflikt stand?

Einmal wurde in der Sonntagsschule gefragt: »Was ist eine Lüge?« Und ein Mädchen antwortete: »Ein Gräuel für Gott und eine große Hilfe in Schwierigkeiten!«

Das Richtige zu tun, ist nicht immer einfach.

Wir alle tun es

Betrachten wir das Problem des Betrugs. Ob im Sport, in der Wirtschaft oder in der Politik, wir neigen zu der Annahme, dass Betrug nur von einigen wenigen schwarzen Schafen begangen wird und dass, wenn wir diese schwarzen Schafe loswürden, die meisten Lügen, Betrügereien und unethischen Verhaltensweisen, die in der Welt vorkommen, beseitigt wären.

Leider zeigen aber alle Untersuchungen, dass das nicht der Fall ist. In seinem Buch *Die halbe Wahrheit ist die beste Lüge* erklärt Dan Ariely, Professor für Psychologie und Verhaltensökonomie an der *Duke University*, dass die meisten Betrügereien in der Gesellschaft unterschiedliche, subtile unehrliche Handlungen sind, die wir alle regelmäßig tun, und dass diese Handlungen sich zu einer großen Menge summieren.

Er führt mehrere Fallstudien an, um dies zu veranschaulichen. In einer Fallstudie geht es um das Rätsel um einen Geschenkeladen im Kunstzentrum in Washington, bei dem jährlich 150 000 US-Dollar verschwanden. Da die Zahlungen in eine Geldkassette und nicht in eine Kasse getan wurden, war die erste Vermutung, dass jemand stahl. Nachdem die Person, die man für verantwortlich hielt, entlassen worden war, verschwand das Geld jedoch weiterhin, bis man schließlich herausfand, dass das Problem nicht ein einzelner Dieb war, sondern viele gutwillige Ehrenamtliche, die sich im Laufe des Jahres jeweils kleine Geldbeträge »liehen«, aber irgendwie nie dazu kamen, das Geld zurückzugeben.

Laut Professor Ariely zeigen alle Fallstudien, dass das Problem mit Betrügereien und unethischem Verhalten in der Gesellschaft nicht darin besteht, dass einige wenige schwarze Schafe oder skrupellose Personen es allen anderen verderben. Nein, wir alle nehmen moralische Abkürzungen. Wir alle schummeln.

Wir schummeln *alle!*

Ariely erklärt, worin der Kern des Problems besteht, nämlich darin, dass wir mit zwei gegensätzlichen Grundmotivationen leben: Einerseits wollen wir gute, ehrliche und aufrechte Menschen sein – das wollen wir wirklich! Doch andererseits wollen wir die Vorteile nutzen, die sich aus dem Betrug ergeben. Wir wollen also jeden Tag in den Spiegel schauen und einen guten Menschen vor uns sehen, sind aber auch bereit, alles zu tun, was uns im Leben weiterbringt.

Wie gehen wir also mit diesen widersprüchlichen Wünschen um? Laut Ariely tun wir das durch einen Prozess der Rationalisierung, was bedeutet, dass wir uns im Grunde selbst belügen. Wir sehen diese Dynamik zum Beispiel in einer Fallstudie von Psychologen, bei der ein Sechserpack Cola und mehrere Ein-Dollar-Scheine in einen Kühlschrank gelegt wurden, der von Studenten genutzt wurde. Die Studenten wussten, dass das Geld und die Getränke jemand anderem gehörten und daher tabu waren. Was glauben Sie, ist passiert? Während das Geld im Kühlschrank unangetastet blieb, wurden alle Cola-Dosen gestohlen. Und warum? Weil wir alle wissen, dass wir nicht stehlen sollten, und die Entnahme von Bargeld wäre unverhohlener Diebstahl – wir würden etwas tun, von dem unser Gewissen uns sagt, dass wir es nicht tun sollen. Die Studierenden brachten es jedoch fertig, eine Dose Cola zu nehmen und sich einzureden, dass das nicht *wirklich* Diebstahl war, obwohl die Dosen natürlich mit Geld gekauft worden waren.

Professor Ariely nennt diese Fähigkeit, sich selbst zu täuschen, *kognitive Flexibilität*. Sie ermöglicht es uns, durch Betrug zu bekommen, was wir wollen, und uns trotzdem für gute Menschen zu halten.

Die andere Sache mit der Unehrlichkeit ist, dass wir umso eher nachgeben, je mehr das Schummeln sozial akzeptiert scheint. In einer anderen Fallstudie ließen Psychologen Teilnehmende einen Mathetest machen, bei dem diese für jede richtige Antwort einen Dollar bekamen. Sie konnten ihre eigene Arbeit korrigieren, was ihnen die Möglichkeit gab, zu schummeln. Und natürlich haben viele geschummelt. In einem Raum wurde auch ein Schauspieler in das Experiment eingeschleust, der vorgab, innerhalb einer unmöglich kurzen Zeit hundert Prozent richtige Antworten geschafft zu haben. Er wurde vor den Augen aller anderen Teilnehmenden in dem Raum belohnt. Dadurch, dass eine einzelne Person offensichtlich mit dem Schummeln davonkam, schummelten die Teilnehmer in dieser Gruppe doppelt so häufig wie in anderen. Wie bei vielen anderen Experimenten zeigte sich auch hier, dass wir Menschen unglaublich anfällig für den Einfluss der Gruppe sind.

Wenn Betrug oder anderes unethisches Verhalten erst einmal begonnen hat, so Professor Ariely, gewinnt es in der Regel an Dynamik und wird ansteckend. Deshalb schlägt er vor, dass Unternehmen nicht einmal kleine Schummeleien tolerieren sollten, denn das senkt die Messlatte für alle.

Kurz gesagt, seine Forschung zeigt, wie moralisch fehlbar wir alle sind, auch diejenigen mit guten Vorsätzen, die ja die meisten von uns haben.

Wie lösen wir also das Problem des unethischen Verhaltens, wenn praktisch jeder Teil des Problems ist? Wie lösen wir zum Beispiel das Problem des Betrugs, wenn, wie die Forschung zeigt, praktisch jeder auf die eine oder andere Weise betrügt?

Wenn wir das Problem des unethischen Verhaltens in der Gesellschaft, wie zum Beispiel Lügen und Betrügen, erfolgreich angehen wollen, müssen wir sorgfältig über die Begründung für moralisches Verhalten nachdenken.

Warum sollten wir gut sein? Warum das Richtige tun? Warum nicht betrügen?

Warum sollten wir gut sein?

Die übliche Antwort lautet: Wenn alle betrügen, sind wir alle schlechter dran. In der Wirtschaft zum Beispiel lautet die Antwort auf die Frage »Warum nicht betrügen?«, dass es für die Unternehmen nicht profitabel ist (weil sie das Vertrauen der Menschen verlieren) und dass es für die Beschäftigten nicht profitabel ist (weil sie entlassen oder in der Hierarchie herabgestuft werden könnten).

Aber was ist, wenn ich als Einzelperson in einem Unternehmen feststelle, dass unethisches Handeln eigentlich besser für mich persönlich wäre, wenn auch nicht für das Unternehmen? Was wäre, wenn mein persönliches Bankkonto sich rascher füllen würde, wenn ich ein bisschen schummelte, oder wenn sich meine persönlichen Karrierechancen verbesserten, wenn ich ein bisschen lügen würde? Und was, wenn ich wüsste, dass ich nicht erwischt werden würde? Was ist dann meine Motivation, ethisch zu handeln?

Oder nehmen wir einen Schüler oder eine Studentin: Was wäre, wenn man wirklich eine bessere Note für den Aufsatz bekommen könnte, indem man schummelt und wüsste, dass man nicht erwischt werden würde? Welchen Grund gäbe es dann, das Richtige zu tun?

Das sind Fragen, die direkt zum Kern der Sache führen, aber überraschenderweise werden sie in Ethikkursen nur selten behandelt, obwohl es vielleicht die grundlegendsten Fragen der Moral sind. Warum sollten Sie nicht betrügen, wenn Sie damit durchkommen und am Ende alles bekommen, was Sie wollen?

Der antike griechische Philosoph Platon beschäftigt sich mit dieser Frage in seinem berühmten Werk *Der Staat*. Darin finden wir einen sehr aufschlussreichen Dialog zwischen Platons Lehrer Sokrates und einem Mann namens Thrasymachus. Thrasymachus ist das, was man einen radikalen Moralskeptiker nennen könnte. Das bedeutet, dass Thrasymachus glaubt – wie viele Menschen heute –, dass es kein objektives moralisches Gesetz gibt. Also sagt er zu Sokrates in etwa: »Sei nicht so naiv, es gibt keine absoluten moralischen Maßstäbe. Der Zweck heiligt die Mittel; Gerechtigkeit ist nur ein Deckmantel für Macht; und Ethik ist nur ein Haufen von Regeln, die andere Leute erfunden haben, sie ist nichts Reales. Also gibt es keinen Grund, warum wir nicht betrügen sollten, wenn Betrug uns hilft, zu gewinnen. Es gibt keinen Grund, warum wir nicht lügen sollten, wenn Lügen uns hilft, Schmerz zu vermeiden.

Es gibt keinen Grund, warum wir nicht unethisch handeln sollten, wenn es uns hilft, das zu bekommen, was wir wollen.«

Zur Veranschaulichung verweist er auf den griechischen Mythos von Gyges, einen armen und bescheidenen Hirten, der es hasst, ein Niemand zu sein. Eines Tages entdeckt der Hirte Gyges einen magischen Ring, der ihm die Macht gibt, unsichtbar zu sein. Er erkennt, dass der Ring ihm helfen kann, ein erfolgreicher *Jemand* zu werden. Denn mit ihm kann er tun und lassen, was er will. Was macht Gyges also mit diesem Ring der Macht? Er nutzt ihn, um den König zu töten, die Königin zu heiraten und schließlich über das Königreich zu herrschen – und dabei allen vorzugaukeln, dass er ein wirklich großartiger Mensch sei.

Die Frage, die Thrasymachus Sokrates stellt, lautet daher: »Warum soll man nicht unethisch handeln, wenn man wie der Hirte Gyges weiß, dass man damit durchkommt und alles kriegt, was man immer wollte?«

Diese Frage ist sehr schwer zu beantworten, wenn Sie (wie Thrasymachus) nicht an ein objektives moralisches Gesetz glauben, weil Sie vielleicht denken: »Wer würde nicht alles haben wollen, wovon er glaubt, dass es ihn glücklich macht?« Und wenn Sie glauben, dass Ethik nur ein Haufen Regeln ist, die andere Menschen erfunden haben, warum sollten Sie dann zulassen, dass diese Regeln Ihrem Glücksempfinden Grenzen setzen?

Auf die Herausforderung reagieren

Um auf diese herausfordernde Frage von Thrasymachus angemessen zu reagieren, brauchen wir mindestens drei Dinge. Gerade wenn wir wirklich eine Lösung für das Problem des unethischen

Verhaltens in der Gesellschaft finden wollen, das, wie wir festgestellt haben, nicht nur von ein paar schwarzen Schafen verursacht wird, sondern von uns allen. Wir brauchen einen guten Grund, gut zu sein, Hilfen, um gut zu sein, und Gnade, wenn wir fallen.

Das Christentum behauptet, dass alle drei Dinge in der Person von Jesus Christus auf einzigartige Weise zusammenkommen. Schauen wir uns jede dieser Behauptungen der Reihe nach an.

Ein guter Grund, gut zu sein

Wenn heute Ethik gelehrt wird, geht es meist darum, *wie* man ethisch handelt, aber nicht *warum*. Manchmal wird die grundlegendste Frage gar nicht gestellt, nämlich: Woher kommen eigentlich die moralischen Werte, nach denen wir alle streben – wie Gerechtigkeit, Großzügigkeit oder Mut? Das mag nach einer abstrakten Frage klingen, aber in Wirklichkeit ist es eine äußerst praxisrelevante Frage.

Lassen Sie mich die praktische Bedeutung des Themas mit einem Beispiel verdeutlichen. Als Australier habe ich festgestellt, dass eine der größten moralischen Fragen, mit denen die Menschen in Großbritannien heute konfrontiert sind, die Frage ist, ob man, wenn man einen Scone isst, zuerst die Sahne und dann die Marmelade oder zuerst die Marmelade und dann die Sahne daraufstreichen sollte. Als unschuldiger Fremder aus einem anderen Land habe ich festgestellt, dass sich die Menschen in Großbritannien darüber sehr ereifern können. Jedes der beiden Lager glaubt, dass das andere eindeutig im Unrecht ist.

Das war jetzt ein humoriges Beispiel, nehmen wir ein ernsteres. Wenn ich Sie fragen würde, ob Rassismus falsch ist, würden Sie vermutlich sagen, dass er das ist. Ich treffe selten jemanden, der etwas anderes glaubt. Aber wenn wir sagen, dass Rassismus falsch ist, was meinen wir dann mit »falsch«? Meinen wir damit, dass er falsch ist, so wie die Gleichung $2+2=5$ falsch ist? Oder meinen wir damit, dass er auf dieselbe Weise falsch ist, wie es falsch ist, erst die Marmelade und dann die Sahne auf einen Scone zu geben?

Wenn ich als Christ sage, dass Rassismus falsch ist, dann meine ich, dass er genauso falsch ist, wie $2+2=5$ falsch ist. Ich meine, dass Rassismus in der Tat faktisch falsch ist. Und warum? Weil es aus meiner Sicht genauso wie bei den mathematischen Gesetzen, die wir als Menschen nicht geschaffen haben, auch moralische Gesetze gibt, die wir als Menschen nicht geschaffen haben. Sie existieren unabhängig von uns, außerhalb von uns.

Wenn ich jedoch, sagen wir mal, ein säkularer Humanist bin – jemand, der nicht an Gott, aber an gute moralische Werte wie Gerechtigkeit und Gleichheit glaubt –, dann könnte ich glauben, dass wir die Moral nicht entdecken, sondern dass wir sie erschaffen. Wir wählen sie. Mit anderen Worten: Wir entscheiden für uns selbst, dass Rassismus falsch ist.

Doch falls das zutrifft, was ist, wenn andere für sich selbst entscheiden, dass Rassismus *nicht* falsch ist? Was, wenn sie für sich selbst entscheiden, dass Rassismus eigentlich gut ist? Auf welcher Grundlage könnte ein säkularer Humanist ihnen dann sagen, dass sie im Unrecht sind?

Ich kann hier nicht an die Vernunft appellieren. Die Vernunft kann hier nicht entscheiden, denn es gibt keinen Syllogismus und keine logische Formel, die beweist, dass Rassismus richtig oder falsch ist.

Ich kann mich auch nicht auf die Naturwissenschaft berufen. Auch die Naturwissenschaft kann hier nicht entscheiden, denn es gibt kein naturwissenschaftliches Experiment, das beweist, dass Rassismus richtig oder falsch ist. Wenn ich ein säkularer Humanist bin, kann ich mich nur auf meine eigene Entscheidung stützen, gegen Rassismus zu sein, genauso wie Rassisten sich nur auf ihre eigene Entscheidung dafür, rassistisch zu sein, stützen können.

Und hier widerspricht sich der säkulare Humanismus selbst. Denn einerseits sagt er, dass Herr Müller selbst entscheiden muss, was gut ist, aber andererseits möchte er sagen, dass Herr Müller alle Menschen respektieren sollte. Aber wenn Herr Müller sagt: »Na ja, ich habe für mich entschieden, dass Menschen mit einer anderen Hautfarbe als meiner nicht zu respektieren sind«, was können säkulare Humanisten darauf antworten? Sie könnten Herrn Müller sagen: »Sie haben die falsche Entscheidung getroffen, denn wir sollten alle Menschen unabhängig von ihrer Hautfarbe respektieren.« Das können sie aber nicht, wenn sie glauben, dass die Menschen selbst entscheiden müssen, was gut ist.

Der säkulare Humanismus befindet sich also in einem Dilemma. Er plädiert für gute moralische Werte (wie Gerechtigkeit, Gleichheit und Achtung der menschlichen Freiheit), kann aber keine rationale Grundlage oder einen philosophischen Boden bieten, auf dem diese Werte verankert werden könnten.

C. S. Lewis argumentiert, dass Ethik auf drei Ebenen funktionieren muss, um effektiv zu sein, und er illustriert das mit der Metapher einer Gruppe von Schiffen auf dem Meer. Auf der ersten Ebene geht es darum, dafür zu sorgen, dass die Schiffe nicht zusammenstoßen. Er sagt, das sei wie in der Sozialethik, bei der es darum geht, wie man miteinander auskommt. Auf der zweiten Ebene geht es darum, sicherzustellen, dass die einzelnen Schiffe seetüchtig sind, das heißt, dass sie in der Lage sein müssen, Kurs zu halten und über Wasser zu bleiben. Dies vergleicht er mit der persönlichen Ethik, den ethischen Grundsätzen im Blick auf Charakter und Tugend. Auf der dritten Ebene geht es jedoch um die grundlegendste Frage von allen: Warum sind die Boote überhaupt auf dem Wasser? Was ist ihre Aufgabe? Was ist ihr Zweck?

Dies ist nicht nur für jede Gesellschaft, Institution oder Schiffs-flotte auf See die grundlegendste Frage, sondern auch für jeden einzelnen Menschen. Was ist mein Ziel? Warum bin ich überhaupt hier auf diesem Planeten?

Wir müssen diese grundlegende Frage richtig beantworten, wenn alles andere richtig sein soll. Wenn wir zum Beispiel – wie Sokrates – davon ausgehen, dass es nicht der Hauptzweck des menschlichen Lebens ist, reich zu werden (weil Geld ein Mittel und nicht der Zweck ist), Sie aber trotzdem beschließen, dass es Ihr Hauptziel im Leben ist, reich zu werden, dann würde Sokrates sagen, dass es moralisch keinen Unterschied mache, ob Sie durch Lügen und Betrug oder durch ehrlichen Fleiß und harte Arbeit reich werden. Warum? Weil Sie im ersten Fall aus einem schlechten Grund schlecht wären und im zweiten Fall aus einem schlechten Grund gut wären. Das gute Leben zu leben, sagt Sokrates, bedeutet, aus einem guten Grund gut zu sein. Es geht darum, dass Sie im Einklang mit Ihrer Bestimmung leben.

Wenn Sie jedoch wie viele andere heutzutage glauben, dass wir alle als Ergebnis einer willkürlichen Kombination aus Zeit, Materie und Zufall hier sind, wird es ziemlich schwierig, einen ultimativen Zweck im Leben zu erkennen und damit eine solide Grundlage für die ethischen Standards zu schaffen, denen zu entsprechen wir uns so sehr bemühen.

Immanuel Kant stellte einmal fest, dass die moralische Ent-scheidung nur dann die rationale Entscheidung sein kann, wenn wir glauben, dass ein moralisches Leben letztendlich zu unserem Glück führen wird. Denn niemand will am Ende unglücklich sein. Wenn es jedoch keinen Gott gibt und das Universum nur ein blin-des, mechanisches System ist, gibt es keine Garantie dafür, dass Moral zum Glück führt, und es ist auch nicht sicher, dass Betrüger niemals Erfolg haben.

Die bemerkenswerte Behauptung des Christentums ist jedoch, dass dieses Leben auf mehr beruht als auf ungehinderten Gesetzen, die auf geistlose Atome wirken. Die Behauptung lautet, dass Sie und ich nicht *zufällig*, sondern *absichtlich* hier sind, weil jemand, Gott, wollte, dass wir hier sind. Wenn das stimmt, dann hat das mindestens zwei tief greifende Auswirkungen.

Erstens bedeutet es, dass es eine Antwort auf die Frage gibt, warum wir überhaupt hier auf diesem Planeten sind. Daraus folgt, dass es einen ultimativen Zweck im Leben gibt und damit eine solide und objektive Grundlage für die Moral – für Gut und Böse: Das Gute ist das, was mit unserem Zweck übereinstimmt, und das Böse ist das, was dagegen verstößt. Wie wir bereits gesehen haben, besteht nach dem christlichen Glauben der Hauptzweck unseres Lebens darin, zu lieben und geliebt zu werden, während alles damit beginnt, dass wir die Liebe Gottes empfangen.

Zweitens bedeutet es, dass wir als Menschen innerlich und äußerlich aufblühen, wenn wir in Übereinstimmung mit unserer Bestimmung leben (das heißt, wenn wir lieben, statt zu hassen, heilen, statt zu verletzen, und andere aufrichten, statt sie niederzumachen) und wenn wir das tun, wovon wir wissen, dass es richtig ist, auch wenn es nicht einfach ist. Denn wir leben das Leben, für das wir geschaffen wurden. Im Umkehrschluss bedeutet das aber auch, dass wir nicht glücklich werden, wenn wir gegen unsere Bestimmung leben, das heißt, wenn wir lügen, betrügen oder moralische Abkürzungen nehmen, um das zu erreichen, wovon wir glauben, dass es uns glücklich macht, selbst wenn wir nie erwischt werden.

In anderen Worten bedeutet es, dass es sich letztendlich lohnt, das Richtige zu tun, auch wenn es nicht einfach ist.

Hilfe, um gut zu sein

Einen guten Grund zu haben, um gut zu sein, reicht jedoch nicht aus, denn wie wir gesehen haben, sind wir alle anfällig für die Versuchung, zu betrügen oder eine moralische Abkürzung zu nehmen, selbst wenn wir die besten Absichten haben. Wir brauchen Hilfe, um gut zu sein.

In seinen Dreißigern, um das Jahr 1870 herum, versuchte Andrew Carnegie, der später zu einem der reichsten Männer des 20. Jahrhunderts wurde, seine Integrität zu bewahren. Er schwor sich, das Geschäftsleben aufzugeben, wenn die Gefahr bestünde, in »den entwürdigenden Götzendienst der Anhäufung von Macht und Reichtum« zu geraten. Doch als die Zeit kam, in der er wirtschaftlichen Erfolg hatte, war er nicht bereit, den Weg des »Geldverdienens um jeden Preis« zu verlassen, und leider machten sich einige der charakterschädigenden Auswirkungen, die er in jungen Jahren befürchtet hatte, in seinem späteren Leben bemerkbar. Obwohl er ein großer Philanthrop war, der Tausende von Bibliotheken baute, sagten seine Angestellten, sie hätten es viel lieber gesehen, wenn er ihnen stattdessen menschenwürdige Arbeitsbedingungen geboten hätte. Man sagte, dass die Arbeitsbedingungen und insbesondere die langen Arbeitszeiten, die Carnegie im Streben nach Gewinnsteigerung von seinen Fabrikarbeitern verlangte, so hart und die Wohnverhältnisse so beklagenswert waren, dass viele seiner Angestellten in ihren Vierzigern oder sogar noch früher an Unfällen oder Krankheiten starben.

Was sagt Jesus? »Was nützt es, die ganze Welt zu gewinnen und dabei seine Seele zu verlieren?« (Matthäus 16,26).

Fairerweise muss man sagen, dass die meisten Menschen ihre Seele nicht absichtlich an den »Ring der Macht« verkaufen und dabei jegliches moralische Gewissen im ungezügelten Streben nach Macht, Vergnügen oder Erfolg aufgeben – wie der Hirte Gyges oder Gollum, eine Figur in *Herr der Ringe*, die vom Gyges-Mythos inspiriert wurde. Die meisten von uns stürzen sich nicht absichtlich von der ethischen Klippe in den moralisch relativistischen freien Fall. Die meisten von uns versuchen eigentlich die meiste Zeit, das Richtige zu tun. Trotzdem stellen wir immer wieder fest, dass wir fallen, aber nicht, weil wir uns der Amoralität verschrieben hätten, sondern weil wir trotz aller Bemühungen moralisch abrutschen, Stück um Stück. Wir fallen moralisch meist nicht wie Gollum, sondern eher wie Frodo. Frodo war ein guter Hobbit, aber mit der Zeit übte der Ring seine Wirkung auf ihn aus. Erschöpfung, der Druck der Verantwortung, die suggestiven Einflüsterungen Gollums und die allmähliche Schwächung des Willens führten dazu, dass Frodo, wie sich einige von Ihnen vielleicht erinnern, schließlich versagte. Im entscheidenden Moment fehlte er moralisch. Er konnte den Ring der Macht nicht aufgeben und unterwarf sich ihm. Er verwarf das Gute. Und am Ende war es nur ein unerwarteter Akt der göttlichen Vorsehung, der ihn und alle anderen rettete.

Wie können wir unethisches Verhalten und Korruption in der Gesellschaft bekämpfen, wenn wir nicht einmal den Kampf um das Gute in unserem eigenen Leben gewinnen können? Wie gehen wir mit dem Problem da draußen um, solange wir mit dem Problem in uns selbst genug zu tun haben? Das ist die wahre Herausforderung, vor der wir stehen. Wenn der Kern des menschlichen Problems das menschliche Herz ist, wie können wir uns dann selbst heilen? Wie kommen wir aus diesem Muster der Rationalisierung und des Selbstbetrugs heraus? Wer zieht uns aus der Schlinge?

Es ist interessant, dass die Bibel, obwohl sie Jahrhunderte vor der modernen Psychologie geschrieben wurde, über diesen inneren Konflikt der Begierden in der menschlichen Psyche spricht. Psyche ist das griechische Wort für Seele. Erinnern Sie sich an Saulus von Tarsus, der zum Apostel Paulus wurde? Er hielt sich selbst für einen moralischen Menschen, aber gleichzeitig war er bereit, fast alles zu tun, um voranzukommen, selbst dazu, Leben zu zerstören. In einem seiner Briefe an die frühe Kirche berichtet er sehr ehrlich von seinem Kampf mit dem Guten, damit, das Richtige zu tun, auch wenn es nicht einfach ist. Er schreibt:

Ich begreife mich selbst nicht, denn ich möchte von ganzem Herzen tun, was gut ist, und tue es doch nicht. Stattdessen tue ich das, was ich eigentlich hasse. Ich weiß, dass mein Handeln falsch ist, und gebe damit zu, dass das Gesetz gut ist... Ich weiß, dass ich durch und durch verdorben bin, soweit es meine menschliche Natur betrifft. Denn immer wieder nehme ich mir das Gute vor, aber es gelingt mir nicht, es zu verwirklichen. Wenn ich Gutes tun will, tue ich es nicht. Und wenn ich versuche, das Böse zu vermeiden, tue ich es doch.
Römer 7,15-16.18-19

Wer von uns kann diesen Kampf um das Gute, den man nicht immer gewinnt, nicht nachvollziehen? Der Brief von Paulus ist aber nicht nur pessimistisch. Er erzählt, dass Jesus sein Beistand in diesem Kampf geworden ist. Er beschreibt das Eingreifen von Jesus als Befreiung von der Sklaverei – in diesem Fall von der Sklaverei, immer wieder das zu tun, wovon Paulus weiß, dass es falsch ist. Es ist die Befreiung von der Versklavung an das eigene Ich. Seine eigene rhetorische Frage, wer ihn aus dieser Sklaverei befreien wird, beantwortet Paulus in seinem Brief jubelnd: »Gott sei gedankt durch Jesus Christus, unseren Herrn: Er hat es getan!« (Römer 7,25; GNB).

Das war Paulus' persönliche Erfahrung, die er mit anderen teilen wollte, dass er in der Person von Jesus Christus wahrhaftig eine Quelle der moralischen und geistlichen Kraft für sein Leben gefunden hatte. Aus sich selbst heraus, so sagt er, war er nicht in der Lage, sich von Verhaltensmustern zu befreien, die ihn in Konflikt mit seinem eigenen Gewissen brachten. Allein war er nicht in der Lage, sich aus der Schlinge zu ziehen. Doch als er Jesus begegnete, fand er einen Ausweg, eine besondere Art Freiheit, nicht die Freiheit, so zu leben, wie er wollte, sondern die Freiheit, so zu leben, wie er sollte – die Freiheit, das Gute zu wählen.

Gnade, wenn wir fallen

Eine Geschichte erzählt von zwei Pastoren, die einen Mann besuchen wollten, dessen Frau ihn verlassen hatte, nachdem sie erfahren hat, dass er sie betrogen hatte. Auf dem Weg zu ihm fragte der ältere Pastor den jüngeren: »Glaubst du, dass du so etwas jemals tun könntest?« Der jüngere antwortete: »Nein, niemals könnte ich so etwas Verwerfliches tun.« Der ältere Pastor antwortete: »Dann gehst du besser nach Hause. Ich werde mich allein um ihn kümmern.«

Die moderne Psychologie und die eigene Erfahrung zeigen uns, dass wir als Menschen moralisch fehlbar sind. Selbst die Bestwilligsten unter uns können fallen. Und je weniger wir uns dessen bewusst sind, desto anfälliger sind wir.

Wir sehen diese Dynamik im Leben der vielen oftmals hoch geachteten Männer und Frauen, die in der Bibel erwähnt werden, am Werk. All die bekannten Figuren – Adam, Eva, Abraham, Sarah, Mose, Mirjam, David, Petrus, Paulus, um nur einige zu nennen –, sie alle versagen moralisch, und das oft in großem Stil.

Ich denke, das ist für viele Menschen, die mit dem Christentum nicht vertraut sind, überraschend. Es gibt die verbreitete Vorstellung, dass es im Christentum nur darum geht, ein guter Mensch zu sein, als sei die Kirche ein Klub für Leute, die denken, dass sie heiliger sind als alle anderen. Aber laut der Bibel geht es beim

Christsein nicht in erster Linie darum, ein guter Mensch zu sein, sondern darum, in Beziehung zu einer Person (Gott) zu stehen, die gut ist, vollkommen gut. Aber dieser vollkommen gute Gott sagt nicht zu uns: »Du musst auch vollkommen gut sein, sonst ...« Die Botschaft des christlichen Glaubens ist die, dass durch Jesus alle – egal, wie gut oder schlecht sie sind – eingeladen sind in eine Beziehung zu Gott.

Diese Botschaft, dass wir nicht gut genug sein müssen, um von Gott angenommen zu werden, nennen Christen »gute Nachricht«. Das Wort, mit dem sie beschreiben, wie Gott mit uns umgeht, ist »Gnade«. Gnade bedeutet, dass man etwas bekommt, was man nicht verdient, und zwar etwas Gutes.

Gnade spielt zum Beispiel in einer Geschichte eine große Rolle, die uns in der Bibel berichtet wird. Darin begegnet Jesus einem Mann namens Zachäus. Zachäus bedeutet »Gerechter«. Das deutet darauf hin, dass dieser Zachäus wahrscheinlich aus einer religiösen Familie stammte. Für alle, die ihn kannten, muss sein Name wie ein Witz geklungen haben. Denn Zachäus war alles andere als gerecht. Anstatt ein guter jüdischer Junge zu werden, wie seine Eltern vielleicht gehofft hatten, hatte sich Zachäus entschieden, sich auf die Seite des großen politischen Systems zu schlagen, das zu diesem Zeitpunkt der Geschichte das jüdische Volk unterdrückte: Er wurde Steuereintreiber für das Römische Reich, sogar einer der führenden Steuereintreiber. Er sammelte Geld von den Menschen seines eigenen Volkes, um es den römischen Besatzern zu geben, und bereicherte sich auch noch selbst dabei. Kein Wunder also, dass Zachäus zwar ein reicher Mann war, aber wegen seines unethischen und selbstsüchtigen Verhaltens allgemein verachtet wurde.

Doch die biblische Geschichte nimmt eine unerwartete Wendung. Vielleicht war er einfach nur neugierig oder er hatte wirklich das Gefühl, dass etwas Wichtiges in seinem Leben fehlte. Wie auch immer, etwas an Jesus erregte Zachäus' Aufmerksamkeit so sehr, dass er, wie die Bibel berichtet, alles daransetzte, einen Blick auf Jesus zu erhaschen, als der durch Jericho zog. Da Zachäus klein war, konnte er nicht über die Menschenmassen hinwegsehen, die sich normalerweise einfanden, wenn Jesus irgendwo durchzog. Also kletterte er kurzerhand auf einen Maulbeerfeigenbaum, um einen guten Blick auf Jesus zu haben, wenn dieser vorbeikäme. Als Jesus schließlich an den Ort kam, an dem Zachäus sich aufhielt, blieb er stehen, schaute hoch und sah Zachäus. Und in einem dramatischen Moment der Begegnung rief er Zachäus beim Namen und forderte ihn auf, sofort von dem Baum herunterzusteigen, damit er ihn in seinem Haus besuchen könnte.

Für die Moralisten und religiösen Gesetzestreuen zur Zeit von Jesus war das unerhört. Zachäus war ein Betrüger, ein Schwindler, ein Verräter an seinem eigenen Volk. Er war ein moralischer Versager. Jesus hätte nicht mit ihm sprechen, geschweige denn sich selbst in sein Haus einladen dürfen. Zachäus verdiente nichts anderes als Ablehnung und Ausgrenzung.

Zachäus selbst war jedoch von der Einladung beglückt. Er reagierte sofort und kletterte von seinem Aussichtspunkt herunter, wie Jesus ihn gebeten hatte. Zachäus nahm Jesus nicht nur in sein Haus auf, sondern offenbar auch in sein Herz, denn die Begegnung mit Jesus veränderte sein Leben von Grund auf. Er versprach, die Hälfte seines Besitzes den Armen zu geben und denen, die er betrogen hatte, das Vierfache zurückzuzahlen. Und so geschah es, dass durch die Begegnung mit Jesus und seiner Liebe Zachäus' egoistische Seele irgendwie geheilt wurde. Nun bestimmte ihn nicht mehr die Frage »Wie viel kann ich *bekommen?*«, sondern die Frage »Wie viel kann ich *geben?*«.

Wir lesen, dass Jesus zu ihm sagte: »Heute ist diesem Haus Heil widerfahren« (Lukas 19,9; ZB). Heil bedeutet Freiheit, seelische

Freiheit, und eine Beziehung zu Gott, die ewig währt. Das Faszinierende daran ist, dass das Heil oder die Erlösung in einigen anderen Religionen etwas ist, das man sich verdient, etwas, auf das man durch gute Worte und gute Taten hinarbeitet. Aus dieser biblischen Geschichte geht aber klar hervor, dass Zachäus dieses Heil nicht verdient hat. Sein Leben hat die Liebe Gottes nicht verdient. Dennoch erhielt er sie als Geschenk der *Gnade,* als er sein Herz für Jesus öffnete.

Das kann man entdecken, wenn man anfängt, die Bibel zu lesen. Gnade – etwas zu bekommen, das man nicht verdient – ist die Botschaft, die sich durch das ganze Buch zieht. Das Bild, das die Bibel zeichnet, zeigt einen Gott, der zwar möchte, dass alle Menschen ein moralisch gutes Leben führen, der uns aber mit Gnade begegnet, wenn wir fallen und wie Zachäus bereit sind, diese Gnade und Vergebung anzunehmen.

Der Zöllner Zachäus fand also diese drei Dinge, als er Jesus begegnete: einen Grund, gut zu sein, Hilfe, um gut zu sein, und Gnade für seine Verfehlungen. Wir haben vielleicht nie so spektakulär betrogen wie Zachäus, brauchen wir aber nicht alle diese drei Dinge?

4

WAHRHEIT

Gibt es die Wahrheit und ist sie wichtig?

Können wir sicher wissen, ob es eine endgültige Wahrheit gibt?

Es gehört zum Menschsein, über die großen Fragen des Lebens nachzudenken – über die Fragen nach Sinn, Zweck, Wert und Tugend. Viele suchen nach Antworten auf diese Fragen, andere sind zu dem Schluss gekommen, dass es keine Antworten gibt oder dass wir, selbst wenn es Antworten gäbe, nie wissen werden, wie sie lauten.

Bei vielen Vorträgen in Universitäten habe ich die Erfahrung gemacht, dass diese Skepsis die vorherrschende Stimmung in der akademischen Welt ist, die Ansicht, dass es, selbst wenn es Antworten auf diese wichtigen Fragen gäbe, jenseits unserer Möglichkeiten läge, sie zu erkennen. Vor mehr als 300 Jahren kam der große französische Denker Blaise Pascal zu einer ähnlichen Ansicht. Er wurde 1623 in Frankreich geboren und war ein berühmter Mathematiker, Philosoph und Naturwissenschaftler. Um nur ein Beispiel für sein Genie zu nennen: Bereits als Teenager erfand Pascal eine Rechenmaschine, die zum ersten Vorläufer des modernen Computers wurde.

Er kämpfte viele Jahre lang mit einer schwachen Gesundheit und wurde nur neununddreißig Jahre alt. Sein Leben lang dachte Pascal über die großen Fragen des Lebens nach. Unter anderem über die Frage nach Gott. Wie viele postmoderne Denker heute vertrat Pascal als Philosoph die Ansicht, dass es töricht, ja sogar arrogant sei, zu glauben, wir als endliche Wesen könnten mit irgendeinem Maß an Gewissheit etwas über das Wesen der ultimativen Realität sagen, einschließlich der Existenz Gottes. Er beschrieb den Menschen als ein Wesen, das sich zwischen einer Unendlichkeit über uns (der Ebene der Astronomie) und einer Unendlichkeit unter uns (der Ebene der Atome) befindet. Daher, so argumentierte er, muss ein Wissen um die ultimative Wirklichkeit für immer außerhalb unserer begrenzten Reichweite bleiben.

Pascal war aber auch gläubig. Kurz nach seinem Tod wurde ein Pergament gefunden, das in seine Jackentasche eingenäht war. Auf dem Pergament standen einige von Pascals Gedanken, die seine grundstürzende Bekehrung zum Christentum beschrieben, die acht Jahre zuvor stattgefunden hatte: »Nicht der Gott der Philosophen und Gelehrten, sondern der Gott Abrahams, Isaaks und Jakobs.«

Nicht der Gott der Philosophen ...

Was meinte Pascal mit diesen Worten? Wollte er damit sagen, dass das Christentum irgendwie antiphilosophisch ist? Wollte er sagen, dass nachdenkliche und intelligente Menschen, etwa Philosophen, nicht an den Gott der Bibel glauben können?

Das meinte er nicht. Er war selbst Philosoph und viele, wenn nicht sogar die meisten der klügsten Köpfe zu Pascals Zeiten sahen in einem Schöpfergott die beste Erklärung für die Existenz dieses erstaunlichen Universums, das wir bewohnen (mit seiner überwältigenden Ordnung und Planung), und auch für die Existenz der Menschen (angesichts unseres Bewusstseins, unserer Rationalität, unserer Moral, unserer spirituellen Sehnsüchte und unserer Veranlagung zur Anbetung).

Was Pascal mit seiner Aussage – nicht der Gott der Philosophen – meinte, war vielmehr, dass Gott viel mehr ist als nur ein abstraktes philosophisches Konzept. Er ist mehr als nur die »erste Ursache« oder der »erste Beweger«, wie Philosophen manchmal den Ursprung des Universums nennen. Pascal war zu dem radikalen Schluss gekommen, dass Gott tatsächlich Person ist und Interaktion mit ihm möglich ist. Gott ist jemand, der uns mit Namen kennt und zu dem wir eine Beziehung haben können.

Das wirft die Frage auf, warum Pascal, wenn er zu dem Schluss gekommen war, dass unsere Endlichkeit bedeutete, dass das Wissen um die ultimative Realität für immer jenseits der menschlichen Erkenntnis lag, dann Christ wurde. Wie hat *er* entdeckt, dass Gott hinter allem steht? Folgte er einfach einer Laune oder einer kulturellen Tradition oder einer gesellschaftlichen Konvention, als er Christ wurde? War sein Christsein nur eine Entscheidung für einen bestimmten Lebensstil? Musste er seinen philosophischen Verstand an der Garderobe abgeben, wenn er in die Kirche ging? Nein, nichts von alledem war der Fall. Pascal sagte nämlich nicht, dass es für uns unmöglich sei, die ultimative Realität zu erkennen. Er sagte, dass es für uns unmöglich sei, die ultimative Realität *aus eigener Kraft* zu erkennen.

»Aber *was*«, so fragte er, »*wenn* die ultimative Realität letztlich eine Person ist und erkannt werden *will*?« Er verstand, dass das eine völlig andere Voraussetzung wäre, denn dann wäre es für uns endliche Wesen möglich, die ultimative Realität zu erkennen. Und genau zu dieser Ansicht kam Pascal schließlich: Gott selbst – die ultimative Realität, der Schöpfer des Universums – will erkannt werden und hat sich uns offenbart, indem er in unsere raumzeitliche menschliche Geschichte eingetreten ist, so wie er es zu Zeiten

Abrahams, Isaaks und Jakobs getan hat und am deutlichsten und intimsten in und durch Jesus Christus.

Eine sinnvolle Antwort

Ähnlich äußerte sich C. S. Lewis zu den Kommentaren von Juri Gagarin über Gott, nachdem dieser als erster Mensch im Weltraum zur Erde zurückgekehrt war. Es wurde berichtet, dass der russische Kosmonaut der Welt verkündet habe, sein Atheismus sei gerechtfertigt, weil er im Weltraum gewesen sei und keinen Gott gesehen habe. Lewis' brillante Antwort war, dass dies in etwa so sei, als suche Hamlet auf dem Dachboden seines Schlosses nach Shakespeare. Lewis wollte damit sagen, dass wir Gott, wenn es ihn gibt, nicht finden werden, indem wir unter jedem Stein, auf jedem Berg oder sogar hinter jedem Planeten im Sonnensystem suchen. Warum nicht? Weil, so Lewis, Gott nicht nur eine Figur in einem Theaterstück ist, sondern weil er der Dramatiker ist. Er ist nicht nur ein weiteres Leben im Universum, sondern der Urheber des Lebens selbst, der Schöpfer des Universums.

Aber was wäre, wenn der große Dramatiker, der Urheber des Lebens, sich uns, den Figuren in seiner Geschichte, zu erkennen geben will, so wie Pascal es für möglich hielt? Wie könnte das geschehen?

Lewis bittet uns, uns für einen Moment vorzustellen, dass William Shakespeare Hamlet offenbaren will, dass es ihn, den Dramatiker, gibt. Könnte er das tun? Ja, und zwar auf mindestens zwei Arten. Er könnte entweder Hinweise auf sich selbst in das Stück schreiben, die Hamlet auf seine Existenz hinweisen, oder er könnte sich selbst in das Stück hineinschreiben und damit gleichzeitig Autor und Figur werden.

Pascal und Lewis glaubten, dass der Gott der Bibel beides für uns getan hat, und viele führende Denkerinnen und Denker heute schließen sich ihnen an, darunter Philosophen von Weltrang, Nobelpreisträger und renommierte Historiker.

»Zwei Dinge erfüllen das Gemüt mit immer neuer und zunehmender Bewunderung und Ehrfurcht«, schrieb der Philosoph Immanuel Kant, »der bestirnte Himmel über mir und das moralische Gesetz in mir.«

Christen glauben, dass Gott Hinweise auf sich selbst in die Struktur unserer Existenz hineingeschrieben hat, und zwar sowohl in diese überwältigend schöne und komplexe Welt, die wir bewohnen, als auch in die ebenso schöne und komplexe innere Welt unserer eigenen menschlichen Intuitionen, Sehnsüchte und Erfahrungen. Sie beide erzählen eine Geschichte.

Aber zusätzlich zu diesen eindrucksvollen Hinweisen von außen und innen (die wir in den nächsten Kapiteln genauer untersuchen werden) behauptet das Christentum, dass Gott sich auch selbst in die Geschichte (seine Geschichte) hineingeschrieben hat. In der Person von Jesus Christus ist Gott selbst, so heißt es, in Raum und Zeit unserer menschlichen Geschichte eingetreten und einer von uns geworden, ein Mensch, und zwar nicht irgendein Mensch, sondern die Hauptperson der menschlichen Geschichte. In einem Artikel des *Time Magazins* aus dem Jahr 2013 heißt es, dass von allen Menschen, die jemals auf diesem Planeten gelebt haben, dieser jüdische Zimmermann aus Nazareth, namens Jesus, den größten historischen Fußabdruck hinterlassen habe (wir werden in den nächsten Kapiteln noch genauer darauf eingehen).

Das ist eines der bemerkenswerten Dinge am Christentum. Viele haben versucht, es als wenig mehr als einen Mythos oder ein Märchen abzutun. Wenn Sie jedoch in der Bibel über das Leben von Jesus lesen, sehen Sie, dass es anders ist als die Geschichten der Götter aus

Mythen und Legenden, deren Abenteuer und Heldentaten keinen Bezug zur Geschichte der Menschheit haben. Sie sehen, dass Jesus tatsächlich an einem Ort gelebt hat, den wir besuchen können, zu einer Zeit in der Geschichte, die wir studieren können. Sie werden von Herodes und Judäa, dem Kaiser Augustus und dem Römischen Reich lesen. Mit anderen Worten: Das sind echte Menschen, echte Orte, echte Ereignisse und echte Geschichte. Und im Gegensatz zu jedem Märchen können die Behauptungen des Christentums objektiv untersucht werden, weil sie sich auf Ereignisse beziehen, die in der realen Welt stattgefunden haben – in unserer Welt.

Öffentliche Wahrheit

Sehen wir uns zum Beispiel an, was uns Historiker über das Leben der Nachfolger von Jesus in den Jahrzehnten nach seiner Kreuzigung berichten. Wer damals sah, wie sie behandelt wurden, muss sich gefragt haben, warum sich jemand dafür entschied, diesem Jesus zu folgen. Sie wurden wegen ihres Glaubens von den römischen Behörden verfolgt. Interessant ist jedoch, dass gegen die Anhänger von Jesus gar nicht hätte vorgegangen werden müssen. Schließlich war die römische Gesellschaft eine relativ tolerante, religiös pluralistische Gesellschaft. Wer durch eine römische Stadt ging, traf auf die unterschiedlichsten religiösen Tempel und Philosophien, denen man sich anschließen konnte. Das Imperium akzeptierte und förderte sogar eine solche Vielfalt an Glaubensrichtungen und Ausdrucksformen. Warum wurden dann ausgerechnet die Christen wegen ihres Glaubens verfolgt, ausgegrenzt und später sogar den Löwen zum Fraß vorgeworfen?

Um das zu verstehen, muss man wissen, dass die Religion bei den Römern in zwei Kategorien eingeteilt wurde: *cultus privatus* (private Religion) und *cultus publicus* (öffentliche Religion). Eine private Religion war eine Religion, deren Lehren und Vorstellungen für die Mitglieder der jeweiligen Religionsgemeinschaft als wahr galten. Eine öffentliche Religion war eine Religion, die für alle galt. Im Römischen Reich gab es viele verschiedene Privatreligionen, aber laut Gesetz durfte es nur eine öffentliche Religion geben, eine Religion, die allgemeingültig war und von allen befolgt werden musste, und diese Religion war der Kaiserkult, die Verehrung des Kaisers als Gott.

Für die meisten Menschen war das ein fairer Deal und sie hielten sich an die Regeln. Doch dann erschienen die ersten Christen auf der Bildfläche mit ihrer Botschaft von Jesus Christus, von der sie behaupteten, sie sei nicht nur für Christen, sondern für alle Menschen gültig. Sie weigerten sich, die Nachricht von Jesus Christus nur als private Wahrheit zu betrachten, und waren auch nicht bereit, sich vor dem Kaiser zu verneigen und ihm als dem Herrn über alles zu huldigen. Deshalb gerieten sie in Konflikt mit dem Staat, mit dem allmächtigen Kaiser selbst.

Der Grund, warum die ersten Christen glaubten, dass die gute Nachricht von Leben, Tod und Auferstehung Jesu Christi zwangsläufig eine öffentliche Wahrheit war, lag darin, dass sie mehr war als nur eine Idee, an die man glauben, ein Ideal, das man anstreben, oder ein Wert, den man unterstützen sollte. Für sie war die gute Nachricht eine objektive historische *Tatsache.* Jesus hatte seinen Herrschaftsanspruch in seinem Leben, seinen Lehren und Wundern und vor allem in seiner Auferstehung eindeutig bewiesen. Er hatte erklärt, dass er von den Toten auferstehen werde, und es, laut seinen Jüngern, wirklich getan.

Die Jüngerinnen und Jünger waren Augenzeugen dieser historischen Ereignisse und ein historisches Ereignis ist per Definition eine öffentliche Wahrheit in dem Sinne, dass es an sich, also für jeden, wahr ist, ob es einem gefällt oder nicht und ob es in die eigene Weltanschauung passt oder nicht. Man kann sich dafür entscheiden, nicht zu glauben, dass ein historisches Ereignis stattgefunden hat, aber wenn es stattgefunden hat, ändert unsere private Weigerung, es zu glauben, nichts an der Tatsache, dass es stattgefunden hat.

Für die ersten Christen war die Botschaft von Jesus nicht nur eine öffentliche Wahrheit, sondern auch eine Wahrheit, die öffentlich mitgeteilt werden sollte. Für sie war es eine überaus gute Botschaft und es wäre lieblos gewesen, sie nicht mit anderen zu teilen. Da sie Zeugen dieser wunderbaren Ereignisse waren – vor allem der Auferstehung, die für die ersten Christen gleichbedeutend mit EINER GROSSEN HOFFNUNG war –, konnten sie diese Information nicht guten Gewissens für sich behalten.

Auch heute noch werden Christen in einigen Teilen der Welt verfolgt, weil sie nicht aufhören, über die gute Nachricht von Jesus als öffentliche Wahrheit zu sprechen. Verfolgt werden sie meist von totalitären Regierungen oder totalitären religiösen Gruppen, die kontrollieren wollen, was die Menschen glauben und was nicht. Leider hat sich auch die Kirche zu verschiedenen Zeiten in der Geschichte dieser Vorgehensweise schuldig gemacht, zum Beispiel während der Inquisition, aber jedes Mal hat sie damit ganz klar gegen das verstoßen, was Jesus selbst gelehrt hat.

Selbst in sogenannten liberalen, toleranten und demokratischen Gesellschaften von heute sind Menschen, die an Gott glauben, immer noch verschiedenen Formen von Druck ausgesetzt, ihren Glauben für sich zu behalten. Der britische Theologe und Missionar Lesslie Newbigin, der die meiste Zeit seines Lebens in Indien verbrachte, machte, als er in späteren Jahren nach Großbritannien zurückkehrte, eine interessante Bemerkung über die moderne westliche Idee von Vielfalt und Toleranz, die sich während seiner Abwesenheit in Großbritannien entwickelt hatte. Er stellte fest, dass, wenn zwei Naturwissenschaftler in ihren Laboren mit denselben Materialien und unter denselben Bedingungen dasselbe Experiment durchführten und dabei zu widersprüchlichen Ergebnissen kämen, sie sich nicht um den Hals fallen und sagen würden: »Wie schön, dass wir in einer vielfältigen und pluralistischen Gesellschaft leben!« Vielmehr diskutierten und bewerteten sie die Angelegenheit so lange, bis sich entweder die Schlussfolgerungen eines oder beider von ihnen als falsch erwiesen. Ganz anders, so sagte Newbigin, verfahre man im Bereich der Religion. Zu glauben, dass eine religiöse Aussage für alle wahr sei, und zu versuchen, andere davon zu überzeugen, gelte als arrogant, als intolerant, als Versuch von Bevormundung oder sogar als unzulässiger Eingriff in die Privatsphäre einer anderen Person. Warum die unterschiedlichen Reaktionen? Weil wir, so sein Schluss, glauben, dass die Naturwissenschaft sich mit Fakten befasst, die Religion dagegen mit Werten und dass man seine Werte anderen nicht aufzwingen darf.

Doch hat Newbigin damit recht, dass diese Dichotomie von Fakten und Werten falsch ist, zumindest wenn es um das Christentum geht. Denn auch wenn das Christentum Werte hat, geht es nicht in erster Linie um Werte, sondern um *Fakten*. Wie wir gesehen haben, gründet sich das Christentum auf reale Ereignisse, die Gott in der menschlichen Geschichte getan hat, Ereignisse, die objektiv untersucht und diskutiert werden können.

Wenn etwa der Apostel Johannes über den Glauben an Jesus als den Herrn spricht, tut er das mit Berufung auf das, was er selbst erlebt hat. »Wir haben es gehört und mit unseren eigenen Augen gesehen, wir haben es betrachtet und mit unseren Händen betastet« (1. Johannes 1,1). Lukas schreibt zu Beginn seines Evangeliums von Jesus, dass die christliche Botschaft auf »Berichte der ersten Jünger« zurückgeht, »die mit eigenen Augen gesehen haben, wie Gott seine Verheißungen erfüllt hat« (Lukas 1,2). Der Apostel Paulus sprach in seinen Briefen an die Gemeinden über Ereignisse in der jüdischen Geschichte, die den Gläubigen im ersten Jahrhundert als Vorbild dienten.

Das Christentum ist voll von Aussagen über historische Tatsachen. Und genau wie im Beispiel der beiden Naturwissenschaftler, die gemeinsam ihre unterschiedlichen Erkenntnisse untersuchen, können wir über die historischen Tatsachen des Christentums diskutieren und diese Aussagen einer strengen intellektuellen Prüfung unterziehen. Es kann sein, dass wir am Ende unterschiedlicher Meinung über die Wahrheit dieser Aussagen sind, aber dass zwei Menschen unterschiedlicher Meinung sind, muss nicht heißen, dass sie einander deswegen im Verlauf des Prozesses grollen müssen. Ob Sie es glauben oder nicht, es ist möglich, dass selbst die besten Freunde sich nicht einig sind, wenn es um Wahrheitsansprüche geht, die wirklich wichtig sind. Je mehr wir bereit sind, gemeinsam über die Dinge zu diskutieren, auf die es ankommt, desto wahrscheinlicher ist es, dass wir – ähnlich wie in der Naturwissenschaft – nach und nach erkennen können, was wahr ist, und uns von dem trennen, was nicht wahr ist.

Kommt es auf die Wahrheit an?

Heute gibt es jedoch immer mehr Menschen, die nicht wirklich glauben, dass die Wahrheit oder »Fakten« überhaupt wichtig sind. Während Newbigin in seinem Beispiel mit den beiden Naturwissenschaftlern davon ausgeht, dass wir in einer Gesellschaft leben, die an der Wahrheit interessiert ist, scheinen wir uns kulturell in eine Richtung zu bewegen, die eine solche Annahme infrage stellt.

Im Jahr 2016 veröffentlichte die Zeitschrift *The Economist* einen einflussreichen Artikel, der die These vertrat, dass der Westen zu einer Postwahrheitsgesellschaft geworden sei, dass er sich also zu einer Gesellschaft gewandelt habe, in der die öffentliche Meinung viel mehr von Emotionen und persönlichen Meinungen als durch objektive Fakten bestimmt werde. Vielleicht erinnern Sie sich noch, dass das *Oxford English Dictionary* am Ende dieses Jahres »post-truth« (Postwahrheit) zum Wort des Jahres erklärt hatte.[2]

Der kanadische Philosoph Charles Taylor hat unsere moderne westliche Gesellschaft als entzaubert bezeichnet. Er nennt sie entzaubert, weil das intellektuelle Establishment der Ansicht ist, dass wir nicht länger glauben, dass es irgendetwas Transzendentes gibt. Wir glauben nicht mehr an das Absolute. Früher wurde Gott als ein Absolutum angesehen, heute nicht mehr. Die objektive Wahrheit galt früher als absolute Tatsache. Das ist vorbei.

»Ist die Wahrheit tot?«, so lautet die provokante Frage auf der Titelseite des *Time Magazin* vom 3. April 2017, die sehr an ein berühmtes Cover aus dem Jahr 1966 erinnert, das damals titelte: »Ist Gott tot?« In einer Welt voller Fake News, alternativer Fakten, politischer Korrektheit und kaum verhülltem Stammesdenken ist das eine Frage, die sich derzeit viele stellen.

Und dazu kommt noch, dass in unserer Kultur Verwirrung darüber herrscht, was Wahrheit ist.

Auf der einen Seite gibt es die akademische Welt, in der die gängige Auffassung von Wahrheit die ist, dass Wahrheit relativ und kulturell und sozial konstruiert ist. Es gibt keine absolute oder objektive Wahrheit, sondern nur die persönlichen Meinungen und Perspektiven der Menschen. Was für eine Person oder für eine Kul-

---

[2]   Im Deutschen sind hierfür Begriffe wie »Post-Wahrheit« oder »postfaktisch« gebräuchlich. [Anmerkung d. Lekt.]

tur wahr ist, ist eben für sie wahr, aber nicht unbedingt für alle anderen.

Auf der anderen Seite gibt es das Alltagsleben und den gesunden Menschenverstand. Im täglichen Leben scheint die Wahrheit alles andere als relativ zu sein. Egal, ob wir eine detaillierte Rechnung vom Automechaniker erhalten, die uns sagt, was genau repariert werden musste, oder ob wir einen Kontoauszug lesen, um zu sehen, wie viel Geld auf unserem Konto ist, ob wir vor Gericht aussagen, ein Statikgutachten für ein Haus erstellen lassen oder zum Arzt gehen – wir leben nicht so, als sei die Wahrheit relativ. Wir leben nicht so, als wäre sie unwichtig oder als würde sie nicht existieren. Wir leben nicht so, als wäre eine Ansicht genauso legitim wie die andere.

Warum nicht? Weil wir aus Vernunft und Erfahrung wissen, dass es auf die Wahrheit ankommt.

Vor nicht allzu langer Zeit weckte mich meine Tochter Grace, damals vier Jahre alt, um mir zu sagen, dass es meinem damals dreijährigen Sohn Jonathan nicht gut ging. Als ich ins Schlafzimmer der beiden ging, fand ich Jonathan auf dem Boden, unfähig aufzustehen und seine Beine zu benutzen. Da er schon seit ein paar Tagen hohes Fieber hatte, war es sehr gut möglich, dass die Ursache für seine Gehunfähigkeit sehr ernst war, und daher waren wir sehr schnell auf dem Weg ins Krankenhaus.

Es war eine große Erleichterung, als der Kinderarzt schließlich zu uns kam und uns mitteilte, dass das Fieber zwar zu einem Muskelabbau in seinen Beinen geführt hatte, dass es aber nichts Schlimmeres war und dass Jonathan mit viel Ruhe und reichlich Flüssigkeitszufuhr bald wieder laufen können würde.

Ist die Wahrheit tot? Ist die Wahrheit wichtig?

Im Fall meines Sohnes Jonathan, während ich im Krankenhaus auf die Ergebnisse seiner Blutuntersuchung wartete, lag die Antwort auf der Hand. Ja, die Wahrheit war wichtig. Ich war in dieser Situation nicht auf der Suche nach anderen Ideen, Perspektiven, Gedanken und Gefühlen darüber, was ihn krank machte. Ich war auf der Suche nach einer Diagnose. Ich war auf der Suche nach Autorität. Ich war auf der Suche nach der Wahrheit.

Unvermeidliche Wahrheit

Auf die Behauptung, die heute viele vertreten, dass Wahrheit relativ sei, antwortete der Philosoph Roger Scruton folgendermaßen: »[Jemand], der sagt, dass es keine Wahrheiten gibt oder dass jede Wahrheit ›nur relativ‹ ist, fordert dich dazu auf, ihm nicht zu glauben – also tu es nicht!«

Das, so möchte ich behaupten, ist das Hauptproblem aller, die behaupten, dass es keine Wahrheit gibt. Auf der einen Seite sagen sie, dass es keine Wahrheit gibt. Auf der anderen Seite behaupten sie, dass es wahr ist, dass es keine Wahrheit gibt. Das ist ein logischer Widerspruch. Ein Widerspruch, den leider viele Menschen nicht erkennen, bis sie mit der Realität konfrontiert und daran erinnert werden, dass die Wahrheit existiert, ob sie ihnen passt oder nicht.

Ein spannender Vorfall passierte 1998: Die Briten und die Iren standen vor der irischen Küste von County Kerry in Funkkontakt. Eine Mitschrift dieses Gesprächs – das womöglich auch Fiktion ist – findet sich auf der Website des BBC:

Iren: Bitte ändern Sie Ihren Kurs um 15 Grad nach Süden, um eine Kollision zu vermeiden.

Briten: Wir empfehlen Ihnen, Ihren Kurs um 15 Grad nach Norden zu ändern, um eine Kollision zu vermeiden.

Iren: Negativ. Sie müssen Ihren Kurs um 15 Grad nach
Süden ändern, um eine Kollision zu vermeiden.

Briten: Dies ist der Kapitän eines britischen Marineschiffes. Ich
sage noch einmal, ändern Sie *Ihren* Kurs.

Iren: Negativ. Ich sage noch einmal, Sie müssen Ihren Kurs
ändern.

Briten: DIES IST DER FLUGZEUGTRÄGER HMS ILLUS-
TRIOUS, DAS ZWEITGRÖSSTE SCHIFF DER
BRITISCHEN ATLANTIKFLOTTE. WIR WERDEN
VON DREI ZERSTÖRERN, DREI KREUZERN UND
ZAHLREICHEN UNTERSTÜTZUNGSSCHIFFEN
BEGLEITET. ICH VERLANGE, DASS SIE IHREN KURS
UM 15 GRAD NORD ÄNDERN, ICH WIEDERHOLE, UM
15 GRAD NORD, ODER ES WERDEN GEGENMASS-
NAHMEN ERGRIFFEN, UM DIE SICHERHEIT DES
SCHIFFES ZU GEWÄHRLEISTEN.

Iren: Wir sind ein Leuchtturm. Ihre Entscheidung.

Ich würde meinen, dass die Wahrheit dem Leuchtturm in der Geschichte sehr ähnlich ist. Sie existiert, ob wir sie anerkennen wollen
oder nicht. Und wer sie ignoriert, tut dies auf eigene Gefahr. Dallas
Willard formuliert das leicht ironisch: »Realität ist das, was man
trifft, wenn man sich irrt.«

Andere Dinge im Leben sind eine Frage der Meinung oder der
Perspektive. Zum Beispiel, was besser schmeckt, Coke Zero oder
Pepsi. Oder was der bessere Urlaub ist, eine Woche am Strand oder
eine Woche Klettern in den Bergen. Hier gibt es keine richtige oder
falsche Antwort – außer für meine Frau, in ihrem Fall ist die richtige Antwort »Strand«. Spaß beiseite: Alle diese Fragen sind Fragen
der Vorliebe.

Andere Fragen dagegen sind Fragen nach der Realität, Fragen nach Tatsachen: Ist dieses kohlensäurehaltige Getränk gut für meine Gesundheit oder nicht? Wird dieses Seil mein Gewicht halten oder nicht? Ist das da vorne ein kleines Boot oder ein Leuchtturm?

Viele Menschen denken, dass die großen religiösen und philosophischen Fragen des Lebens lediglich Fragen der Vorliebe oder des Geschmacks sind, in der gleichen Kategorie wie Fragen nach dem Lieblingsgetränk oder dem Lieblingsurlaubsort. Das ist jedoch nicht der Fall. Diese Fragen betreffen Tatsachen.

Sind wir zufällig auf dieser Welt oder steckt eine Absicht dahinter? Gibt es eine richtige und eine falsche Weise zu leben? Gibt es ein Leben nach dem Tod? Habe ich eine Seele? Gibt es einen Gott? Diese Fragen beziehen sich auf Tatsachen. Entweder gibt es ein Leben nach dem Tod oder es gibt keins. Entweder gibt es einen Gott oder es gibt ihn nicht. Entweder ist Jesus Christus von den Toten auferstanden und ist heute lebendig oder er ist es nicht.

Als Individuen mit Wahlfreiheit müssen wir alle unsere eigenen Entscheidungen in diesen wichtigen Fragen treffen. Jeder muss für sich selbst denken, nachforschen und entscheiden. Was wir aber nicht sagen können, ist, dass Wahrheit keine Rolle spielt.

Manche Entscheidungen, die wir im Leben treffen, haben nur Auswirkungen für einen Tag, eine Woche oder ein Jahr. Andere Entscheidungen haben Auswirkungen auf das ganze Leben. Wenn es jedoch um die großen Fragen geht, wie zum Beispiel die Frage nach Gott, dann geht es um eine Entscheidung, die für die ganze Ewigkeit Auswirkungen hat.

C. S. Lewis hat es so formuliert: »Wenn das Christentum falsch ist, ist es bedeutungslos; wenn es stimmt, ist es von unendlicher Bedeutung. Was es nicht sein kann: ein bisschen wichtig.« Aus demselben Grund kam Blaise Pascal zu dem Schluss, dass es für Sie, wären Sie ein Spieler, unvernünftig wäre, das Christentum nicht ernsthaft in Erwägung zu ziehen und zu prüfen, denn Sie hätten absolut nichts zu verlieren, wenn Sie es näher in Betracht zögen, aber möglicherweise alles zu gewinnen.

Etwas wie das Christentum zu nehmen und zu behaupten, dass es nur entweder wahr oder nicht wahr sein kann, kommt im heutigen kulturellen Klima nicht gut an – nicht nur, weil Wahrheit als relativ oder subjektiv gilt, sondern auch, weil jegliche Behauptung einer objektiven Wahrheit als beleidigend empfunden wird. Von objektiver Wahrheit zu sprechen, wird von vielen als ein Akt der Aggression angesehen.

Wahrheit und Toleranz

Wie ist es dazu gekommen? Das verbreitete Verständnis von Wahrheit, das sich entwickelt hat, geht davon aus, dass alle unsere Überzeugungen und Ideen gesellschaftlich konstruiert sind, und zwar in der Regel von denen, die die Macht haben. Daher werden übergreifende Wahrheitsansprüche mit großem Misstrauen betrachtet, als Versuch, individuelle Freiheit zu kontrollieren und einzuschränken. Und nichts wird im Westen so hoch geschätzt wie die individuelle Freiheit.

Zu behaupten, dass es eine objektive Wahrheit gibt, impliziert, dass jeder, der anders denkt, im Unrecht ist. Zu sagen, dass Menschen unrecht haben, bedeutet wiederum, ihnen das Recht zu nehmen, sich in einer Sache, die ihnen am Herzen liegt, bestätigt zu fühlen. Und wir alle haben das Recht, uns bestätigt zu fühlen, oder? Die Folge dieser Denkweise – mag sie auch aus den besten Motiven erwachsen – ist, dass wir uns nicht mehr wohl dabei fühlen, in der Öffentlichkeit über das zu sprechen, was wir für wahr halten, weil wir Angst haben, dass wir jemanden kränken könnten.

Wir sind stolz darauf, eine tolerante Gesellschaft zu sein. Früher bedeutete Toleranz so etwas, wie es Voltaire in einem ihm zugeschriebenen Satz ausdrückte: »Ich missbillige, was du sagst, aber ich werde dein Recht, es zu sagen, bis in den Tod verteidigen.« Das neue Verständnis von Toleranz lässt sich laut D. A. Carson dagegen wie folgt beschreiben: »Ich kann, will und wage nicht abzulehnen, was du sagst, denn was du zu sagen hast, ist genauso gültig wie das, was ich zu sagen habe. Und ich werde jeden umbringen, der etwas anderes sagt.«

Die neue Toleranz toleriert also nicht nur alle Menschen, sondern auch jegliche Idee. Zu sagen, dass manche Ideen richtig und andere falsch sind, ist jetzt intolerant und gilt als Verletzung der persönlichen Rechte. Was für Sie wahr ist, ist für Sie wahr, und was für mich wahr ist, ist für mich wahr. Was wir jedoch niemals sagen dürfen, ist, dass etwas für alle gilt. Das wäre eine Missachtung des Rechts, unsere Wahrheit selbst zu definieren. Das wäre intolerant und in einer Postwahrheitswelt, die alle Gewissheiten und jede Absolutheit ablehnt, ist eines absolut sicher: Intoleranz darf nicht toleriert werden.

Ob Jesus Christus tolerant oder intolerant war, ist eine sehr interessante Frage. Auf der einen Seite war niemand von seiner Liebe ausgeschlossen. Jesus begegnete allen Menschen mit Liebe, darunter auch einigen wenig liebenswerten Personen. Andererseits liebte er aber nicht alle Ideen. Deshalb ist das, was Jesus zu sagen hatte, in der heutigen Welt so unglaublich schockierend. Jesus erhob nicht den Anspruch, *eine* Wahrheit oder *eine von mehreren* Wahrheiten zu sein. Er erhob den Anspruch, *die* Wahrheit zu sein.

Damit Wahrheit nicht letztlich relativ ist, muss es einen Fixpunkt geben, auf den sich alles andere bezieht, eine ontische Referenz (um mit den Philosophen zu sprechen) oder einen Nordstern (in der Sprache der Dichter). Jesus behauptete, dass er dieser Fixpunkt sei. Er beanspruchte für sich, die ultimative Quelle der Wahrheit und der Schiedsrichter über Wahrheit und Realität zu sein.

Er sagte: »Ich bin ... die Wahrheit« (Johannes 14,6), und: »Die Wahrheit wird euch frei machen« (Johannes 8,32).

Wahrheit und Freiheit

Dieser Satz – »Die Wahrheit wird euch frei machen« – wird von Universitäten auf der ganzen Welt am häufigsten als Motto gewählt. Während der letzten Generationen sind Universitäten allerdings zu Orten geworden, an denen viele lernen, den Begriff der Wahrheit zu entwerten und ihm zu misstrauen. Viele sehen Wahrheit nicht mehr als etwas, das die Freiheit fördert, wie Jesus es nahelegt, sondern als etwas, das uns einschränkt, begrenzt und einengt. Könnte das einer der Gründe dafür sein, warum wir uns als Gesellschaft von der Wahrheit entfernt haben? Könnte es daran liegen, dass wir tief im Inneren spüren, dass die Wahrheit mit etwas in Konflikt geraten könnte, wonach wir uns noch mehr sehnen, nämlich nach Freiheit, nach Freiheit ohne Einschränkungen und ohne Rechenschaftspflicht?

Gibt es nicht tief in uns eine Sehnsucht nach der Freiheit, tun zu können, was wir wollen, wann wir wollen, mit wem wir es wollen – ohne dass uns irgendjemand oder irgendetwas da hineinredet?

Einige atheistische Denker haben dies in ihren ehrlichsten und aufrichtigsten Momenten eingestanden. Aldous Huxley schreibt zum Beispiel:

Der Philosoph, der keinen Sinn in der Welt findet, ist nicht ausschließlich mit einem Problem der reinen Metaphysik beschäftigt. Ihm geht es auch darum, zu beweisen, dass es keinen triftigen Grund gibt, warum er persönlich nicht das tun sollte, was er tun möchte. Für mich selbst, wie zweifellos auch für die meisten meiner Freunde, war die Philosophie der Sinnlosigkeit im Wesentlichen ein Instrument zur Befreiung von einem bestimmten Moralsystem. Wir lehnten die Moral ab, weil sie unsere sexuelle Freiheit einschränkte.

Ein anderer atheistischer Philosoph, Thomas Nagel, schreibt ganz offen:

Es ist nicht nur so, dass ich nicht an Gott glaube und natürlich hoffe, dass ich mit diesem Glauben recht habe. Es ist so, dass ich *hoffe*, dass es keinen Gott gibt! Ich will nicht, dass es einen Gott gibt; ich will nicht, dass das Universum so ist.

In dem Artikel *Is Truth Dead?* (Ist die Wahrheit tot?) aus dem *Time Magazin* war der Unterton nicht triumphierend, sondern warnend. Die Schlüsselfrage, die der Autor stellte, war, wohin wir uns als Gesellschaft bewegen – sozial, politisch, kulturell –, wenn die Wahrheit als Währung ihren Wert verliert.

Was passiert mit Menschen, die sich von der Wahrheit entfernen?

In Bezug auf unsere Universitäten beklagen Kommentatoren auf beiden Seiten des politischen Spektrums den Verlust der Redefreiheit. Studierende schließen zunehmend Rednerinnen und Redner aus, die es wagen, ihre Überzeugungen mit Bestimmtheit zu äußern, weil sie der Meinung sind, dass diese Bestimmtheit bewirke, dass sich alle, die diese Überzeugungen nicht teilen, unwohl fühlen, und jeder habe das Recht, sich auf dem Campus wohlzufühlen.

Viele gesellschaftliche Kommentatoren, die diese Ereignisse beobachten, fragen sich, ob wir da unsere Freiheit nicht im Namen der Freiheit verlieren. Unsere Freiheit der Rede. Unsere Freiheit, anderer Meinung zu sein. Unsere Freiheit, mit anderen in der Meinung nicht übereinzustimmen.

Studierende schätzen zu Recht Inklusion und Nichtdiskriminierung und empfinden zu Recht moralische Empörung, wenn diese Dinge bedroht sind. Wenn aber alle Wahrheit relativ ist, wie viele Studierende glauben, dann muss man sich fragen, woher diese moralische Empörung kommt. Wenn sie auf den Rechten der Studierenden beruht, woher kommen dann diese Rechte? Denn ohne Wahrheit kann man auch nicht von zustehenden Rechten sprechen; ohne Wahrheit gibt es weder Richtig noch Falsch.

Wenn wir uns über bestimmte Ungerechtigkeiten oder die Verletzung der Würde eines Menschen moralisch empören, ist das ein Hinweis darauf, dass die Wahrheit, in diesem Fall die moralische Wahrheit, wirklich existiert. Denn es hat keinen Sinn, sich über etwas zu empören, wovon man nicht zutiefst überzeugt ist, dass es absolut, wirklich und objektiv falsch ist.

Das Problem an dem Versuch, Wahrheitsansprüche als bloße Verschleierung des Bemühens, Macht über andere Menschen auszuüben, abzutun, ist, dass wir mit der Abschaffung der Wahrheit das Einzige beseitigen, was sich gegen den Missbrauch von Macht wehren kann. Denn wenn es keine Wahrheit gibt, so stellte Nietzsche schon vor langer Zeit fest, dann bleibt nur noch die Macht.

Es war die Überzeugung von einer allgemeingültigen Existenz der Wahrheit, die Menschen wie Martin Luther King Jr., Nelson Mandela, Václav Havel und Desmond Tutu dazu brachte, die Wahrheit auszusprechen und ihr damit Macht zu verleihen. Wahrheit war das Einzige, was ihnen in ihrem letztlich erfolgreichen Kampf für Freiheit und gegen unterdrückerische Gesetze und Regime zur Verfügung stand.

»Ein Wort der Wahrheit wiegt die ganze Welt auf«, meinte der Schriftsteller Alexander Solschenizyn, der selbst Opfer eines totalitären Regimes war. Wenn wir jedoch nicht mehr an die Wahrheit glauben, dann sind wir gesellschaftlich und politisch in Schwierigkeiten, weil wir Lügen nicht mehr erkennen können. »Für eine Gemeinschaft, der die Mittel fehlen, Lügen zu erkennen, kann es keine Freiheit geben«, bemerkte der Journalist Walter Lippmann scharfsichtig.

Wahrheit ist eine absolut unabdingbare Voraussetzung für Freiheit. Keine Wahrheit, keine Freiheit. »Ihr werdet die Wahrheit erkennen«, sagte Jesus, »und die Wahrheit wird euch frei machen« (Johannes 8,32). Das gilt nachweislich nicht nur auf der politischen, sondern auch auf der persönlichen Ebene.

Ich hörte einmal eine amüsante Geschichte über einen kleinen Jungen, der viele schöne Murmeln besaß, aber er hatte ein Auge auf die Tüte mit den Süßigkeiten seiner Schwester geworfen. Schließlich sagte er zu ihr: »Wenn du mir alle deine Süßigkeiten gibst, gebe ich dir alle meine Murmeln.« Sie dachte lange darüber nach und willigte in den Tausch ein. Er nahm all ihre Süßigkeiten und ging zurück in sein Zimmer, um seine Murmeln zu holen, aber je mehr er sie bewunderte, desto mehr widerstrebte es ihm, sie alle wegzugeben. Also versteckte er die besten unter seinem Kopfkissen und gab seiner Schwester den Rest. In dieser Nacht schlief sie tief und fest, während er sich unruhig hin und her wälzte, nicht schlafen konnte und sich fragte: »Ob sie mir wohl alle Süßigkeiten gegeben hat?«

Wie die Geschichte zeigt, bringt die Wahrheit Freiheit, während Lügen zu innerer Gefangenschaft oder Sklaverei führen. Natürlich ziehen wir Freiheit der Sklaverei vor, aber das Problem ist, dass wir nicht immer die Wahrheit dem Gegenteil vorziehen. Warum ist das so? Warum haben wir ein so schwieriges Verhältnis zur Wahrheit?

Unbequeme Wahrheit

Aristoteles forderte seine Leser einmal auf, sich eine moralisch perfekte Person vorzustellen, eine Art Gott unter uns, jemanden, der moralisch untadelig wäre, der aber auch in die Augen der Menschen schauen und alles sehen könnte, was sie je gedacht, gesagt und getan hatten. »Was würde eine Gesellschaft mit einer solchen Person tun?«, fragte Aristoteles. Sie würde ein solches gottähnliches Wesen ächten oder sogar töten.

Und warum? Wie würden Sie sich in der Gegenwart von jemandem fühlen, der jederzeit moralisch perfekt und gleichzeitig in der Lage ist, alle Ihre moralischen Unvollkommenheiten zu sehen, auch die, die sonst kein anderer sehen kann? Wären Sie vollkommen entspannt? Ich bezweifle es. Ich weiß, ich wäre es nicht. In der Nähe einer solchen Person würde ich eine dunkle Sonnenbrille tragen wollen.

Woher rührt dieser Instinkt, sich zu verstecken? Wenn wir ehrlich zu uns selbst sind, gibt es in uns allen Facetten unseres Charakters, unserer Gefühle und unserer Gedanken, die wir lieber nicht sehen würden. Dinge, von denen wir fürchten, dass sie andere abschrecken oder sie verletzen, vielleicht sogar anwidern würden. Die Wahrheit kann unglaublich unangenehm sein.

Jesus spricht darüber, wenn er sagt: »Das Licht ist vom Himmel in die Welt gekommen, aber sie liebten die Dunkelheit mehr als das Licht« (Johannes 3,19). Der christliche Redner Michael Ramsden stellt fest, dass Dunkelheit vielleicht nicht angenehm sei, aber es ermögliche, dass Dinge verborgen blieben. Das Problem mit dem Licht ist, dass es die Dinge offenbart, wie sie wirklich sind.

Die Freunde und Anhänger von Jesus glaubten, dass Jesus moralisch perfekt war, buchstäblich Gott unter den Menschen, ein Mann, der wusste, was in jedem menschlichen Herzen vorgeht.

Unglaublich, wenn man bedenkt, dass sie drei Jahre lang rund um die Uhr mit Jesus lebten und umherzogen. Jesus selbst sagte: »Ich bin das Licht der Welt« (Johannes 8,12). Wir sollten also davon ausgehen, dass er vielen Menschen Unbehagen bereitet hat. Und wenn wir in der Bibel über ihn lesen, sehen wir, dass das tatsächlich der Fall war. Die Menschen versuchten, ihn zu ächten, und als das nicht funktionierte, ließen sie ihn schließlich verhaften und aufgrund falscher Anschuldigungen töten.

Es gab aber auch viele, die ihn liebten. Wie war es möglich, dass die Freunde Jesu, die ihn liebten, seinem Blick standhielten, dem Blick eines Menschen, der die ganze Wahrheit kannte, der in die Tiefen ihrer Seele sehen konnte, der alles wusste, was sie je getan und gedacht hatten, ohne sich zu fürchten?

Die Antwort, die uns die Bibel gibt, lautet »Liebe«. Die Bibel sagt, dass »vollkommene Liebe alle Angst vertreibt« (1. Johannes 4,18). Sie sagt auch, dass Jesus nicht nur die Fähigkeit hat, die Tiefen Ihrer Seele mit seinem Licht auszuleuchten und Ihr wahres Ich zu sehen, einschließlich der dunklen Stellen in Ihrer Seele, sondern Sie auch vollkommen liebt und nicht anders kann, als Sie mit einer ewigen Liebe zu lieben.

Wahrheit und Liebe

Dieses Licht, das die Schatten in Ihrem Herzen aufdeckt, hat auch die Macht, diese Schatten zu vertreiben. Denn dieses Licht, das die Wahrheit ist, deckt nicht nur auf, sondern es heilt auch, weil es ebenso das Licht der Liebe wie das Licht der Wahrheit ist. In Jesus Christus, dem Licht der Welt, dem Sohn Gottes, ist Wahrheit voller Liebe und Liebe voller Wahrheit – und zwar nicht nur als Idee, sondern persönlich und in der Beziehung mit ihm erfahrbar.

Heute sagen wir oft, die höchste Tugend sei Toleranz, aber hätte man die Menschen vor hundert Jahren gefragt, was die höchste Tugend sei, hätten sie geantwortet: »Liebe.« Toleranz ist ein schlechter Ersatz für Liebe. Deshalb würden wir alle lieber die Worte »Ich liebe dich« hören als »Ich toleriere dich«. Der Dichter Criss Jami schreibt, dass Toleranz Geduld sei, die keine Hoffnung mehr habe, und Liebe, die aufgegeben habe. Chesterton beschreibt das, was wir Toleranz nennen, als »die unerträgliche Raserei der Gleichgültigen«.

Dem christlichen Glauben nach toleriert Gott uns nicht einfach. Und er ist uns gegenüber auch nicht gleichgültig. Die Bibel sagt, dass Gott uns liebt und dass wir ihm kostbar sind, jeder Einzelne von uns. Er sieht unsere Herzen, wie sie wirklich sind, ohne uns jemals abzulehnen. Und durch Jesus bietet er uns an, uns das Unrecht zu vergeben, das wir begangen haben, und uns von den dunklen Seiten unseres Charakters zu befreien - unserem Egoismus, unseren Süchten, unserer Scham und Schuld.

Mit anderen Worten: Das Christentum erhebt den Anspruch, uns wahre Freiheit zu bieten, nicht einfach die Freiheit, so zu leben, wie es uns gefällt - das wäre eine negative Freiheit (*von* etwas) -, sondern die Freiheit, so zu leben, wie wir geschaffen wurden - das ist eine positive Freiheit (*zu* etwas). Es behauptet, dass wir das Licht der Wahrheit Gottes brauchen, um vollständig zu erkennen, zu was für einem Leben wir geschaffen wurden, und dass wir das Licht seiner Liebe brauchen, damit es uns erfüllt und befähigt, voll und ganz das zu leben, wozu wir geschaffen wurden. Es ist also eine Einladung, diese Wahrheit und Liebe kennenzulernen und zu erfahren, und zwar nicht nur als Gedankengebäude einer Religion oder Philosophie, sondern auch als Beziehung zu dem, der die Quelle aller Wahrheit und Liebe ist - Jesus Christus.

Wenn das alles stimmt, dann sollten wir diese Einladung als gute Nachricht annehmen, vorausgesetzt natürlich, dass wir uns nicht gegen die Implikation auflehnen, dass wir gerettet werden müssen. Denn wenn wir ehrlich sind, gefällt uns der Gedanke, dass wir es nötig haben, gerettet zu werden, nicht.

Ich erinnere mich noch gut daran, wie peinlich es mir als siebenjährigem Jungen war, als ich davor gerettet werden musste, aufs Meer hinausgezogen zu werden. Ich saß in einem kleinen aufblasbaren Kanu nah am Strand und versuchte verzweifelt, gegen die Strömung, die mich vom Ufer wegtrieb, anzupaddeln. Hätten zwei Teenagermädchen meine missliche Lage nicht bemerkt und mir geholfen, wäre ich aufs Meer hinausgetrieben worden. Ich wollte nicht aufs Meer hinausgezogen werden, aber ich wollte auch nicht gerettet werden, schon gar nicht von zwei Mädchen! Es war mir so peinlich. Ich wollte mir die Wahrheit nicht eingestehen, dass ich Hilfe brauchte. Ich sagte, sie sollten mich in Ruhe lassen, ich bräuchte ihre Hilfe nicht, aber zum Glück ignorierten sie meinen Stolz und brachten mich sicher ans Ufer zurück.

Ich habe entdeckt, dass wir im Leben beides brauchen: Wahrheit und Liebe. Wir brauchen jemanden, der uns die Wahrheit über unsere Situation sagen kann: »Du hast ein Problem, du brauchst Hilfe.« Und wir brauchen jemanden, der bereit ist, uns tatsächlich zu helfen. Wir brauchen einen Lehrer, der uns sagt, was wir nicht wissen, aber wir brauchen auch einen Lehrer, der uns hilft, zu lernen, was wir wissen sollten. Wir brauchen einen Trainer, der uns sagen kann, wo wir schlecht spielen, und wir brauchen auch einen Trainer, der bereit ist, uns die Zeit zu geben, die wir brauchen, um besser zu werden. Wir brauchen einen Arzt, der eine genaue Diagnose stellen kann, und wir brauchen auch einen Arzt, der bereit ist, sich die Hände blutig zu machen und uns zu operieren.

Wenn Sie sich mit dem Leben und den Lehren von Jesus Christus beschäftigen, werden Sie beides finden, Wahrheit – uns wird gesagt, dass wir geistlich und moralisch viel verlorener sind, als wir es uns je hätten vorstellen können, also Rettung brauchen – und Liebe – wir entdecken, dass wir für Gott viel wertvoller sind, als wir es uns je hätten vorstellen können. Deshalb kam er, um uns zu retten, obwohl es ihn alles gekostet hat.

Ich hörte einmal eine Geschichte über ein kleines Mädchen, dessen Eltern sie immer wieder ermahnten, niemals allein in den Wald zu gehen, der an ihren kleinen Bauernhof grenzte, weil es dort gefährlich sei und man sich dort leicht verirren könne. Doch eines Tages beschloss die Kleine, alle dunklen Geheimnisse des Waldes zu erforschen. Je weiter sie wanderte, desto dichter wurde der Wald, bis sie die Orientierung verloren hatte und den Weg zurück nicht mehr fand. Als die Dunkelheit hereinbrach, packte sie die Angst, und all ihr Schreien und Schluchzen machte sie nur noch müder, bis sie im Wald einschlief. Freunde, Familie und Freiwillige durchkämmten die Gegend, aber nach einer halben Nacht gaben sie auf, alle bis auf ihren Vater, der die Suche fortsetzte. Am nächsten Morgen stand das Mädchen mit dem ersten Sonnenstrahl auf und sah, wie ihr Vater so schnell er konnte auf sie zurannte. Sie breitete die Arme aus, und als er sie in seinen Armen auffing, sagte sie nur immer wieder: »Papa, ich habe dich gefunden!«

Wonach unsere Herzen am verzweifeltsten suchen – vollständig erkannt und geliebt zu werden –, das ist laut dem christlichen Narrativ letztlich in einer Person zu finden, einer Person, die jeden von uns bereits gesucht hat, Jesus Christus. Ob das Narrativ wahr ist oder nicht, müssen Sie selbst erforschen und genauso entscheiden, ob Sie an der Wahrheit interessiert sind. Unabhängig davon, ob wir an der Wahrheit interessiert sind oder nicht, ist die Wahrheit sehr interessiert an uns.

5

LIEBE

Gibt es eine Liebe, die mich nie aufgeben wird?

Die beste Sache der Welt

Stellen Sie sich einen Moment lang vor, Sie würden plötzlich erfahren, dass Sie nur noch fünf Minuten zu leben hätten. Was würden Sie tun?

Wahrscheinlich würden Sie all die Menschen anrufen, die Ihnen besonders wichtig sind, und ihnen sagen, dass Sie sie lieben. So argumentiert der Essayist und Dichter Christopher Morley. Er führt dieses Gedankenexperiment als Beweis dafür an, dass ein Leben ohne Liebe sinnlos wäre. Egal, wie anerkannt wir sind oder wie viele großartige Leistungen wir aufweisen können, sie sind kein Ersatz für die Liebe.

Der deutsche Dichter Novalis schrieb, die Liebe sei »das Amen des Universums«. Auch der schottische Biologe und Evangelist Henry Drummond bezeichnete die Liebe als das Größte auf der Welt.

Wir feiern die Liebe, wir schätzen die Liebe, wir sehnen uns nach Liebe. Aber fragen wir uns auch, was Liebe ist – wie der Popstar Haddaway in seinem berühmten gleichnamigen Hit: *What Is Love?*

Laut *Google Analytics* ist diese Frage – Was ist Liebe? – eine der am häufigsten gestellten Fragen im Internet. Ein Teil der Verwirrung rührt daher, dass wir das Wort Liebe in so vielen verschiedenen Kontexten verwenden. Ich kann sagen: »Ich liebe Schokolade. Ich liebe Fußball. Ich liebe meinen Hund. Ich liebe meine Frau«, aber hoffentlich meine ich in jedem Fall etwas anderes.

Was ist Liebe? Wahre Liebe?

Eine beliebte Anekdote besagt, dass ein Team von Sozialwissenschaftlern genau diese Frage einmal einer Gruppe von Vier- bis Achtjährigen gestellt hat. Dies waren einige der Antworten der Kinder:

Als meine Großmutter Arthritis bekam, konnte sie sich nicht mehr bücken und ihre Fußnägel lackieren. Also hat mein Großvater das immer für sie gemacht, selbst als seine Hände auch Arthritis bekamen. Das ist Liebe.
Rebecca, 8 Jahre

Liebe ist das, was an Weihnachten mit dir im Zimmer ist, wenn du aufhörst, Geschenke zu öffnen, und zuhörst.
Bobby, 7 Jahre

Liebe ist wie eine kleine alte Frau und ein kleiner alter Mann, die immer noch Freunde sind, auch wenn sie sich schon so gut kennen.
Tommy, 6 Jahre

Liebe ist, wenn Mama Papa das beste Stück Huhn gibt.
Elaine, 5 Jahre

Liebe ist, wenn Mama Papa stinkend und verschwitzt sieht und trotzdem sagt, dass er schöner ist als George Clooney.
Chris, 7 Jahre

Das sind einige großartige Definitionen von Liebe. Ich habe den Eindruck, dass Kinder intuitiv oft besser wissen, was Liebe ist, als viele der sogenannten Experten von heute.

Moderne Liebe

Für den Psychiater Dr. Larry Young ist »Liebe einfach ein Cocktail aus Chemikalien, die im Gehirn wirken und in uns das Gefühl der Liebe auslösen«. Der Wissenschaftskommentator Jim Al-Khalili ist der Meinung, Liebe sei biologisch gesehen »ein starker neurologischer Zustand, wie Hunger oder Durst, nur dauerhafter«. Er erklärt weiter: »Wir sprechen davon, dass Liebe blind oder bedingungslos ist, in dem Sinne, dass wir keine Kontrolle darüber haben. Das ist aber auch nicht weiter verwunderlich, denn Liebe ist im Grunde genommen Chemie.«

Entgegen dem Verständnis von Liebe vieler großer Denker der Geschichte – Aristoteles, Augustinus, Shakespeare, Dostojewski –, die eine geheimnisvolle Schönheit, Heiligkeit und Transzendenz in der Liebe erkannten und in Worte fassten, hat die moderne Kultur die Liebe weitgehend auf ein physisches Phänomen reduziert. Sie beschreibt sie als eine Art biologischen Appetit, wie Hunger oder Durst.

Wir sehen einen Apfel und haben Hunger, also essen wir ihn. Wir sehen einen Menschen und empfinden Liebe, also ... was? Wir lieben ihn oder sie. Aber wie und warum? Was bedeutet das, wenn Liebe nur ein körperlicher Appetit ist, der befriedigt werden muss?

Hello, I love You – diese Liedzeile von Jim Morrison und seiner Band *The Doors* ist längst Kult. Was dann kommt – *Won't you tell me your name?* (Willst du mir nicht sagen, wie du heißt?) –, klingt lustig und kann zum Ohrwurm werden. Es wirft aber auch eine Frage auf, nämlich: Kann man wirklich jemanden lieben, den man nicht kennt? Die Großmutter deiner Großmutter hätte darauf geantwortet: »Natürlich nicht«, denn sie wusste, dass wir nicht wirklich von jemandem geliebt werden können, der uns nicht kennt. In einer Kultur, in der wir Liebe vor allem als körperliche Lust deuten, ergibt die Annahme, dass man jemanden lieben kann, den man nicht kennt, aber tatsächlich Sinn. Denn es geht dabei vorwiegend darum, was man fühlt. Das ist völlig subjektiv. Es geht um meine Gefühle. Es geht um meinen Appetit.

Die Sache mit dem Appetit ist allerdings, dass er manchmal sehr schnell aufkommt, aber genauso schnell wieder verschwinden oder sich an ein anderes Objekt binden kann. Appetit kommt und geht. Gefühle kommen und gehen.

Wenn die Liebe wirklich nur ein physisches Phänomen ist, über das wir keine Kontrolle haben, warum fühlen wir dann in unserem Herzen das Bedürfnis nach einer Liebe, die uns nie mehr genommen werden kann und die uns nie aufgeben wird?

»Will you love me tomorrow?«

Tom Wolfe beschrieb das moderne Verständnis von Liebe als nichts anderes als einen Kult des Selbst und die Entfesselung seiner Triebe. Dr. Elizabeth Lasch-Quinn beschreibt den modernen Liebenden als »Einzelgänger, dem es an emotionaler Tiefe fehlt, der nur für den Tag lebt, vor Verpflichtungen zurückschreckt, die sein persönliches Wachstum einschränken könnten, und der andere Menschen als Instrumente betrachtet, die er in seiner eigenen Suche nach Erfüllung beliebig manipulieren kann«.

Die unvermeidliche Unsicherheit, die dieser moderne Ansatz der Liebe mit sich bringt, erkennen wir in den Worten eines

Songs von Carole King. Er wurde bereits vor einigen Jahrzehnten geschrieben, ist aber auch heute noch populär: *Will you love me tomorrow?* (Wirst du mich morgen lieben?).

Ihr Lied beginnt mit all der Romantik und Sinnlichkeit, die viele von uns von Soulmusik erwarten. Sie singt von der süßen Liebe ihres Liebsten und dass er in dieser Nacht nur ihr gehört. Doch dann taucht die titelgebende Frage auf: »Wirst du mich morgen auch noch lieben?« Im Verlauf des Lieds wird die Seligkeit des Abends überlagert von Fragen über die Zukunft: Ist dieses Glück nur für einen Moment oder ist es von Dauer? Frühere Erfahrungen bringen die Sängerin vielleicht dazu, sich zu fragen, ob ihr Geliebter ihr die Wahrheit sagt, wenn er beteuert, dass sie die Einzige für ihn ist. Sie kann nicht anders, als sich zu fragen, ob ihr das Herz gebrochen wird, wenn die Nacht vorbei ist und der Morgen kommt. Und so wiederholt sie beharrlich: Wirst du mich morgen noch lieben?

Es ist eine tiefe Frage des Herzens – eine Frage, von der wir hoffen, dass die Antwort darauf ja lautet. Aber wenn Liebe wirklich nichts weiter ist als ein bisschen Chemie und Neurologie, die wir nicht kontrollieren können, auf welcher Grundlage können wir dann versprechen, jemanden am nächsten Tag noch zu lieben, geschweige denn in guten wie in schlechten Zeiten, in Reichtum und Armut, in Krankheit und Gesundheit, bis dass der Tod uns scheidet?

In einer Welt, die ständig alles Wichtige auf Biologie und Chemie reduziert, müssen wir uns fragen, ob überhaupt noch etwas wichtig ist, ob irgendetwas heilig ist. Oder ist selbst die Liebe nicht mehr heilig?

Der Verlust des Bewusstseins für die Heiligkeit der Liebe führte im 20. Jahrhundert zur Erfindung oder Beschreibung einer neuen Art von Liebe, der »freien Liebe«. Der Begriff, der von Denkern der 1960er- und 1970er-Jahre populär gemacht wurde, verbindet sich mit der Vorstellung von Liebe ohne Verpflichtung – Liebe ohne Kosten, ohne Opfer oder Bedingungen. Doch wie schon Chesterton sagte, ist freie Liebe tatsächlich ein Widerspruch in sich. Denn es liegt in der Natur der wahren Liebe, sich zu binden; es liegt in der Natur der Liebe, sich zu opfern; es liegt in der Natur der Liebe, zu schützen. Chesterton schreibt: »Als ob ein wahrhaft Liebender jemals frei gewesen wäre oder jemals frei sein könnte. Es liegt in der Natur der Liebe, sich zu binden.« Wenn wir ehrlich sind, lässt sich das, was heute als Liebe gilt, oft am besten als selbstbezogene Suche nach Befriedigung oder nach Genuss beschreiben, aber nicht als Liebe.

In der Bibel gibt es das »Hohelied der Liebe«. Es besingt die Schönheit der Liebe zwischen zwei Liebenden, zwischen Mann und Frau, Salomo und seiner Braut. Es ist ein sehr sinnliches Buch – aber es ist auch ein sehr spirituelles Buch. Sex und Spiritualität überlagern sich hier auf eindrucksvolle Weise. Und wir sehen, dass die Liebe zwischen den Liebenden die physische Vereinigung zweier Körper mit all den angenehmen neurochemischen Reaktionen, die diese Anziehung und Verbindung umgeben, einschließt. Es wird allerdings auch erklärt, dass die Liebe, die sie teilen, viel mehr umfasst als nur die körperliche Dimension. Sie ist auch die Verbindung zweier Seelen, das Einswerden von Herz und Geist. Und darin spiegelt sich etwas wahrhaft Großartiges von der Art und Weise, wie Gott, der Geist ist, liebt – nicht mit einer zwanghaften, den eigenen Genuss suchenden, selbstbezogenen Liebe, sondern mit einer frei geschenkten, hingebungsvollen, sich aufopfernden Liebe, die im anderen ihr Glück findet und entschlossen ist, alles für ihn zu tun.

Dies ist eine Liebe, die nicht allein von neurochemischen Reaktionen oder subjektiven Gefühlen abhängt. Es ist eine Liebe, die dem Geist oder dem Willen einer Person entspringt, eine Liebe, die sagt: »Egal, ob die Zeiten besser werden oder schlechter, ich werde dich nie verlassen und nie aufgeben.«

Eine Liebe, die nie vergeht

Das Christentum lehrt, dass man im Herzen des Universums wahre Liebe findet – nicht die kalte Gleichgültigkeit von geistlosen Atomen und seelenlosen Chemikalien, sondern Liebe.

»Gott ist Liebe«, sagt die Bibel (1. Johannes 4,16).

Philosophen sprechen von Gott als der ersten Ursache des Universums. Gott ist der, der alles in Bewegung gesetzt hat, der unbewegte Beweger, aber im christlichen Glauben sehen wir, dass Gott nicht nur eine notwendige philosophische Abstraktion ist. Er ist eine Person, die das, was sie ins Leben gerufen hat, liebt. Die Bibel sagt, dass Gott Liebe ist, nicht weil die Liebe Gott ist, sondern weil die Haupteigenschaft von Gottes Wesen Liebe ist. Er hat die Liebe nicht nur erfunden, er lebt sie.

Wenn die christliche Lehre wahr ist, bedeutet das, dass Liebe nicht nur eine Idee, ein Zwang oder eine chemische Reaktion ist, sondern etwas Konkretes, etwas Reales – verwurzelt und begründet im Wesen des Schöpfers des Universums. Es bedeutet, dass Gott die ultimative Quelle der Liebe ist und somit der objektive Bezugspunkt dafür, zu verstehen, was wahre Liebe ist.

Und wenn das stimmt, dann rückt es die gesamte Geschichte unseres Daseins in ein völlig neues Licht, denn es bedeutet, dass der Grund für Ihre und meine Existenz nicht Zufall ist, sondern Liebe. Kein blinder, gleichgültiger und beliebiger Zufall, sondern eine starke, entschlossene und zielgerichtete Liebe ist die Ursache für unser Dasein. Das ist eine einzigartige und radikal andere Sicht auf die Realität. Ich hörte einmal einen Prediger sagen: »In jedem anderen Glauben oder jeder anderen Weltanschauung geht das Leben der Liebe voraus, nur im christlichen Glauben geht die Liebe dem Leben voraus.«

Ich lese meinen Kindern zum Einschlafen manchmal aus der *Storybook*-Kinderbibel von Sally Lloyd Jones vor. Darin wird Gottes Liebe als Liebe beschrieben, die »nie aufhört, nie aufgibt, nie zerbricht, die immer und ewig währt«. Sie ist das Gegenteil einer Liebe, bei der man sich fragen muss, ob sie morgen noch gilt. Es ist die Art von Liebe, die es der Seele erlaubt, sich in der Gegenwart dessen, der sie weitergibt, ganz unverhüllt zu zeigen, ohne Angst vor Verachtung oder Ablehnung.

Haben Sie noch die Beschreibung des Apostels Paulus im Kopf, wie vollkommene Liebe – Gottes Liebe – aussieht?

> Die Liebe ist geduldig und freundlich. Sie ist nicht neidisch oder überheblich, stolz oder anstößig. Die Liebe ist nicht selbstsüchtig. Sie lässt sich nicht reizen, und wenn man ihr Böses tut, trägt sie es nicht nach. Sie freut sich niemals über Ungerechtigkeit, sondern sie freut sich immer an der Wahrheit. Die Liebe erträgt alles, verliert nie den Glauben, bewahrt stets die Hoffnung und bleibt bestehen, was auch geschieht. Die Liebe wird niemals aufhören.
>
> *1. Korinther 13,4-8*

Gottes Liebe wird niemals aufhören.

Für viele von uns ist eine solche Liebe nur schwer vorstellbar. Zu oft werden wir von den Menschen am meisten verletzt, die uns eigentlich am meisten lieben sollten. Und allzu oft gelingt es uns nicht, andere so zu lieben, wie wir sie lieben sollten. Beide Erfahrungen können sehr schmerzhaft sein. Nur wenige Dinge im Leben sind schmerzhafter als Ablehnung oder Reue.

Petrus war einer der Jünger, die Jesus am nächsten standen. Petrus glaubte, dass er seinen Freund und Lehrer mit einer vollkommenen Liebe liebte, die niemals versagen würde. Das ging so weit, dass Petrus in der Nacht, bevor Jesus verhaftet wurde, kühn verkündete, dass er Jesus niemals verlassen werde, selbst wenn er sterben müsste. Nachdem Jesus jedoch verhaftet worden war, zerstreuten sich die Jünger, und Petrus (der versprochen hatte, dass er Jesus niemals verlassen würde, selbst wenn die anderen es täten) verleugnete Jesus nicht nur einmal, sondern gleich dreimal, als er gefragt wurde, ob auch er einer von den Leuten sei, die Jesus gefolgt seien. Kurz nach seiner Verleugnung wurde Petrus von Reue überwältigt. Er brach in Tränen aus. Was konnte er tun? Jesus befand sich bereits in den Händen von Soldaten und wurde kurz darauf gekreuzigt.

Jesus war also nicht mehr erreichbar. Er war tot. Wiedergutmachung schien unmöglich. Die Liebe, so schien es, hatte versagt. Doch zum Glück ist dies nicht das Ende der Geschichte, denn Jesus blieb – wie wir wissen – nicht tot. Die Bibel berichtet, dass Christus nach seiner Auferstehung Petrus wieder beim Fischen traf.

Der auferstandene Jesus erscheint Petrus und seinen Begleitern am Strand. Die Männer erleben einen wunderbaren Fischfang. Sie versammeln sich um ein Feuer und essen gemeinsam eine gute Mahlzeit aus gegrilltem Fisch und Brot. Doch danach nimmt Jesus Petrus zur Seite und führt ein persönliches Gespräch mit ihm. Und in diesem Gespräch fragt Jesus Petrus:

»Hast du mich lieb?« Und Petrus sagt: »Ja, Herr, ich liebe dich.« Dann fragt Jesus erneut: »Hast du mich lieb?« Petrus antwortet: »Ja, ich liebe dich.« Und als Jesus ein drittes Mal fragt, so berichtet die Bibel, wird Petrus traurig, aber wir sehen, dass Jesus mit dieser dreimaligen Frage etwas Wunderbares getan hat. Petrus hatte seine Liebe zu Jesus dreimal verleugnet und Jesus gibt ihm nun die Gelegenheit, seine Liebe dreimal zu bekennen und damit die Beziehung zu ihm wiederherzustellen. Jesus erneuert jedoch nicht nur die Beziehung zu Petrus, er setzt ihn auch wieder in eine Position der Verantwortung ein: Jedes Mal, wenn Petrus Jesus seiner Liebe versichert, antwortet Jesus mit Blick auf die anderen Jünger: »Weide meine Schafe. Weide meine Lämmer. Weide meine Schafe.«

Jesus ist in seiner Liebe zu Petrus nie gescheitert, auch wenn Petrus in seiner Liebe zu Jesus gescheitert ist. Die Geschichte zeigt uns, wie vollkommene Liebe den anderen liebt, und zwar sowohl dann, wenn er liebenswert ist, als auch dann, wenn er nicht liebenswert ist; wenn er liebevoll ist und wenn er nicht liebevoll ist; wenn er es verdient hat und wenn er es nicht verdient hat.

Es ist noch nicht lange her, da hat mir meine Frau erzählt, was in ihrem Herzen alles vor sich ging, all das Gute, das Schlechte und das Hässliche. Meine Frau gehört zu den Menschen, die sehr barmherzig und nachsichtig mit allen sind, außer mit sich selbst. Als sie mir von ihren Kämpfen erzählte, sagte sie: »Ich habe das Gefühl, dass mein Herz so hässlich ist.« Und ich konnte ihr ganz ehrlich sagen, dass sie mir noch nie so schön vorgekommen war wie in dem Moment, als sie von den Dingen erzählte, auf die sie nicht stolz war. Denn ihre Ehrlichkeit und Verletzlichkeit bargen wirklich Schönheit in sich und es war schön, dass wir so offen miteinander sein konnten. Es ist wunderbar, dass ich all das Gute und das Schlechte mit ihr teilen kann und sie mit mir und dass keiner von uns Angst haben muss, zurückgewiesen zu werden, weil wir uns geschworen haben, einander niemals zu verlassen oder aufzugeben, in guten wie in schlechten Zeiten. Wir haben entdeckt, dass auf diesem Boden des Vertrauens und der gegenseitigen Verpflichtung die schönsten Blüten der Liebe wachsen können, Jahr für Jahr aufs Neue.

Die Ehe soll ein Ort sein, an dem zwei Seelen voreinander nackt sein können und sich nicht fürchten oder verstecken müssen. Laut dem Christentum ist sie jedoch nicht der einzige Ort, an dem wir eine Liebe finden, die »nie aufhört, nie aufgibt, nie zerbricht, die immer und ewig währt«. Diese Art von Liebe sollte in allen menschlichen Beziehungen existieren, die wir liebevoll nennen.

Ein Bild für Gottes Liebe

Die Bibel vergleicht Gottes Liebe nicht nur mit der Liebe zwischen einem Mann und seiner Braut, sondern auch mit der Liebe einer Mutter zu ihren Kindern, eines Freundes zu einem Freund und eines Bruders zu seinen Geschwistern. Am häufigsten wird Gottes Liebe vielleicht mit der Liebe eines guten Vaters zu seinen Kindern verglichen. Denn was tut ein guter Vater? Er liebt seine Kinder ins Leben und in die Reife.

Viele Menschen haben schlechte Väter erlebt, aber der Gott der Bibel ist nicht wie ein schlechter Vater. Er ist nicht wie ein Tyrann, ein bedingungslosen Gehorsam fordernder Patriarch oder ein Vater mit unerfüllbaren Erwartungen. Er ist auch nicht wie ein Vater ohne Erwartungen – ein Vater, dem sein Kind egal ist oder der nie da ist. Gott ist wie ein guter Vater.

Der christliche Philosoph Peter Kreeft stellt fest, dass Gott oft als eine Art gütige Großvaterfigur in den Wolken karikiert wird – rührend, freundlich und vielleicht ein bisschen tatterig, aber dann schreibt er:

Gott ist nicht wie ein Großvater, er ist wie ein Vater. Großväter sind freundlich, Väter sind liebevoll. Großväter sagen: »Geh und amüsiere dich.« Väter sagen: »Aber tu dies oder jenes nicht.« Großväter sind mitfühlend, Väter sind leidenschaftlich.

Mit anderen Worten: Die Liebe eines Vaters ist eine engagierte Liebe, eine Liebe, der es immer um unser Bestes geht, eine Liebe, die niemals aufgibt.

Die vielleicht beste Veranschaulichung dieser engagierten Liebe ist das Gleichnis vom verlorenen Sohn, das Jesus erzählte. Es ist die Geschichte eines Mannes mit zwei Söhnen. Der jüngere Sohn sagt zu seinem Vater: »Ich möchte, dass du mir jetzt meinen Anteil am Familienbesitz gibst.« Kulturell gesehen war das ein Äquivalent zu der Aussage: »Ich wünschte, du wärst tot.« Doch der Vater wird nicht zornig und verstößt seinen Sohn nicht. Er erfüllt seine Bitte. Der jüngere Sohn verkauft sein Erbe, zieht in ein fernes Land und gibt alles für ein zügelloses Leben aus. Als er schließlich pleite ist und sich inmitten einer Hungersnot wiederfindet, verdingt er sich bei einem Bauern, der ihn mit der Aufgabe betraut, Schweine zu füttern, was für einen jüdischen Mann wirklich der schändlichste Abstieg ist. Schlimmer noch, er ist so hungrig, dass er gerne den Futtertrog der Schweine auskratzen würde, nur um irgendetwas zu essen zu bekommen, aber das war ihm nicht erlaubt. Für den Schweinezüchter ist das Leben dieses jungen Mannes weniger wert als das eines Schweins!

Dann erinnert sich der Sohn daran, wie die Arbeiter seines Vaters behandelt wurden, nämlich gut, und sie wurden reichlich verpflegt. Also beschließt er, zu seinem Vater zurückzukehren, um sich für sein Verhalten zu entschuldigen und ihn zu fragen, ob sein Vater ihn als einen seiner Arbeiter anstellen würde. Die Geschichte verläuft jedoch anders. Als er noch weit weg ist, sieht ihn sein Vater und hat Mitleid mit ihm. Er läuft seinem Sohn entgegen, schließt ihn in die Arme und küsst ihn.

Er läuft seinem Sohn entgegen.

Zur Zeit Jesu hätte kein Mann aus dem Nahen Osten, der etwas auf sich hielt, einen Sohn wieder aufgenommen, der ihn so behan-

delt hatte, aber der Vater, der auf seinen Sohn gewartet und Aus-
schau nach ihm gehalten hatte, erniedrigt sich öffentlich, indem
er seinem Sohn entgegenläuft und ihn umarmt. Noch bevor der
Sohn seine Entschuldigungsrede halten kann, fordert der Vater
seine Diener auf, das beste Kalb zu schlachten und ein großes Festmahl zu veranstalten, denn sein Sohn »war tot und ist ins Leben
zurückgekehrt. Er war verloren, aber nun ist er wiedergefunden«
(Lukas 15,24).

Die Geschichte ist hier noch nicht zu Ende.

Der ältere Sohn kommt von der Feldarbeit nach Hause und ist
kein bisschen glücklich, als er entdeckt, dass eine Party veranstal-
tet wird, um die Rückkehr seines jüngeren Bruders zu feiern. Er
ist so wütend, dass er seinen Vater in der Öffentlichkeit vor allen
wichtigen Leuten beleidigt, indem er sich weigert, an dem Fest teilzunehmen. Diesen Affront noch frisch im Gedächtnis, erniedrigt
sich der Vater noch einmal öffentlich, indem er schwach erscheint
und hinausgeht, um den älteren Sohn zu bitten, doch auch an dem
Fest teilzunehmen.

Der ältere Sohn ist aber wütend und schimpft mit dem Vater,
weil er ein Festmahl an jemanden verschwendet, der es eindeutig
nicht verdient hat. Er beschwert sich, dass der Vater ihm selbst nicht
ein einziges Mal auch nur eine junge Ziege zum Schlemmen und
Feiern mit seinen Freunden gegeben habe, obwohl er all die Jahre
geschuftet und nicht ein einziges Mal eine Regel gebrochen hatte.

»Sieh, mein lieber Sohn«, sagt der Vater, »du und ich, wir stehen
uns sehr nahe, und alles, was ich habe, gehört dir. Wir mussten diesen Freudentag feiern, denn dein Bruder war tot und ist ins Leben
zurückgekehrt! Er war verloren, aber jetzt ist er wiedergefunden«
(Lukas 15,31-32). Und so endet die Geschichte.

Jesus erzählte diese berühmte Geschichte, um seinen jüdischen
Zuhörern deutlich zu machen, wie Gottes Liebe wirklich ist. Sie ist

wie die Liebe dieses Vaters, eine Liebe, die »nie aufhört, nie aufgibt, nie zerbricht, die immer und ewig währt«. Die Liebe eines Vaters, der sich danach sehnt, seine ihm entfremdeten Kinder mit sich zu versöhnen.

Beide Söhne sind Rebellen, die ihren Vater weder respektieren noch unter seiner Kontrolle leben wollen. Der jüngere nimmt mit unverhohlener Respektlosigkeit alles von seinem Vater, was er kann. Er ist egoistisch und unmoralisch. Der ältere glaubt, dass ihm das, was er bekommt – und eigentlich noch mehr –, zusteht, weil er dafür gearbeitet hat, weil er seine Pflicht erfüllt hat. Widerwille und Anspruchshaltung trennen ihn innerlich genauso vom Vater wie den Sohn, der weggegangen ist. Er denkt, es ist selbstverständlich, wie er im Haus des Vaters lebt. Er ist so zornig, dass er sich weigert, am Festmahl des Vaters teilzunehmen, weil aus seiner Sicht der jüngere Bruder etwas bekommt, das ihm nicht zusteht.

Wer feiert am Ende mit seinem Vater ein Fest? Der jüngere Bruder. Und was war es, was das Herz dieses Sohnes seinem Vater wieder zukehrte? Die Erkenntnis, dass er bei seinem Vater als Arbeiter mehr verdienen würde als bei dem Schweinezüchter. Es war die liebevolle Umarmung des Vaters, die sein rebellisches Herz schließlich gewann. Denn im Schweinestall wusste er, dass er schmutzig war, aber in den liebenden Armen seines Vaters versteht er, wie tief der Fleck wirklich geht. Im Schweinestall tat er sich selbst leid, aber in den Armen des Vaters tut ihm sein verwerfliches Verhalten leid: die Art und Weise, wie er den behandelt hat, der ihm gegenüber nichts als Liebe im Herzen trägt.

Der Theologe Karl Barth schreibt: »Die Sünde versengt uns am meisten, nachdem sie in das prüfende Licht der Vergebung Gottes gekommen ist, nicht davor.« In der Umarmung seines Vaters wird dem verlorenen Sohn die Ungeheuerlichkeit seines Verhaltens bewusst, ebenso aber auch die überwältigende Vergebung seines

Vaters und seine unerschütterliche Liebe zu ihm. Die Liebe Gottes ist eine Liebe, die uns zerbricht und uns dann wieder zusammenfügt, wie wir sein sollen.

Aber was ist mit dem älteren Bruder? Der Vater liebt seinen älteren Sohn auch sehr. Er verlässt die Party und geht hinaus zu ihm. Er lädt ihn ein, mitzufeiern, und erklärt ihm, dass alles, was er besitzt, auch ihm gehört, nicht weil er es verdient hat, sondern weil er geliebt wird.

Wird der ältere Bruder zu stolz sein, um die Liebe und Vergebung des Vaters, von dem sich sein Herz entfremdet hat, anzunehmen? Diese Frage bleibt in der Geschichte offen. Was wir aber deutlich sehen, ist, dass uns eine liebevolle Beziehung zum Vater offensteht, wir müssen sie nur eingehen. Sie ist nichts, was man sich durch gutes Verhalten verdient oder wovon man sich durch schlechtes Verhalten disqualifizieren kann. Die wichtigste Frage ist eine Frage des Herzens. Will der ältere Sohn den Vater? Liebt er den Vater?

Da die Geschichte dort endet, bleibt die Frage offen, nicht nur für den älteren Sohn, sondern auch für jeden Zuhörer. Wollen wir bei unserem himmlischen Vater sein? Wollen wir Gott in unserem Leben haben oder nicht? Ob wir es wollen oder nicht, eines macht die Geschichte, die Jesus erzählt, ganz klar: Gott will bei uns sein, weil er uns liebt, und zwar immer.

6

LEID

Gibt es Hoffnung, wenn ich leide?

Leben ist Leiden

Während ich dieses Buch schreib, las ich an einem Morgen die BBC-Nachrichten. Hier ein Querschnitt durch die Schlagzeilen des Tages: eine steigende Zahl von Todesfällen durch das Coronavirus, rassistisch motivierte Verbrechen, massiver Stellenabbau in verschiedenen Branchen, Menschen, die schwache und ältere Menschen um Geld betrügen, zunehmende Obdachlosigkeit, Politiker, die sich gegenseitig beschimpfen, Fake News, Brandrodung, die den Amazonasregenwald zerstört. Das Traurige war, dass ich wusste, dass die Nachrichten am nächsten Tag wieder von genauso viel Schmerz und Leid berichten würden und an allen folgenden Tagen ebenfalls.

Das Leben ist schmerzvoll. Es gibt so viel Leid in unserer Welt, so viel Böses, so viel Verlust.

Eine Reaktion auf den Schmerz im Leben ist, ihn hinzunehmen und zu versuchen, stoisch darüber hinwegzusehen, die Fassung zu bewahren und einfach durchzuhalten, so gut es geht. Das Problem ist aber, dass wir, selbst wenn wir akzeptieren, dass die Welt nun einmal nicht frei von Leid ist, instinktiv spüren, dass sie nicht so ist, wie sie sein sollte. Außerdem ist es leichter gesagt als getan, Leid »mit Fassung zu tragen«, vor allem, wenn man selbst oder jemand, den man liebt, unmittelbar betroffen ist.

Ich erinnere mich, wie ich am Bett meiner Großmutter saß, nachdem sie durch die Fahrlässigkeit eines anderen einen Unfall erlitten hatte. Sie war schwer gestürzt und der Sturz hatte die Knochen in ihren Beinen zertrümmert und eine der Hauptarterien in ihrem Bein durchstochen. Sie wurde ins Krankenhaus gebracht, und man sagte uns, dass die durchbohrte Arterie dazu führe, dass sie über mehrere Tage hinweg langsam innerlich verbluten werde und dass es den Ärzten tragischerweise unmöglich sei, sie zu operieren. Ich saß in den letzten Tagen an ihrer Seite, als sie von Schmerzen geplagt wurde, nach Luft rang und im Sterben lag. Wenn jemand in diesem Moment zu mir gesagt hätte: »Fassen Sie sich, junger Mann, so ist es nun mal«, hätte ich ihm eine runtergehauen.

Ganz gleich, wie privilegiert Ihr Hintergrund oder wie behütet Ihre Existenz ist, irgendwann im Leben werden Sie mit der zentralen Tatsache des Leids in Berührung kommen. Die Frage ist dann, wie Sie darauf reagieren, wie Sie damit umgehen, wie Sie mit der unvermeidlichen Realität von Schmerz und Verlust leben können.

Das zeigt uns auch das Leben von Prinz Siddhartha Gautama, der uns heute als Buddha bekannt ist. Er wuchs in einem Palast auf und wusste nichts von Krankheit, Leid oder Tod – so besagt die Legende. Seine Eltern schirmten ihn ganz bewusst von diesen Dingen ab, indem sie den Kranken, Alten und Leidenden den Zutritt zum Palast untersagten. Erst als er 29 Jahre alt war, wagte sich Prinz Siddhartha schließlich in Begleitung seines Dieners Channa aus dem Kokon des Schlosses heraus. Das erste Mal in seinem Leben begegnete er einem alten Mann. Er fragte Channa, was mit dem Mann los sei. »Das ist das Altern«, antwortete Channa. »Das passiert uns allen.« Der Prinz war schockiert. Als Nächstes sah er einen

Menschen, der an einer Krankheit litt. »Was fehlt ihm?«, fragte der Prinz. »Er leidet Schmerzen, die von einer Krankheit verursacht werden«, antwortete Channa. »Sie kann uns alle treffen.« Wieder war der Prinz fassungslos, denn er hatte noch nie Krankheit oder Verfall gesehen. Der Prinz war noch ganz benommen von den ersten beiden Eindrücken und der Bedeutung dessen, was Channa gesagt hatte, als er einen Leichnam sah. »Was ist mit ihm?«, fragte der Prinz. »Er ist tot«, antwortete Channa. »Irgendwann sterben wir alle.«

Wie schockierend muss es für den 29-jährigen Prinzen gewesen sein, zum ersten Mal in seinem Leben mit Alter, Krankheit und Tod konfrontiert zu werden und zu erfahren, dass sie ein unvermeidlicher Teil des Lebens sind. Können Sie sich vorstellen, wie fremd sie ihm erschienen sein müssen? Wie unnatürlich? Wie falsch? So beunruhigend und verstörend waren diese Entdeckungen für Siddhartha Gautama, dass er den Palast, seine Familie, Frau und Kinder verließ und den Rest seines Lebens der Suche nach einem Weg, mit dem Problem des Leids umzugehen, widmete. Er wurde Buddha und seine Antwort auf die Frage des Leids (eine Antwort, die in unserer heutigen Welt sehr viel Einfluss ausübt) werden wir gleich betrachten, neben anderen, einschließlich der des Christentums.

Im Gegensatz zu den Erfahrungen von Prinz Siddhartha (oder Buddha) ist es die normale menschliche Erfahrung, die Realität von Krankheit, Leiden, Altern und Tod schon früh im Leben wahrzunehmen. Vom verlorenen Spielzeug bis hin zur verlorenen Unschuld und von gebrochenen Armen bis zu zerbrochenen Familien entdecken Kinder bald, dass Leid und Schmerz genauso zum Leben gehören wie Liebe und Lachen, aber schon als Kinder spüren wir, dass Leid und Schmerz irgendwie fremd oder falsch sind, aber Liebe und Lachen nicht.

Warum, Gott, warum?

Die Bibel bestätigt unseren Instinkt, dass die Welt, wie sie ist, nicht so ist, wie sie sein sollte. Sie sagt, dass mit uns und unserer Welt etwas furchtbar schiefgelaufen ist und dass das damit zu tun hat, dass wir die Verbindung zu unserem Schöpfer verloren haben. Dennoch sind nach meiner Erfahrung aus Gesprächen über den Glauben, die ich mit den unterschiedlichsten Menschen geführt habe, das Böse und das Leid in der Welt wahrscheinlich die häufigsten Einwände, die Menschen gegen die Existenz eines Schöpfergottes vorbringen.

Einflussreiche Atheisten wie Stephen Fry oder Sam Harris verweisen auf die unendliche Menge an Tragödien und Unglücksfällen, die sich heute in unserer Welt ereignen – von Flüchtlingskrisen, Amokläufen und Selbstmordattentaten bis hin zu Tsunamis, Krebs und Pandemien –, und fragen, wo dieser angeblich allgütige, allmächtige Gott ist, von dem die Christen reden. Wenn ihm wirklich etwas an uns läge, würde er dann nicht eingreifen? Würde er nicht etwas gegen die Katastrophen tun? Macht das grausame Leid des Lebens nicht all das religiöse Geschwätz über einen Gott, der uns liebt, zum Gespött?

So schwierig die Frage nach dem Leid auch ist, es ist eine Frage, über die Christen viel nachdenken. Sie begegnet uns auch in der Bibel immer wieder.

Im Johannesevangelium lesen wir zum Beispiel eine Geschichte über einen Mann namens Lazarus, der sehr krank ist. Er liegt sogar im Sterben. Lazarus ist ein guter Freund von Jesus. Er ist der Bruder von Maria und Marta, die ebenfalls mit Jesus befreundet sind, und so ist es nur natürlich, dass die beiden Schwestern Jesus eine Nachricht schicken: »Herr, dein Freund Lazarus ist schwer erkrankt!« (Johannes 11,3; HFA).

122

Jesus versteht die Botschaft, aber er bricht nicht sofort auf. Er wartet noch ab.

Und die Schwestern, die an Lazarus' Seite sitzen, müssen mitansehen, wie Lazarus der Krankheit zum Opfer fällt. Schließlich stirbt er. Die Frage, die sich alle stellen, lautet natürlich: »Wo war Jesus?« Die Nachricht wurde schon vor Tagen gesendet, aber Jesus war nicht gekommen. Jesus hatte nicht geholfen.

Als Jesus später in Betanien ankommt, ist Lazarus schon einige Tage tot. Das lesen wir im biblischen Bericht:

> Als Maria nun an die Stelle kam, wo Jesus war, und ihn sah, warf sie sich ihm zu Füßen und sagte: »Herr, wärst du hier gewesen, wäre mein Bruder nicht gestorben.« Als Jesus die weinende Maria und die Leute sah, die mit ihr trauerten, erfüllten ihn Zorn und Schmerz. »Wo habt ihr ihn hingelegt?«, fragte er. Sie antworteten: »Herr, komm mit und sieh.« Da weinte Jesus. Die Leute, die in seiner Nähe standen, sagten: »Seht, wie sehr er ihn geliebt hat.« Einige meinten jedoch: »Dieser Mann hat doch einen Blinden geheilt. Warum konnte er Lazarus nicht vor dem Tod bewahren?«
> *Johannes 11,32-37*

Die natürliche Reaktion von Maria und Marta und anderen Freunden und Verwandten war zu fragen: »Herr, wo warst du? Warum bist du nicht gekommen? Warum hast du nichts getan? Du hast doch die Macht, so etwas zu verhindern, warum hast du es nicht getan? Sind wir dir egal?«

Haben Sie Gott jemals eine solche Frage gestellt?

Ich schon. Das erste Mal, als ich nach dem bereits erwähnten Unfall meiner Großmutter an ihrem Krankenhausbett saß. Sie verblutete innerlich, ihre Lungen füllten sich langsam mit Flüssigkeit und mit jedem mühsamen Atemzug fiel es mir schwerer, darüber nachzudenken, wie es sein konnte, dass ein allmächtiger Gott, der die Macht hatte, das zu verhindern, es einfach nicht tat. »Warum nicht?«, fragte ich mich frustriert. »Warum lässt er so viel Schmerz zu? Warum, Gott? Warum?«

Es sollte uns nicht überraschen, wenn wir uns wie Maria und Marta dabei ertappen, dass wir ganz ähnliche Fragen stellen, wenn wir leiden. Das ist eine ganz normale menschliche Reaktion. Und wie antwortet Jesus auf Marias Frage? Seine Reaktion zeigt keinen Zorn über ihre Frage, aber ebenso wenig Gleichgültigkeit gegenüber ihrem Schmerz.

In einer der bewegendsten Passagen der Bibel lesen wir die Worte: »Da weinte Jesus.« Wenn Jesus wirklich Gott ist, wie die Christen glauben, bedeutet das, dass Gott in seiner Göttlichkeit nicht immun gegen unser Leid ist. Was auch immer der Grund dafür sein mag, dass Jesus seinen Freunden ihr Leid nicht ersparen konnte, seine Tränen zeigen, dass ihr Schmerz ihm nicht gleichgültig ist. Im Buch der Psalmen, einem biblischen Buch voller Lieder, spricht der Psalmbeter davon, dass Gott all seine Tränen in einem Krug sammelt und zählt (Psalm 56,9; GNB) – ein Symbol dafür, dass jeder Moment von Trauer, Verlust und Kummer, den wir erleben, für Gott von Bedeutung ist.

Trotzdem kann Leid den Glauben an Gottes Güte auf die Probe stellen. Denn als Menschen sind wir versucht zu denken, dass wir, wenn wir Gott wären, das Leid ganz einfach beseitigen würden. Warum also tut Gott das nicht? Und genauso reagierten einige, die dabei waren, als Jesus zu spät zur Beerdigung von Lazarus erschien. »Dieser Mann hat doch einen Blinden geheilt. Warum konnte er Lazarus nicht vor dem Tod bewahren?«

Widerlegt das Leid die Existenz Gottes?

Die Frage, warum Gott all dieses Leid zulässt, wenn er doch tatsächlich gut ist, ist so alt wie die Menschheit. Es ist mehr als nur eine philosophische Frage. Es ist ein Schrei des Herzens und für diejenigen, die mitten im Leid stecken, ist eine rein philosophische Antwort auf diese Frage fast nie hilfreich.

Trotzdem ist es auch eine wichtige philosophische Frage. Für diejenigen, die an die Existenz eines guten Gottes glauben und die glauben, dass dieser Gott dem Leben einen Sinn gibt, ist es eine Frage, der sie sich irgendwann stellen müssen.

Einer der ersten Philosophen, der diese Frage als logisches Argument gegen die Existenz Gottes formulierte, war der antike griechische Philosoph Epikur. Mit großer rhetorischer Kraft schrieb er:

Entweder will Gott die Übel beseitigen und kann es nicht: Dann ist Gott nicht allmächtig. Oder er kann es und will es nicht: Dann handelt es sich nicht um einen guten Gott. Oder er will es nicht und kann es nicht: Dann ist er weder gut noch allmächtig. Oder er will es und kann es. Dann ist nicht zu erklären, dass es die Übel gibt. Ist er weder fähig noch willens, die Übel zu beseitigen? Warum nennen wir ihn dann einen Gott?

Der Philosoph J. L. Mackie hat in seinem Buch *Das Wunder des Theismus* das Argument, das als »logisches Problem des Bösen« bekannt ist, folgendermaßen formuliert: »Wenn Gott allmächtig und allgütig ist, dann würde er Leid und Böses nicht zulassen. Aber das Leid und das Böse existieren. Deshalb gibt es keinen allmächtigen, allgütigen Gott. Deshalb gibt es den Gott der Bibel nicht.« Mackie vertritt so den Standpunkt, dass die Existenz von Leid die Existenz Gottes logisch widerlegt.

Wie wir noch sehen werden, kann dieses Argument jedoch entkräftet werden. Warum? Es geht von bestimmten Annahmen über Leid und über Gott aus, die sich in philosophischen Kreisen mit recht großer Gewissheit als falsch erwiesen haben.

Doch bevor wir uns die größte philosophische Niederlage mit dem logischen Problem des Bösen ansehen, möchte ich noch eine weitere Beobachtung über unser Verständnis vom Leiden machen, die viele andere in der westlichen Welt teilen.

Ist Leid Immer schlecht?

Im wohlhabenden Westen neigen wir dazu, Schmerz und Leid als unsere größten Feinde zu betrachten. Wir sind es gewohnt, uns das ideale Leben als uneingeschränkte Freiheit und das Glück als Maximierung von Genuss vorzustellen. Natürlich neigen wir daher zu der Annahme, dass Gott, wenn es ihn gibt, eine Welt ohne Schmerz und Leid erschaffen haben muss.

Im Gegensatz dazu haben die meisten nicht westlichen Kulturen im Laufe der Geschichte Leid nicht nur als unvermeidlich angesehen, sondern auch als Mittel, um zu stärken und zu bereichern. Diese Kulturen sehen den Sinn des Lebens in etwas, das über diese Welt und dieses Leben hinausgeht, während wir eher glauben, dieses Leben sei alles, was es gibt. Das macht es uns schwerer, Leid zu ertragen oder irgendetwas Erlösendes darin zu sehen.

Ein Freund von mir ist in Nepal aufgewachsen. Seine Eltern waren Missionsärzte, die Menschen mit Lepra behandelten. Er erklärte mir einmal, dass Lepra durch ein Bakterium verursacht wird, das die Nervenenden zerstört. Ein Lepra-Kranker verliert also mehr und mehr die Fähigkeit, Schmerz zu empfinden. Es ist nicht die Lepra, die zu den Verformungen an Händen und Füßen führt, sondern die ständigen Verletzungen, die dadurch entstehen, dass die Betroffenen keinen Schmerz mehr empfinden können. Sie stoßen sich den Zeh an oder stecken die Hand ins Feuer und merken es nicht.

Das brachte mich dazu, über das Wesen von Schmerz nachzudenken. Mir wurde klar, dass ich bis dahin Schmerz immer als etwas völlig Negatives betrachtet hatte. Wie die Geschichte meines Freundes jedoch zeigt, ist das eindeutig nicht der Fall. Schmerz kann hilfreich sein. Und jeder glaubwürdige Psychologe wird bestätigen, dass Schmerz und Leid uns helfen können, als Menschen zu wachsen. Sie helfen uns zum Beispiel, Geduld, Mitgefühl und Verständnis für andere zu entwickeln. Ich habe gehört, dass der beste Arzt für die Behandlung einer bestimmten Krankheit der ist, der die Schmerzen und das Leid selbst erlebt hat, weil er genau versteht, was sein Patient durchmacht.

Ist es nicht interessant, dass wir Leid zwar als etwas Schlechtes ansehen, aber dennoch eher Menschen bewundern und vertrauen, die Leid und Widrigkeiten des Lebens irgendwie bewältigt haben, als Menschen, denen immer alles leichtgefallen ist? Der Schriftsteller John Eldredge hat einmal gesagt: »Ich traue keinem Menschen, der nicht gelitten hat.« Diese Aussage weist auf eine tiefe Wahrheit hin: Leiden lässt unseren Charakter wachsen, während ein schmerzfreies Leben ihn eher verkümmern lässt.

Und aus irgendeinem Grund bewirkt die Erfahrung von Leid oft, dass Menschen viel tiefer und zielgerichteter leben, als sie es vor ihrer Leiderfahrung getan haben. In dem viel gelesenen Artikel *What suffering does*, der 2014 in der *New York Times* erschien, schreibt der Journalist David Brooks:

Menschen, die leiden, empfinden oft eine überwältigende moralische Verantwortung, gut darauf zu reagieren. Sie sagen nicht: »Ja, der Schmerz über den Verlust meines Kindes ist kaum zu ertragen. Ich sollte versuchen, ausgewogener zu leben, auf viele Partys zu gehen und das Leben zu genießen.« Nein, Eltern, die ein Kind verloren haben, gründen Stiftungen. Häftlinge, die mit dem Psychologen Viktor Frankl im Konzentrationslager waren, verpflichteten sich dazu, die Hoffnungen und Erwartungen ihrer Angehörigen zu erfüllen, selbst wenn diese bereits tot waren.

Unsere Erfahrung lehrt uns, dass Leid die Menschen oft dazu bringt, ein weniger egoistisches, aber sinnvolleres Leben zu führen. Und noch etwas bewirkt das Leid oft: Es bringt Menschen dazu, ernsthaft über die Existenz Gottes nachzudenken – oft zum ersten Mal. Der französische Philosoph Luc Ferry stellt in seinem Bestseller *Eine kurze Geschichte des Denkens* fest, dass unsere Erfahrungen mit tiefem Schmerz, Tragödien und Leid uns mehr als alles andere in diesem Leben dazu bringen, darüber nachzudenken, ob es tatsächlich mehr als dieses Leben gibt.

C. S. Lewis greift diesen Gedanken auf: »Gott flüstert in unseren Freuden, er spricht in unserem Gewissen, in unseren Schmerzen aber ruft er laut. Sie sind sein Megafon, um eine taube Welt aufzuwecken.« Leid zwingt uns gewissermaßen dazu, darüber nachzudenken, worum es im Leben wirklich geht. Sosehr es viele dazu veranlasst, die Existenz eines liebenden Gottes infrage zu stellen, so sehr veranlasst es auch viele, die sonst nie einen Gedanken an Gott verschwendet hätten, dies zu tun – und sich vielleicht sogar um Hilfe an ihn zu wenden.

Leid, Liebe und Freiheit

Die Frage nach dem Leid ist also komplex. Es wäre zu simpel, anzunehmen, dass alles Leid zwangsläufig schlecht oder ohne jeden Sinn ist. Der Haupteinwand gegen das Argument, dass Leid die Existenz Gottes logisch widerlegt, basiert jedoch nicht auf dem Wert des Leidens an sich, sondern auf der Bedeutung der Liebe und der Freiheit. Dieser Einwand ist als »Verteidigung des freien Willens« bekannt und wurde vor allem von Philosophen wie Alvin Plantinga vorgebracht. Er lautet in etwa so: Wenn Gott gut ist, würde er die beste aller möglichen Welten erschaffen wollen. Und die beste aller möglichen Welten, so kann man annehmen, ist eine Welt, in der Liebe möglich ist, denn Liebe ist wohl das höchste aller Güter. Eine Welt, in der Liebe möglich ist, muss eine Welt voller Geschöpfe sein, die die Fähigkeit haben zu lieben. Und damit die Geschöpfe die Fähigkeit haben zu lieben, muss ihnen echte moralische Freiheit (das heißt ein freier Wille) gegeben werden; denn Liebe, die nicht frei gegeben wird, ist keine echte Liebe. Doch damit die Geschöpfe echte moralische Freiheit besitzen, müssen sie auch die Freiheit haben, Gott und seine Liebe abzulehnen. Sie müssen sich dafür entscheiden können, egoistisch zu leben, anstatt zu lieben. Natürlich könnte Gott eine Welt ohne Böses und ohne Leid schaffen, indem er stattdessen »Automaten« macht (Geschöpfe ohne freien Willen, die wie vorprogrammierte Roboter immer das Richtige tun), aber in einer solchen Welt wäre kein Platz für Liebe. Die beste aller möglichen Welten ist also wohl eine Welt, die, indem sie die Möglichkeit der Liebe zulässt, auch Freiheit und damit die Möglichkeit des Schmerzes zulassen muss.

Wenn diese Argumentation begründet ist, bedeutet das, dass die Präsenz des Bösen und des Leids in unserer Welt am besten nicht als Zeichen für Gottes mangelnde Liebe zu verstehen ist, sondern als Zeichen für sein Engagement für die Liebe, das er eingeht, wohl wissend um die Risiken, die dieses Engagement mit sich bringt. Liebe, so könnte man sagen, birgt das Risiko des Leids. Fragen Sie irgendjemanden, der Kinder hat, und er oder sie wird Ihnen sagen, dass das stimmt!

Die biblische Schöpfungsgeschichte bestätigt diese philosophische Argumentation. Als Gott beschloss, etwas zu erschaffen, entschied er sich nicht dafür, seine Welt mit Automaten zu bevölkern, sondern er entschied sich für uns: Geschöpfe mit der Freiheit, zu wählen, Geschöpfe mit der Freiheit, zu lieben. Das Christentum lehrt auch, dass wir das Leben und die Freiheit, die Gott uns gegeben hat, um uns für die Liebe zu entscheiden, dazu genutzt haben, Gottes Liebe und Weisheit abzulehnen, und dass unsere Beziehungen dadurch zerbrochen sind – nicht nur unsere Beziehung zu Gott und zu anderen, sondern auch unsere Beziehung zu uns selbst und sogar zur Natur. Das Christentum behauptet, dass wir gebrochen sind – moralisch, beziehungsmäßig und spirituell. Beweise für diese Tatsache sehen wir jeden Tag in unserem Leben (und in unseren Zeitungen).

Warum die christliche Antwort einzigartig ist

Wenn die Welt nun defekt, Gott aber gut ist, sollten wir dann nicht erwarten, dass er etwas tut, anstatt einfach nur aus der Ferne zuzusehen, wie wir in unserer Zerrissenheit und unserem Chaos zugrunde gehen? Die Botschaft der Bibel lautet, dass er etwas getan hat. In Jesus Christus ist Gott selbst in menschlicher Gestalt in unsere Welt des Leids hineingekommen, um uns zu retten. Dabei hat er erfahren, wie es ist, zu leiden – wie es ist, zu hungern, zu frieren, müde zu sein, missverstanden, verraten und abgelehnt, gedemütigt, gefoltert und getötet zu werden.

Von allen bedeutenden Antworten auf das Leid in der Welt ist diese absolut einzigartig. Das wird am deutlichsten, wenn wir die Antwort der Bibel auf die Frage nach dem Leid mit anderen verfügbaren Antworten vergleichen.

Betrachten wir zunächst die Antwort auf Leid, die die Karma-Ideologie gibt. Sie lautet einfach ausgedrückt: Wenn man Gutes tut, wird einem Gutes widerfahren, und wenn man Schlechtes tut, wird einem Schlechtes widerfahren. Ein solches Denken findet sich zum Beispiel im hinduistischen Kastensystem. Wenn jemand in die hohe Kaste der Brahmanen, der Priester und Lehrer, hineingeboren wird, ist das auf das Gute zurückzuführen, das er in seinen früheren Leben getan hat. Wird jemand dagegen in die niedrigste aller Kasten hineingeboren, die Kaste der Dalit, in der die Menschen als »Unberührbare« gelten, sind die Armut, die Entfremdung und die Scham, die er erfährt, auf die Fehler zurückzuführen, die er in seinem früheren Leben begangen hat. Das Konzept des Karmas sieht die Ursache oder den Grund für alles Schlechte, das einem Menschen widerfährt, in ihm selbst und in all den schlechten Dingen, die er getan hat.

Buddha dagegen lehnte die Idee des hinduistischen Kastensystems ab, das in seiner Gesellschaft vorherrschte. Buddha selbst kam zu dem Schluss, dass Leid letztlich eine Illusion ist, die durch eine falsche Anhaftung an die Dinge dieser Welt oder das Verlangen danach verursacht wird – Dinge wie Ruhm, Besitz, Beziehungen und so weiter. Um Leiden zu vermeiden, so lehrte er, muss man aufhören, Dinge zu begehren. Man muss sich völlig von den Dingen dieser Welt lösen. Diese Loslösung wird möglich, wenn man erkennt, dass alles eins ist und das Eine alles. Und weil es im Leben nichts gibt, das Besonderheit besitzt, sondern nur die alles umfassende Einheit, gibt es tatsächlich nichts Wünschenswertes in dieser Welt, das man begehren könnte. Es gibt auch keine Beziehungen, die man eingehen müsste. Wie ein einzelner Wassertropfen, der sich im Ozean auflöst, erlangen wir wahre Erleuchtung, so lehrte Buddha, wenn wir unsere Wünsche und sogar unsere Identität loslassen und uns in der universellen Einheit von allem auflösen.

Manche stellen heraus, dass Buddha selbst nach diesem Prinzip der Loslösung von allem gelebt hat, als er am Tag der Geburt seines Sohnes seinen Palast und seine Familie verließ, um seinem Streben nach persönlicher Erleuchtung nachzugehen.

Nach einem anderen wichtigen Glaubenssystem, dem Islam, gibt es einen Gott, Allah, der alles lenkt, auch die Handlungen jedes Einzelnen. Laut den verbreitetsten Strömungen des Islams haben die Menschen also keinen freien Willen. Gott hat bereits alles im Voraus bestimmt. Da alles, was geschieht, Gottes Wille ist und da Leid geschieht, ist das Leiden Gottes Wille. Und weil das Leiden Gottes Wille ist, kann unsere einzige Antwort nur darin bestehen, es zu ertragen. Wir sollen das Leid nicht hinterfragen, sondern annehmen. Denn es ist ebendiese Fähigkeit, Leid nicht infrage zu stellen, sondern zu ertragen, die es Allah ermöglicht, zu erkennen, wer auf dieser Erde wirklich gerecht ist und wer nicht.

Wenn Sie Atheist sind, könnten Sie all diese Versuche, das Leid zu verstehen und ihm einen Sinn zu geben, als einen fehlgeleiteten, religiösen Versuch betrachten, die Realität zu leugnen. Welche Realität? Nun, aus der Sicht des Atheisten Dawkins ist es Realität, dass es kein übernatürliches Element im Leben gibt, sei es Gott, das Karma oder was immer man anführen mag, um dem Leid einen Sinn zu geben.

Laut Dawkins ist Leid nicht gerecht oder ungerecht, richtig oder falsch, es ist einfach Pech. In seinem Buch *Und es entsprang ein Fluss in Eden* schreibt er:

In einem Universum, das aus blinden physikalischen Kräften und genetischer Vervielfältigung besteht, werden einige Menschen verletzt, andere haben Glück, und man wird keinen ersichtlichen Grund dafür und keine Gerechtigkeit darin finden. Das Universum, das wir beobachten, hat genau die Eigenschaften, die wir erwarten sollten, wenn es im Grunde keinen Plan, keinen Zweck, kein Böses und kein Gutes gibt, sondern nur blinde, erbarmungslose Gleichgültigkeit.

Der Löwe frisst das Zebra, der Wolf frisst das Lamm, der Starke verletzt den Schwachen und so ist es nun mal. Einige (wenn auch nicht alle, das muss betont werden) atheistische Philosophen haben sogar behauptet, dass dies nicht nur so ist, sondern auch so *sein sollte* – auch in menschlichen Beziehungen. Der Atheist Nietzsche zum Beispiel lehrte, dass die Starken über die Schwachen herrschen sollten und dass Leid die Weise ist, wie die Natur die Schwachen aussortiert und uns hilft, uns weiterzuentwickeln. Man könnte meinen, dass solche verrückten Ideen nur in den Elfenbeintürmen akademischer Spekulationen existieren, aber man muss sich nur die ehemaligen Konzentrationslager von Auschwitz oder Birkenau ansehen, um zu sehen, wie die gefährlichen Ideologien der Philosophen von gestern manchmal zu Leitprinzipien der Regierungseliten von morgen werden. Auch wenn das nicht allen klar ist, Adolf Hitler war stark von Nietzsche und seinen philosophischen Ideen beeinflusst.

Für die Frage des Leids gibt es also sehr unterschiedliche Erklärungen. Und die Unterschiede dieser Erklärungen müssen dringend berücksichtigt werden.

Im Gegensatz zu anderen Antworten auf das Leid geht das Christentum nicht davon aus, dass Leiden verdient ist und wir deshalb nichts dagegen tun sollten. Es sagt nicht, dass Leid nur eine Illusion ist und wir es deshalb ignorieren sollten. Es sagt nicht, dass Leid einfach Gottes Wille ist und wir es deshalb nicht infrage stellen sollten. Und es sagt auch nicht, dass Leid etwas Natürliches ist, das wir deswegen akzeptieren sollten. Das Christentum leugnet die Realität des Bösen und des Leids nicht und es redet sie auch nicht klein. Vielmehr bestätigt es den Schrei unseres Herzens – dass diese leidende Welt nicht so ist, wie sie sein sollte.

Und als Antwort auf eine leidende Welt bietet es einen leidenden Retter – Jesus Christus.

Ein Grund, zu vertrauen

Das bedeutet nicht, dass Christen irgendwie immun gegen Leid sind. Auch nicht, dass sie schnelle und einfache Antworten auf die Tragödien des Lebens haben oder dass Leid Christen nicht dazu bringt, Gott bohrende Fragen zu stellen. In der gesamten Bibel sehen wir, wie Propheten, Dichter und einfache Menschen Raum bekommen, um Gott gegenüber ihrer Frustration über das Böse und das Leid Luft zu machen. Vor allem sehen wir das im Buch der Psalmen. Und wir sehen, dass Gott seine Leute wegen ihres Zorns und ihrer Tränen nicht zerschmettert. Wie wir bereits festgestellt haben, hat Jesus selbst als Reaktion auf das Leid des Todes Tränen vergossen, obwohl er in die Welt gekommen war, um es zu besiegen. Der Gott der Bibel erkennt unser Leid an und er lässt sich davon berühren.

Nicholas Wolterstorff, Philosoph in Yale und Christ, schrieb ein Buch über den Tod seines Sohnes Eric mit dem Titel *Klage um einen Sohn*. Als er in einem Interview gefragt wurde, warum er das Buch geschrieben habe, antwortete er:

> Dieses Buch ist kein Buch über die Trauer. Es ist ein Schrei der Trauer. Nach dem Tod unseres Sohnes habe ich mir eine Reihe von Büchern über Trauer angeschaut. Ich konnte sie nicht lesen. Es war für mich unmöglich, abstrakt über Trauer nachzudenken. Ich war in Trauer. Mein Buch ist ein Schrei der

Trauer. In meinem Schrei halte ich fest an der Vision, dass Gott in meinem Leid mit mir ist, dass Gott mit mir trauert, dass Gott in meiner Trauer mit mir ist.

Die schwierigste Frage in Bezug auf das Leid, so fügt er hinzu, sei: »Warum lässt Gott das moralisch Böse und das Leid zu, das keinem erkennbaren Guten dient?« Er kommt zu dieser Antwort: »Wenn wir glauben, dass Gott als Antwort auf unser Leid leidet, dann haben wir neben dieser Frage noch eine weitere: Warum lässt Gott zu, was Gott selbst unter Tränen erträgt? Ich kenne die Antwort nicht. Im Glauben lebe ich die Frage.«

Mit anderen Worten: Wenn es um die Frage des Leids geht, haben Christen einige gute Antworten – sowohl grundsätzlich als auch im Einzelnen –, aber sie behaupten nicht, alle Antworten zu kennen. Die Bibel erklärt im Allgemeinen, warum es in der Welt Leid gibt (wir haben bereits darüber gesprochen, dass eine Welt, die Liebe zulässt, auch eine Welt sein muss, die Leid zulässt, und dass nicht alles Leid sinnlos ist). Gleichzeitig gibt die Bibel den Christen aber nicht die Sicherheit, auf jeden einzelnen Fall von Leid antworten zu können, dass sie immer wüssten, warum Gott diesen Unfall, diese Krankheit oder diese Tragödie zugelassen hat.

Wenn sich Tragödien ereignen, bietet das Christentum keine einfachen Antworten. Es wehrt sich gegen die karmische Perspektive, die davon ausgeht, dass der, der leidet, etwas Schlechtes getan haben muss. Auf die Frage seiner Jünger nach dem Einsturz eines Turms in Siloah, bei dem eine Reihe Menschen getötet wurde, sagte Jesus, dass die Opfer dieser Tragödie nicht unbedingt schlechter waren als alle anderen, die nicht umkamen. Er erkennt an, dass Tragödien Gerechte und Ungerechte, gute und schlechte Menschen treffen und dass das zum Geheimnis des Lebens diesseits des Himmels gehört.

Der Gedanke, dass wir als Menschen nicht immer die Gründe für alles, was uns widerfährt, erfahren, begegnet uns im Buch Hiob, einem der Weisheitsbücher der Bibel. Als Hiob in seinem Leben enormen Schmerz und Verlust erleidet, schreit er in seinem Schmerz und seiner Verwirrung zu Gott, um eine Antwort auf die Frage zu bekommen, warum dies geschieht. Hiobs Freunde gehen davon aus, dass Hiob das Leid, das er erfährt, irgendwie verdient haben muss, sonst würde Gott es nicht zulassen, aber wir, die Leserinnen und Leser, erfahren, dass dies eindeutig nicht der Fall ist. Und Gott tadelt Hiobs Freunde, sie machten es sich zu leicht, wenn sie davon ausgingen, dass Hiob im Unrecht sein müsse, nur weil er leide. Doch als Gott am Ende des Buches selbst zu Hiob spricht, gibt er ihm nicht die Antworten, nach denen er gesucht hat. Er offenbart Hiob nicht, warum er ihn so leiden ließ. Er erinnert Hiob lediglich daran, wer mit ihm spricht (Gott) und wer er selbst ist (Hiob, ein Mensch). Seine Antwort an Hiob (in Kapitel 38) lautet in etwa so: »Hiob, warst du dabei, als ich den Grundstein für die Erde legte? Hast du dem Meer seine Grenzen gesetzt? Hast du die Sterne in ihren Konstellationen ins Dasein gerufen?« In der Begegnung mit Gott wird Hiob klar, wie wenig er von dem großen kosmischen Bild, das Gott überblickt, versteht oder auch nur verstehen könnte. Hiob darf einen kurzen Blick auf die Erhabenheit der Souveränität Gottes werfen, und das reicht ihm am Ende. Er fällt auf die Knie. Gott selbst ist die Antwort.

Ich erinnere mich an das erste Mal, als meine damals achtzehn Monate alte Tochter Grace geimpft werden sollte. Meine Frau sagte, es wäre zu schwierig für sie, dabei zuzusehen (es ist wirklich nicht angenehm, zu sehen, wie jemand eine riesige Nadel in den Arm deines Kindes sticht), also schob sie mir die Aufgabe zu. Ich erinnere mich, dass ich sehr unsicher war, wie Grace auf die Nadel reagieren würde und was sie von mir, ihrem liebevollen Vater, denken würde, wenn sie sah, dass ich es zuließ, dass man sie verletzte. Ihre Aufgabe als Vater (oder Mutter) ist es, Ihr Kind auf Ihren Schoß zu setzen und dafür zu sorgen, dass es sich so entspannt und wohl fühlt wie möglich, damit (in unserem Fall) die Krankenschwester die Nadel sicher einführen kann. Man macht Sie also zum Komplizen der Tat.

Während meine Tochter also glücklich auf meinem Schoß saß und mich und die Krankenschwester mit dem hübschen, glänzenden, spitzen Gegenstand in der Hand anlächelte, machte ich mich auf das gefasst, was für Grace ein Schock sein würde. Als die Nadel zustach und Graces Gesicht sofort rot wurde und der Ausdruck der Zufriedenheit zu einem von Schock und Schmerz wechselte, sah ich ihr tief in die Augen, weil ich befürchtete, in ihrem Gesicht die Angst zu lesen, dass ich, der ich dies zuließ, sie irgendwie nicht mehr liebte, aber zum Glück habe ich diesen Blick nicht gesehen. Was ich in ihrem tränenverschmierten Gesicht sah, war die Frage: »Warum? – Warum, Papa? Ich weiß doch, dass du mich liebst, warum lässt du das zu?«

Grace war damals in einem Alter, in dem sie eine Erklärung nicht verstanden hätte, selbst wenn ich es versucht hätte, aber die Tatsache, dass ein achtzehn Monate altes Kind nicht in der Lage war zu verstehen, warum gute Eltern einer Fremden erlaubten, ihr eine Nadel in den Arm zu stechen, bedeutete nicht, dass es keine guten Gründe dafür gab. Ich wusste, dass sie es eines Tages verstehen würde, aber in dem Moment konnte sie sich nur auf ihr Vertrauen in mich verlassen. Ihr Vertrauen war kein unvernünftiges Vertrauen. Es war kein blindes Vertrauen. Es war ein Vertrauen, das darauf beruhte, dass ich ihr meine Liebe vom ersten Tag ihres Lebens an bewiesen hatte.

Ähnlich verhält es sich mit dem christlichen Glauben. Wir können darauf vertrauen, dass Gott gute Gründe dafür hat, das zuzulassen, was er in diesem Leben zulässt, auch wenn wir selbst diese

Gründe nicht verstehen können, dass er weise ist und dass er gut ist und dass wir es eines Tages verstehen werden, aber nicht heute und höchstwahrscheinlich auch nicht in diesem Leben. Man mag einwenden, das sei nur blinder Glaube, aber laut der Bibel ist es das nicht. Es ist ein begründeter Glaube. Er begründet sich in erster Linie durch die Tatsache, dass Jesus Christus gelebt hat, gestorben ist und auferstanden ist. Er ist derjenige, von dem die Bibel sagt, dass er uns geliebt und sich für uns hingegeben hat.

Als der russische Schriftsteller Fjodor Dostojewski das Gemälde von Hans Holbein dem Jüngeren betrachtete, das Christus im Grab zeigt, traf ihn die tiefe Erkenntnis, dass kein anderer Gott Narben hat. Er erkannte, dass das Kreuz Gottes Antwort auf eine leidende Welt ist. Und der New Yorker Pastor Tim Keller schreibt: »Wir kennen vielleicht nicht den genauen Grund, warum wir in einem bestimmten Fall leiden, aber im Licht des Kreuzes kann unser Leid eines nicht bedeuten, dass Gott uns nicht liebt.«

Wer Jesus folgt, glaubt also, dass er zwar nicht alles weiß, dass er aber dem vertrauen kann, der es weiß. Nicht nur, weil seine Wege höher sind als unsere Wege, wie das Buch Hiob erklärt, sondern auch, weil Gott nicht über unserem Leid steht und sich heraushält, wie die Narben von Jesus zeigen. Auch er weiß, wie es ist, zu leiden.

Ein Grund, zu hoffen

Christinnen und Christen erinnert das Kreuz daran, dass diese Welt nicht so ist, wie sie sein sollte, und dass die Auferstehung uns versichert, dass diese Welt eines Tages wieder so sein wird, wie sie sein soll. Die Auferstehung ist ein Vorgeschmack auf die Wahrheit, dass dieses Leben mit Leid und Tod nicht alles ist, was es gibt, dass es Hoffnung und einen Sinn jenseits dieser Welt und ein Leben gibt, das über sie hinausgeht, aber nicht von ihr getrennt ist – denn das Leben in dieser Welt ist nur ein Teil der Geschichte und das letzte Kapitel ist noch nicht geschrieben.

Es ist wie bei Maria, der Schwester von Lazarus, in der biblischen Geschichte, die ich bereits erwähnt habe. Sie weint verzweifelt, weil Lazarus tot ist, und fragt Jesus, warum er nicht da war, um ihn zu retten. Doch wer die Geschichte von Lazarus kennt, weiß, dass dies nicht das Ende der Geschichte ist. Denn inmitten einer trauernden Gemeinde, als alle Hoffnung verloren scheint, geht Jesus schließlich zu Lazarus' Grab und ruft mit lauter Stimme: »Lazarus, komm heraus.« Und zum Erstaunen aller tut Lazarus, der nun wieder zum Leben erweckt ist, genau das. Im Handumdrehen verwandeln sich die Tränen der Traurigkeit in Tränen großer Freude.

Christen halten mitten in Leid und Trauer an der Hoffnung fest, dass dies nicht das Ende der Geschichte ist, dass Jesus eines Tages jede Träne von jedem Auge abwischen wird, dass eines Tages der Stachel des Leids entfernt sein wird, dass eines Tages alles, was falsch ist, wieder in Ordnung gebracht wird und dass sich eines Tages alles Traurige in der Welt als unwahr herausstellen wird, um es mit den Worten von Samweis Gamdschie aus *Herr der Ringe* zu sagen.

Und in der Zwischenzeit? Die christliche Schriftstellerin Henrietta C. Mears schreibt: »Ich kenne den Weg nicht, den er mich führt, aber ihn, der mich führt, kenne ich gut.« Demnach setzen Christen ihre letzte Hoffnung nicht auf die Garantie eines schmerzfreien Lebens, in dem alles einen Sinn hat, sondern auf die Person Jesus Christus, nicht nur, weil sie der Meinung sind, dass sie nirgends anders besser aufgehoben wären, sondern auch, weil sie der Meinung sind, dass Jesus ihres Vertrauens würdig ist und dass seine Narben das beweisen.

»Ich werde mit dir sein!«

Wenn die dunklen Zeiten des Leids kommen, was unweigerlich der Fall sein wird, schreit das menschliche Herz instinktiv: »Warum?« Das geschieht ganz unwillkürlich. Es ist Teil des Menschseins. Aber haben Sie sich schon einmal gefragt, an wen sich dieses »Warum?« bei Menschen richtet, die nicht an einen Gott glauben?

C. S. Lewis, dessen *Narnia*-Epos jungen Lesern aus vielen Generationen Freude bereitet hat, hatte selbst eine traurige Kindheit. Er verlor seine Mutter auf tragische Weise in sehr jungem Alter und sein Vater bot ihm nur wenig emotionale Unterstützung. Infolgedessen verlor er den Glauben an einen liebenden Gott. Lewis beschreibt sich selbst als einen jungen Mann, der in einem Strudel von Widersprüchen gefangen war, bevor er sich dem Glauben wieder zuwandte. Er schreibt: »Ich behauptete, dass Gott nicht existiere. Ich war auch sehr zornig auf Gott, weil er nicht existierte. Und ich war ebenso zornig auf Gott, weil er eine Welt wie diese geschaffen hatte.«

Lewis entdeckte, dass das Leid nicht leichter wird, wenn wir Gott loswerden, und dass der Trost, den selbst die beste Philosophie, Literatur oder Poesie – worin er sich gut auskannte – bietet, nicht das geben kann, was der christliche Glaube, den er abgelehnt hatte, bietet, nämlich einen Freund, der uns liebt und der wirklich versteht, was wir durchmachen, einen Freund, der ganz und gar für uns ist, einen Freund, der uns verspricht, auch in den dunkelsten Tälern des Lebens bei uns zu sein, auch im Tal des Todesschattens. Das bedeutet es, einen Freund in Gott zu haben.

Die Bibel lehrt, dass Gott das Problem des Leids ernst nimmt. Unser Schmerz ist ihm nicht gleichgültig und er weiß selbst, wie es ist zu leiden, aber laut dem Gott der Bibel ist unser größtes Problem – schlimmer noch als unser Leid – unsere Trennung von ihm.

Gott verspricht uns kein leidfreies Leben, aber er verspricht uns, in unserem Leid bei uns zu sein, wenn wir es wollen.

Wenn Gottes Leute in der Bibel vor schwierigen Herausforderungen stehen, ermutigt Gott sie oft mit einem bestimmten Satz. Der Satz beginnt mit »Fürchtet euch nicht«, aber er lautet nicht: »Fürchtet euch nicht, denn ich habe euch ein schmerzfreies Leben versprochen.« Er lautet: »Fürchtet euch nicht, denn ich werde *mit* euch sein.« Der christliche Glaube bietet keine schnellen und einfachen Antworten auf die tief greifende Frage des Leids, aber er hat etwas Bedeutsames zu dieser Frage zu sagen. Und für Menschen, die leiden, können diese fünf Worte, »Ich werde mit dir sein«, den entscheidenden Unterschied machen.

TEIL 2

WELCHE HINWEISE ES GIBT

7

DENKENDER GLAUBE
Wann macht es Sinn zu glauben?

In der ersten Hälfte dieses Buches habe ich gezeigt, was das Christentum zu den Themen im Leben zu sagen hat, die wirklich wichtig sind – Sinn, Bedeutung, Tugend, Wahrheit, Liebe und Hoffnung im Leid. Ich habe aufgezeigt, dass das Christentum erklärt, warum diese Dinge uns betreffen und wichtig sind, und dass wir in Jesus eine Antwort auf und Erfüllung für diese wesentlichen Dinge finden. Mit anderen Worten: Ich habe versucht zu zeigen, wie das Christentum oder genauer gesagt Jesus Christus selbst nicht nur das Verlangen des menschlichen Herzens erklärt, sondern auch dessen letzte Erfüllung ist.

In der zweiten Hälfte dieses Buches möchte ich der Frage nachgehen, woher wir wissen können, dass das alles wahr ist.

Wenn etwas sehr gut klingt, haben wir instinktiv das Gefühl, dass es zu schön ist, um wahr zu sein. Wir haben immer Angst, Opfer eines gekonnten Verkaufsgesprächs zu werden und uns von unseren Gefühlen dazu verleiten zu lassen, etwas zu kaufen, das nicht ist, was es zu sein verspricht – wie das solide erscheinende Haus, dessen Preis zu gut schien, um wahr zu sein, und bei dem wir später feststellten, dass es erhebliche Probleme mit dem Fundament gab.

Kein vernünftiger Mensch kauft ein Haus, ohne es gründlich inspiziert zu haben. Genauso sollten wir keine wichtige Entscheidung im Leben treffen, ohne sie gründlich durchzudenken. Deshalb werden wir uns im zweiten Teil dieses Buches gemeinsam mit den wichtigen Fragen nach der Vernünftigkeit des Ganzen und den Beweisen dafür beschäftigen. Ist es vernünftig zu glauben, dass die christliche Erklärung des Lebens, des Universums und von allem anderen wahr ist? Sie mag gut oder attraktiv oder schön klingen, aber ist sie auch wahr? Ist sie solide? Hält sie einer strengen Prüfung und sorgfältigen Untersuchung stand?

Beweise und Gewissheit

Als Jurist werde ich manchmal gefragt, ob die Argumente für das Christentum so stichhaltig sind, dass sie der Prüfung standhalten, die ein Jurist bei der Beurteilung eines Falles durchführen würde, der ihm vorgelegt wird. Wenn ich den Leuten sage, dass ich das glaube und dass es tatsächlich sehr überzeugende Argumente für das Christentum gibt, ist die Reaktion fast immer: »Also gut. Zeigen Sie mir die Beweise! Juristen sind doch an Beweisen interessiert. Was ist der Beweis für das Christentum?« Und ich antworte dann immer: »Das kommt darauf an, was Sie unter einem Beweis verstehen.«

Es kann zum Beispiel bewiesen werden, dass $1 + 1 = 2$ ist, allerdings nur innerhalb der Mathematik. Sie und ich leben jedoch in der realen Welt, genauso wie Anwälte oder Richter, die oft wichtige Entscheidungen über Fälle treffen müssen, die ihnen in der realen Welt vorgelegt werden. Im Gegensatz zu mathematischen Beweisen bedeutet ein Beweis aus rechtlicher Sicht einfach die Feststellung einer Tatsache durch die Verwendung von Beweismaterial.

Wir sollten zwar nicht erwarten, dass das Christentum auf dieselbe Weise bewiesen werden kann wie eine mathematische Gleichung – denn so ist das wirkliche Leben nicht –, aber es ist dennoch vernünftig zu erwarten, dass man, wenn das Christentum wahr ist, eine beträchtliche Menge an Beweisen vorlegen kann, ähnlich wie ein Anwalt vor Gericht für seinen Fall. Die restlichen Kapitel dieses Buches sollen als Einführung in diese Beweise dienen.

Was Beweise angeht, so erlebe ich manchmal in Gesprächen Menschen, die sagen, dass sie nur dann an Gott glauben, wenn seine Existenz naturwissenschaftlich bewiesen werden kann. Sie meinen damit in der Regel, in einem Labor. Wie viele unserer Überzeugungen würden diesen Test bestehen? In der Schule lernen wir zum Beispiel, dass Julius Cäsar vor etwa 2000 Jahren in England einmarschiert ist, auch wenn niemand diese Tatsache in einem naturwissenschaftlichen Labor beweisen kann. Heißt das, dass wir unsere Geschichtsbücher wegwerfen sollten, weil es keine derartigen Beweise gibt?

Nein, natürlich nicht. Ebenso wie unser Rechtssystem ist auch die Geschichte eine Disziplin, die Beweise abwägt und gewichtet. In diesem Fall sind es historische Beweise. Auf der Grundlage der historischen Beweise ist der Glaube an die Invasion Britanniens durch Julius Cäsar ein sehr vernünftiger und sinnvoller Glaube.

Auch wenn also das Christentum nicht in einem naturwissenschaftlichen Labor als wahr bewiesen werden kann, ist es angesichts der Beweise, die es stützen, dennoch ein sehr vernünftiger und sinnvoller Glaube. Zu diesen Beweisen gehören übrigens auch historische Beweise, denn das Christentum beruft sich unter anderem auf Dinge, die Gott in der Geschichte getan hat.

Zwar kann die Wahrheit des Christentums nicht in einem naturwissenschaftlichen Labor bewiesen werden, aber einiges an Beweismaterial stammt aus der Naturwissenschaft. Das überrascht die

Menschen manchmal, vor allem diejenigen, die meinen, dass die Wissenschaft die Existenz von etwas, das wir nicht sehen können, niemals bestätigen könnte, aber diese Auffassung ist Folge eines Missverständnisses. Der Oxford-Professor Alister McGrath weist darauf hin, dass die Naturwissenschaft selbst oft die Existenz von Dingen behauptet, die nicht gesehen oder beobachtet werden können – wie zum Beispiel dunkle Materie –, um Dinge zu erklären, die gesehen oder beobachtet werden können. Das Higgs-Teilchen, ein Elementarteilchen, dessen Existenz Physiker in den 1960er-Jahren vorhersagten, das aber erst 2012 nachgewiesen werden konnte, ist ein weiteres gutes Beispiel. Die Naturwissenschaftler glaubten, dass es existiert, obwohl sie es physisch nicht beobachten konnten. Der Grund, warum sie glaubten, dass es existiert, obwohl sie es nicht nachweisen konnten, war, dass seine Existenz einen Sinn für alles andere ergab, was sie auf subatomarer Ebene beobachten konnten.

Auf der Grundlage eines sehr ähnlichen Denkprozesses kam das Oberkommando der deutschen Wehrmacht während des Zweiten Weltkriegs zu dem Schluss, dass ihr »unknackbarer« Enigma-Code von den Engländern entschlüsselt worden war. Sie hatten zwar keine direkten Beweise dafür, dass es so war, aber das war bei Weitem die beste Erklärung dafür, warum die Engländer so regelmäßig deutsche Truppen abfangen konnten. Zwar war es schwer zu glauben, dass ihr »unknackbarer« Code geknackt worden war, aber noch schwieriger war es, zu glauben, dass all diese englischen Abfangmanöver rein zufällig geschehen konnten.

Ganz ähnlich gelagert ist einer der Gründe, warum der Glaube an einen Gott, den man (zumindest im Moment) nicht sehen kann, einen rationalen Sinn ergibt. Die Existenz Gottes erklärt alles, *was* wir sehen können, so zufriedenstellend. Für mich war das einer der Gründe, warum ich Christ geworden bin. Als ich mir die verschiedenen Erklärungen für die Existenz des Lebens, des Universums und von allem darin ansah, schien mir das christliche Verständnis der Realität am besten zu erklären, warum das Universum so ist, wie es ist, und warum wir Menschen so sind, wie wir sind.

Weltanschauung auf dem Prüfstand

Im Christentum geht es im Wesentlichen um eine Beziehung zu Gott, aber natürlich ist das Christentum auch eine übergreifende Weltanschauung. Eine Weltanschauung ist eine Vorstellung von der grundlegenden Beschaffenheit der Realität, die bis auf die fundamentalste Ebene beeinflusst, wie wir uns zum Leben in dieser Welt verhalten. Oder anders ausgedrückt: Unsere Weltanschauung ist wie eine Linse, durch die wir unsere Welt betrachten und interpretieren und die die Art und Weise beeinflusst, wie wir uns selbst, andere Menschen und die Welt um uns herum sehen. Sie besteht aus unseren grundlegenden Annahmen über das Leben, das Universum und alles andere.

Und ob wir uns dessen bewusst sind oder nicht, wir alle haben eine Weltanschauung, weil wir alle Überzeugungen hinsichtlich der Realität haben. Wenn ich zum Beispiel Ihre Weltanschauung verstehen will, können mir diese vier großen Fragen Aufschluss geben. Erstens: Woher kommt das Leben? Zweitens: Was ist der Sinn des Lebens? Drittens: Wie sollte man in dieser Welt leben? Und schließlich: Was passiert mit uns, wenn wir sterben?

Heute sind viele verschiedene Weltanschauungen im Angebot. Manche davon sind religiös, manche nicht. Wenn man die Welt, in der wir leben, und die Mitmenschen, die diese Welt bewohnen, besser verstehen will, ist es hilfreich, ein grundlegendes Verständnis für die wichtigsten Weltanschauungen zu entwickeln, die die Menschen gemeinhin haben, egal, welchen Hintergrund man selbst hat.

Wenn Sie das tun wollen, ist es gut zu wissen, dass die meisten Weltanschauungen in eine der drei großen Kategorien fallen: atheistischer Naturalismus, Pantheismus oder Theismus. Der atheistische Naturalismus vertritt die Ansicht, dass ein rein physikalisches Universum die ultimative Realität ist: Es gibt keine übernatürliche oder göttliche Dimension der Existenz. Der Pantheismus ist der Ansicht, dass alles letztlich eine undifferenzierte Einheit ist und dass diese Einheit göttlich ist. Als Theismus wird die Ansicht bezeichnet, dass es einen persönlichen Gott gibt, der dieses physische Universum erschaffen hat.

Christentum, Islam und Judentum sind monotheistisch, das heißt, sie glauben an *einen* Schöpfergott. Der philosophische Hinduismus und der klassische Buddhismus sind beide pantheistisch. Sie glauben letztlich an eine göttliche Einheit. Der säkulare Humanismus und der Existenzialismus können dem atheistischen Naturalismus zugeordnet werden. Beide lehnen jede spirituelle Dimension der Realität ab.

Natürlich ist das Christentum nicht die einzige Weltanschauung, die uns angeboten wird – und es ist auch nicht die einzige Weltanschauung, die auf dem Prüfstand steht. In gewisser Weise müssen alle Weltanschauungen darlegen, warum sie diese außergewöhnliche Welt, in der wir uns befinden, am besten erklären und ihr einen Sinn geben. Alle Weltanschauungen müssen sich zum vorhandenen Beweismaterial äußern – in diesem Fall ist das Beweismaterial die gesamte Realität –, egal ob es sich dabei um Material aus der Geschichte, der Philosophie, der Naturwissenschaft, der Psychologie oder um persönliche Erfahrungen handelt.

Einer der Hauptgründe, warum C. S. Lewis Christ wurde, war, dass er glaubte, dass das Christentum der gesamten beobachtbaren Realität auf bemerkenswerte Weise Sinn verleiht. Er sagte: »Ich glaube an das Christentum, wie ich an die Sonne glaube, die aufgegangen ist – nicht nur, weil ich sie sehe, sondern weil ich durch sie alles andere sehe.«

Ich habe das ähnlich erlebt, als ich zu der Überzeugung kam, dass das Christentum wahr ist. Als ich dieses wunderbare und komplexe Universum beobachtete und über alle wichtigen Erklärungen für seine Existenz nachdachte, schien mir das Christentum die einzige Weltanschauung zu sein, die wie der richtige Schlüssel in das Schloss passte und so den Sinn hinter allem aufschloss.

Natürlich ist das etwas, das jeder für sich selbst erforschen und wo jeder zu einem eigenen Schluss kommen muss. Es sollte niemandem aufgezwungen werden. Aus meiner Sicht als Christ *kann* das Christentum niemandem aufgezwungen werden, denn es ist zwar eine Weltanschauung, aber in erster Linie ist es doch eine liebende Beziehung zu Gott. Und Liebe muss frei gegeben werden, um wirklich Liebe zu sein.

Wenn es um die Frage geht, was die grundlegendste Wahrheit über das Leben, das Universum und alles andere ist, muss jeder Mensch für sich selbst nachdenken, nachforschen und die Beweise abwägen. Welche Beweise? Nun, die Beweise der erstaunlich komplexen und wunderbaren Welt um uns herum sowie die Beweise der erstaunlich komplexen und wunderbaren Welt in uns selbst.

8

HINWEISE UM UNS HERUM

Ist mein Dasein Zufall oder beabsichtigt?

Ist in Ihnen beim Betrachten der Natur schon einmal ein starkes Gefühl des Staunens oder gar der Ehrfurcht entstanden? Die außergewöhnliche Schönheit des Kosmos, das Farbenkaleidoskop eines Korallenriffs, das Ergreifende eines Sonnenuntergangs, die Erhabenheit eines majestätischen Gebirges, die gewaltige Kraft eines großen Wasserfalls oder die unglaubliche Komplexität des menschlichen Körpers und die Art und Weise, wie seine verschiedenen Systeme zusammenarbeiten – was lösen diese Dinge in Ihnen aus? Albert Einstein stellte fest: »Wer [dieses Gefühl der Ergriffenheit vom Geheimnisvollen] nicht kennt und sich nicht wundern, nicht mehr staunen kann, der ist sozusagen tot und sein Auge erloschen.«

Aus Sicht der Bibel sollten die Ehrfurcht und das Staunen, die wir als Reaktion auf die wirklich eindrucksvolle Welt, die uns umgibt, erleben, unsere Gedanken ganz natürlich auf die Person lenken, die diese Welt geschaffen hat – so wie in großer Kunst der Künstler oder in großartigem Design der Designer sichtbar ist.

David, der berühmte König Israels und Psalmendichter, schreibt: »Der Himmel verkündet die Herrlichkeit Gottes und das Firmament bezeugt seine wunderbaren Werke. Ein Tag erzählt es dem anderen und eine Nacht teilt es der anderen mit« (Psalm 19,2-3). David war der festen Überzeugung, dass die Welt, die uns umgibt, sich nicht von selbst erklärt, sondern dass sie über sich selbst hinausweist auf einen Schöpfer.

Manchmal hört man von Skeptikern jedoch die Behauptung, dass die Naturwissenschaft – die die natürliche Welt um uns herum erforscht – die Notwendigkeit eines Gottes widerlegt oder abgeschafft habe, sodass ein Mensch, der im 21. Jahrhundert noch an Gott glaubt, einem Erwachsenen vergleichbar sei, der noch lange nach seiner Kindheit an den Weihnachtsmann oder die Zahnfee glaubt.

Ich erinnere mich, dass mir während meines Jurastudiums an der Universität der ältere Bruder eines Freundes, der in Biologie promovierte, selbstbewusst erklärte, dass die Wissenschaft Gott mit Sicherheit widerlegt habe. Als Nichtnaturwissenschaftler wusste ich nicht, was ich darauf antworten sollte, denn er wusste offensichtlich mehr über den Stand der Naturwissenschaft als ich. Und das brachte mich in der Tat dazu, zu hinterfragen, ob der Glaube an Gott tatsächlich vernünftig sei.

Naturwissenschaft und Gott: Konflikt oder Komplement?

Je mehr ich aber über die Beziehung zwischen Naturwissenschaft und Glauben an Gott las, desto klarer wurde mir, dass Naturwissenschaft und Gottesglaube von Anfang an komplementär waren und es auch heute noch sind.

Was will ich damit sagen? Nun, einer der wunderbaren Nebeneffekte der Tatsache, dass ich in Oxford arbeite, ist, dass ich viele kluge Leute kennenlerne. Viele dieser klugen Leute sind Naturwissenschaftler und viele dieser klugen Naturwissenschaftler sind Christen. Das wirft eine offensichtliche Frage auf: Wie können Naturwissenschaft und Glaube im Widerspruch zueinander stehen, wenn man an der Universität in Oxford, einer der führenden Universitäten der Welt, Menschen findet, die an Gott glauben, zur Kirche gehen und gleichzeitig Naturwissenschaftler von Weltrang sind?

Was nur wenigen bekannt ist: Viele der weltweit führenden Naturwissenschaftler haben sich zu Christus bekannt:

- Francis Collins ist der ehemalige Leiter des Humangenomprojekts und derzeitiger Leiter des *National Institute of Health* der Vereinigten Staaten.
- Don Page ist ein renommierter Physiker, der bei Stephen Hawking studiert hat.
- Rosalind Picard ist Professorin für Medienkunst und -wissenschaften am *Massachusetts Institute of Technology*.
- Richard Smalley ist Nobelpreisträger für Chemie.
- Charles H. Townes ist Nobelpreisträger für Physik.
- Werner Arber ist Nobelpreisträger für Medizin.
- John Gurdon ist Nobelpreisträger für Entwicklungsbiologie.
- Joseph Murray hat das Konzept der Transplantationschirurgie entwickelt und ist Nobelpreisträger für Physiologie.
- Raymond Vahan Damadian ist der Erfinder des Magnetresonanztomografen.
- Simon C. Morris ist Lyell-Preisträger der *Geological Society of London* für seine Beiträge zur Geowissenschaft.
- Allan Sandage war bis zu seinem Tod im Jahr 2010 der größte und vielfach honorierte Astronom der Welt.

Das ist aber gar nicht so verwunderlich, wenn man bedenkt, dass es der Glaube an Gott war, der die theoretischen Grundlagen für die Anfänge der modernen Naturwissenschaft lieferte. Kopernikus, Galileo, Kepler, Newton, Boyle und Pascal – sie alle glaubten, dass Gott ein geordnetes Universum geschaffen hatte, dessen Gesetze zu entdecken möglich war, weil sie einer Ordnung unterlagen. Für sie war es daher nur logisch, zu versuchen, diese Gesetze zu erschließen. Das Universum muss verstehbar sein, argumentierten sie, weil dahinter eine Intelligenz stecke.

Es liegt also auf der Hand, dass die Behauptung, es gebe einen Konflikt zwischen der Naturwissenschaft und dem Glauben an Gott, nicht zutreffend ist. Warum denken die Menschen dann, dass es einen Konflikt geben muss? Aus dem einfachen Grund, weil es einen Konflikt gibt – allerdings nicht zwischen der Naturwissenschaft und dem Glauben an Gott. Der eigentliche Konflikt besteht zwischen zwei konkurrierenden Glaubenssystemen: dem Glauben an Gott (Theismus) und dem Glauben, dass es keinen Gott gibt (Atheismus).

Die Naturwissenschaft selbst ist eigentlich neutral, solange man von einem rein naturalistisch entstandenen Universum ausgeht. Und natürlich glauben Christen im Allgemeinen an ein materielles Universum, ebenso wie Atheisten. Deshalb können sowohl Theisten als auch Atheisten gute naturwissenschaftliche Arbeit leisten. Der Unterschied besteht darin, dass Christen glauben, dass Gott das materielle Universum, das wir erforschen, erschaffen hat, und das Unsichtbare, während viele Atheisten glauben, dass dieses materielle Universum alles ist, was es gibt.

Naturwissenschaft ist großartig, aber begrenzt

Die Naturwissenschaft, so wunderbar sie auch sein mag, kann nicht alle wichtigen Fragen des Lebens beantworten. Verstehen Sie mich nicht falsch, ich finde die Naturwissenschaft großartig, aber sie hat ihre Grenzen. Deshalb ist die Naturwissenschaft nicht der einzige Fachbereich einer Universität, in dem Wissen vermittelt wird – es gibt auch Geschichte, Philosophie und Theologie, um nur einige zu nennen.

Ein Grund, warum Menschen denken, die Naturwissenschaft habe den Glauben an Gott abgeschafft, ist, dass sie überzeugt davon sind, dass die Wissenschaft heute alle Fragen beantwortet, mit denen sich früher die Religion befasst hat, und dass Gott damit überflüssig ist. Ein Beispiel dafür kann ein Gewitter sein. Wenn Menschen früher Donner hörten, glaubten sie, dass es die Götter sind, die ihre Trommeln schlagen. Oder in der nordischen Tradition, dass es Chris Hemsworth, äh natürlich Thor ist, der Gott des Donners, der seinen Hammer schwingt. Aber jetzt, wo wir moderne, wissenschaftlich denkende Menschen sind, kennen wir die wahre Ursache des Donners. Wir müssen uns also nicht mehr an einem primitiven Aberglauben über Gott festhalten.

Anzunehmen, dass unsere wachsenden naturwissenschaftlichen Erkenntnisse bedeuten, dass wir Gott abgeschafft oder widerlegt haben, beweist ein grundlegendes Missverständnis, sowohl was das Wesen der Naturwissenschaft als auch was die Natur des Glaubens an Gott betrifft, zumindest in der jüdisch-christlichen Variante.

Lassen Sie es mich so sagen: Wenn Sie technisch dazu in der Lage wären, ein iPhone auseinanderzunehmen und schließlich herauszufinden, wie die verschiedenen Komponenten des Geräts funktionieren, hätten Sie damit die Existenz von Steve Jobs, dem Erfinder des iPhones, widerlegt? Natürlich nicht. Nur weil Sie in der Lage sind, herauszufinden, was alles ist und wie es funktioniert, heißt das nicht, dass es keinen Erfinder gibt. Selbst wenn Wissenschaftlerinnen und Wissenschaftler eines Tages herausfinden würden, wie all die verschiedenen Teile des materiellen Universums funktionieren, hätte die Naturwissenschaft weder bewiesen noch widerlegt, dass hinter alldem ein Schöpfergott steckt.

Die Naturwissenschaft ist sehr gut darin, Fragen nach dem Wie und Was des Universums zu beantworten. Aber sie ist weniger gut darin, auf die Frage nach dem Warum eine Antwort zu geben. Warum existiert das Universum? Warum sind wir hier? Solche Fragen liegen außerhalb des Bereichs der Naturwissenschaft. Das heißt nicht, dass Naturwissenschaft keine gute Sache ist, wenn es darum geht, Dinge zu verstehen. Es bedeutet nur, dass die Naturwissenschaft nicht *alles* ist, wenn es darum geht, Dinge zu verstehen. Die Naturwissenschaft ist großartig, aber sie ist begrenzt.

Wie die Naturwissenschaft auf Gott hinweist

Die Naturwissenschaft kann also von Natur aus die Existenz Gottes weder beweisen noch widerlegen, aber sie liefert uns Hinweise, die stark auf die Existenz eines Schöpfers hindeuten.

Im Laufe der Menschheitsgeschichte haben sich von der Antike bis in die Neuzeit viele große Denker dazu geäußert, dass das Universum einen überwältigenden Eindruck von Ordnung und Planung vermittelt. Und dass es deshalb vernünftig ist, auf eine Ordnung gebende Person oder einen Schöpfer hinter allem zu schließen.

Nehmen wir zum Beispiel etwas so Einfaches wie die menschliche Hand. Wenn Sie eine Hand betrachten, ist der vorherrschende Eindruck, dass sie für ihren erkennbaren Zweck sinnvoll geplant und geformt ist. Das können wir mit dem Verstand erkennen. Wir beobachten an der Hand Geschicklichkeit und Sensibilität für Berührungen, die einfach perfekt dafür geeignet sind, Dinge zu greifen, zu bewegen und zu bearbeiten, was wiederum dem Zweck der Hand entspricht.

Dieselbe teleologische (zielgerichtete) Qualität des Lebens, die wir auf der anatomischen Ebene sehen, finden wir auch auf der mikroskopischen und astronomischen Ebene. Der britische Astrophysiker Paul Davies hat festgestellt: »Das Universum vermittelt in überwältigender Weise den Eindruck, geplant zu sein.«

Bis zum 19. Jahrhundert glaubten tatsächlich die meisten großen Denker, dass dieser überwältigende Eindruck von Ordnung und Planung es der Vernunft nahelege, daraus auf die Existenz eines Schöpfergottes zu schließen. Denn wenn es keinen Gott gibt, warum sollte das Universum dann geordnet und verständlich sein? Warum sollte es nicht chaotisch sein?

William Paleys berühmte Uhrmacher-Analogie war eine prägende Theorie, um den Glauben an einen Schöpfergott zu fördern. In seinem Werk *Natural Theology* (Natürliche Theologie) von 1802 trug Paley einen Katalog von Beispielen aus dem Bereich der Naturwissenschaften zusammen, in denen er zwingende Beweise für ein bewusstes Design der natürlichen Welt sah. Sein einprägsamstes Beispiel war das menschliche Auge, von dem Paley zeigen konnte, dass es einen fein abgestimmtes Zusammenspiel von nicht reduzierbarer Komplexität darstellt. Wenn man nur eines der Teile – die Linse, die Netzhaut, die Hornhaut oder irgendetwas anderes – entfernt, können wir nichts mehr sehen.

Anhand von Beispielen wie diesem stellte Paley seine berühmte Uhrmacheranalogie vor. Seine Argumentation ging wie folgt: Wenn wir nicht wüssten, was eine Uhr ist, und eines Tages zufällig eine fänden, würden wir nicht zu dem Schluss kommen, dass natürliche Ursachen diesen Gegenstand hervorgebracht hätten, weil er so unglaublich komplex, geordnet, planvoll gestaltet und nicht ableitbar ist. Genauso sollten bemerkenswerte biologische Mechanismen, wie etwa das menschliche Auge, uns zu dem Schluss bringen, dass ein kreativer Verstand dahinterstecken muss.

Aufgrund von Argumenten wie diesen glaubten die meisten denkenden Menschen, dass es eine intelligente Ursache oder einen Schöpfer hinter der Welt geben müsse. Das galt zumindest bis zur Veröffentlichung von Charles Darwins *Über die Entstehung der Arten* im Jahr 1859 und der Präsentation seiner Evolutionstheorie. Was Darwin sagte, war ungefähr Folgendes: »Man braucht keinen intelligenten Schöpfer, um zu erklären, wie komplexe biologische Dinge wie Pflanzen und Tiere (Augen miteingeschlossen) entstehen konnten, denn sie lassen sich vollständig durch natürliche Prozesse wie natürliche Auslese und Mutation erklären, die über lange Zeiträume hinweg im Einklang mit den Naturgesetzen ablaufen.« Darwin selbst schreibt:

> Das alte Argument vom Design in der Natur, wie Paley es nennt, welches früher für mich so überzeugend schien, versagt jetzt, da das Gesetz der natürlichen Selektion entdeckt wurde. Wir können nicht länger annehmen, dass beispielsweise das schöne Gelenk einer zweischaligen Muschel von einer Intelligenz geschaffen wurde, so wie die Angel einer Tür von einem Menschen. Wie es scheint, gibt es in der Variabilität organischer Lebewesen und im Wirken der natürlichen Auslese ebenso wenig Design wie in der Ursache dafür, dass der Wind weht. Alles in der Natur ist das Ergebnis von Naturgesetzen.

Es ist vor allem dem Einfluss von Darwins Evolutionstheorie zu verdanken, dass viele Laien heute glauben, die Naturwissenschaft habe Gott überflüssig gemacht. Dabei hat Darwin eigentlich nur eine Theorie aufgestellt, wie wir uns von einfachen Formen biologischen Lebens wie der einfachen Bakterie zu komplexen Formen biologischen Lebens wie dem Menschen entwickeln konnten, aber seine Theorie erklärt nicht beziehungsweise versucht nicht einmal, die viel grundlegenderen Fragen zu klären, wie Leben überhaupt erst entstehen konnte und wie es kommt, dass wir in einem Universum leben, das dieses Leben erhalten kann.

Wenn wir über diese grundlegenden Fragen nachdenken – woher das Leben und das dieses Leben ermöglichende Universum kommen –, finden wir die wissenschaftlichen Daten, die starke Beweise oder Hinweise liefern, die nicht von der Existenz eines großen Designers hinter allem wegdeuten, sondern darauf hin, dass es ihn gibt.

Schauen wir uns also ein paar dieser Hinweise an. Der erste Hinweis ist so groß und so offensichtlich, dass er, wie man so schön sagt, leicht übersehen werden kann wie der Wald vor lauter Bäumen. Denn der erste Hinweis ist die Existenz des Universums selbst.

Hinweis 1: Die Existenz des Universums

Eine der grundlegendsten Fragen ist, warum es etwas gibt und nicht nichts. Es hätte kein materielles Universum geben müssen, aber es gibt eins. Wie ist es dazu gekommen, dass dieses Universum besteht?

Philosophen sagen uns, dass es nur drei mögliche Erklärungen für die Existenz des Universums gibt. Die erste Erklärung ist, dass das Universum schon immer existiert hat: Es ist ewig. Die zweite Erklärung ist, dass das Universum von selbst entstanden ist: Es hat sich selbst generiert. Die dritte Erklärung ist, dass das Universum von Gott ins Leben gerufen wurde: Es wurde erschaffen.

Seit ungefähr fünfzig Jahren gehen wir davon aus, zumindest wenn wir uns für die moderne Physik interessieren, dass das Universum einen Anfang hatte. Das ist der überwältigende Konsens. Und wenn wir den wissenschaftlichen Konsens in dieser Frage nicht ignorieren wollen, müssen wir die erste Erklärung – dass das Universum ewig ist – von der Liste der Optionen streichen. Damit bleiben uns nur noch zwei Alternativen. Entweder ist das Universum aus sich selbst heraus entstanden oder Gott hat es ins Leben gerufen, was bedeutet, dass es erschaffen wurde.

Die Naturwissenschaft sagt uns auch, dass nichts Physisches ohne eine Ursache existiert. Zum Beispiel sind die Wolken am Himmel physische Gebilde. Sie haben eine Ursache. Und auch Sie haben einen Körper. Also haben Sie eine Ursache. Falls Sie Ihre Ursache nicht kennen, sollten Sie eventuell mit Ihren Eltern sprechen. Dieses Universum ist ebenfalls physischer Natur, also muss es eine Ursache haben. Wenn das Universum aber eine Ursache hat, schließt das die zweite Erklärung aus, dass das Universum einfach von selbst und ohne jede Ursache entstanden ist.

Damit bleibt uns nur noch eine Erklärung für die Existenz des Universums: Gott (von Philosophen manchmal auch als »erste Ursache« oder »unbewegter Beweger« bezeichnet).

Man könnte nun einwenden, wer dann Gott erschaffen habe, und ich kann verstehen, warum man so fragt. Das liegt daran, dass wir in einem physischen Universum leben, in dem wir daran gewöhnt sind, dass alles eine Ursache hat. Deshalb nehmen wir an, dass auch Gott eine Ursache haben muss, aber im Gegensatz zu diesem Universum ist Gott keine physische Erscheinung. Gott ist per Definition Geist, eine immaterielle Kraft. Es gibt also keinen logischen oder wissenschaftlichen Grund, warum Gott eine Ursache haben sollte.

Von den drei möglichen Erklärungen ist die dritte – dass Gott das Universum erschaffen hat – die einzige, die wir aus Gründen der Vernunft oder Wissenschaft nicht ausschließen können. Die Vorstellung, dass Gott das Universum erschaffen hat, mag für einige fantastisch klingen, aber aus einer rein rationalen Perspektive ist dies die einzige Erklärung, die vernünftigerweise zur Verfügung steht. Und wie Sherlock Holmes in Bezug auf die Suche nach einer Erklärung sagte: »Wenn man das Unmögliche ausgeschlossen hat, dann ist das, was übrig bleibt, die Wahrheit, wie unwahrscheinlich sie auch klingt.«

Das ist im Wesentlichen das, was als das kosmologische Argument für die Existenz Gottes bezeichnet wird. Wenn wir im Hinblick auf die drei möglichen Erklärungen für die Existenz des Universums berücksichtigen, was Wissenschaft und Vernunft uns über das Universum sagen, ist die dritte Option – es wurde von Gott geschaffen – bei Weitem die beste, ja die einzig vernünftige Erklärung.

Hinweis 2: Ein fein abgestimmter Kosmos

Der zweite Hinweis findet sich in einer Entdeckung, die moderne Physik gemacht hat und die gemeinhin als »Feinabstimmung« des Universums bezeichnet wird. Wenn Physikerinnen und Physiker von einer Feinabstimmung des Universums sprechen, meinen sie damit, dass die grundlegenden physikalischen Konstanten des Universums von Anfang an genau die Größe hatten, die sie haben mussten, um Leben im Universum zu ermöglichen.

Wäre die Kraft zum Zeitpunkt des Urknalls zum Beispiel nur um ein winziges bisschen größer gewesen, einen Bruchteil von 10^{-60}, hätte sich das Universum so schnell ausgedehnt, dass es zu schnell zu Materieausdünnungen gekommen wäre, um Materiezusammenballungen in Form von Sternen zu ermöglichen. Wäre die Kraft zum Zeitpunkt des Urknalls um denselben winzigen Betrag geringer gewesen, wäre das Universum in sich zusammengestürzt, und es hätte weder Sterne noch Planeten gegeben.

Der Grad der Präzision, von dem wir hier sprechen, ist frappant. Ein Bruchteil von 10^{-60} ist unwahrscheinlich klein – eine Wahrscheinlichkeit, die so gering ist, dass einige Mathematiker den Ausdruck »mathematisch unmöglich« verwenden würden. Nicht *logisch* unmöglich, aber in jeder Hinsicht *faktisch* unmöglich.

Noch unglaublicher ist jedoch, dass die Kraft zum Zeitpunkt des sogenannten Urknalls nur eine von mehr als vierzig verschiedenen wissenschaftlichen Konstanten ist, die die Physik bisher entdeckt hat und von denen jede exakt eine bestimmte Größe am Anfang des Universums haben musste, damit Lebenserhalt möglich war. Wäre die dunkle Energie (die dafür sorgt, dass sich das Universum immer schneller ausdehnt) zum Beispiel nur um einen Bruchteil von 10^{120} größer oder kleiner gewesen, hätte es kein Leben gegeben. Um ein Gefühl für die Größenordnung dieser Zahl zu geben, hilft es, sich vor Augen zu halten, dass die Anzahl der Atome im Universum nur etwa 10^{80} beträgt. Leonard Susskind, Professor für Theoretische Physik an der Stanford-Universität, sagt:

> Das große Rätsel ist nicht, warum es dunkle Energie gibt…
> Die Tatsache, dass unsere Existenz auf Messers Schneide steht,
> dass wir nicht hier wären, wenn die dunkle Energie sehr viel
> größer wäre, das ist das Geheimnis.

Die Liste der Unwahrscheinlichkeiten geht weiter. Wäre zum Beispiel die Schwerkraft nur um einen Bruchteil von 10^{-40} größer oder kleiner, gäbe es kein Leben. Oder wäre das Verhältnis von Elektronen zu Protonen im Universum auch nur um den Bruchteil von 10^{-37} größer oder kleiner, gäbe es kein Leben. Wäre auch nur eine dieser vielen physikalischen Konstanten zu Beginn des Universums um einen kleinen Bruchteil größer oder kleiner gewesen, hätte kein Lebenserhalt in unserem Universum stattfinden können. Von Lebensentstehung ganz zu Schweigen! Wir würden nicht existieren. Es gäbe kein Leben. Nicht einmal in seiner einfachsten Form.

Naturwissenschaftler sagen uns auch, dass es keinen logischen oder wissenschaftlichen Grund dafür gibt, warum diese Konstanten alle exakt die Größe hatten, die das Universum braucht, um Lebenserhalt zu ermöglichen. Es ist einfach eine Tatsache, dass es in jedem einzelnen Fall so war.

Gehen wir dem noch einen Moment nach. Wenn es keinen Gott gibt und das Universum völlig ungesteuert ist, bedeutet das: Nach unserem theoretischen Verständnis musste jede dieser Konstanten vom Beginn des Universums an genau die richtige Größe gehabt haben. Dabei stand nur ein unvorstellbar kleiner Spielraum für Fehler zur Verfügung, und all das muss *absolut zufällig* geschehen sein. Aber anzunehmen, dass jede einzelne Konstante von Beginn des Universums an *durch reinen Zufall* genau die richtige Größe hatte, die für die Existenz von Leben im Universum erforderlich ist, das verstößt angesichts der unglaublich großen Präzision, von der wir hier sprechen, gegen jede Vernunft. Die Wahrscheinlichkeit dafür ist vergleichbar mit der Wahrscheinlichkeit, mit verbundenen Augen eine Kugel auf ein einen Zentimeter großes Ziel auf der anderen Seite des beobachtbaren Universums zu schießen, die über zwanzig Milliarden Lichtjahre entfernt ist. Mit anderen Worten: Es ist faktisch unmöglich.

Daher ist die Feinabstimmung des Universums einer der stärksten Hinweise dafür, dass diese lebensförderliche physikalische Umgebung, in der wir dankenswerterweise leben, nicht zufällig ist. Der Physiker Paul Davies, der sich oft mit religiösen Fragen beschäftigt, schreibt: »Die Naturwissenschaftler wachen langsam auf und erkennen die unbequeme Wahrheit – das Universum sieht verdächtig danach aus, erschaffen zu sein.« Auch der atheistische Kosmologe Sir Fred Hoyle stellt fest, dass »eine vernünftige Interpretation der Fakten darauf hindeuten würde, dass ein *Superintellekt* an der Physik und Chemie herumgespielt hat«.

Ist die Multiversum-Theorie die Antwort?

Weil die Feinabstimmung des Universums so überzeugend darauf hindeutet, dass eine Intelligenz dahintersteckt und nicht alles zufällig passiert ist, haben einige Wissenschaftlerinnen und Wissenschaftler postuliert, dass unser Universum vielleicht nicht das einzige Universum ist, das es gibt, sondern eines von vielen Billionen verschiedener Universen. Dies wird als »Multiversum-Theorie« bezeichnet und ist der beliebteste Einwand gegen das Argument, die Feinabstimmung des Universums lege die Existenz Gottes nahe. Die Idee dahinter ist, dass, wenn es wirklich unzählige Universen gibt, es gar nicht so unwahrscheinlich ist, dass zumindest einige davon so gut auf das Leben abgestimmt sind wie unseres.

Atheisten, die sagen, es falle ihnen schwer, an die christliche Sicht der Entstehung des Universums inklusive eines Gottes und eines Himmels, die wir nicht sehen können, zu glauben, haben oft keine Schwierigkeiten, an die Multiversum-Theorie zu glauben. Das ist eine Theorie, die von anderen Welten und anderen Universen ausgeht, die wir ebenfalls nicht sehen können. Interessant!

So faszinierend diese neue Theorie von zahlreichen anderen Universen auch sein mag, ihre Existenz muss bestenfalls eine Hypothese bleiben, da sie per Definition für Wesen in unserem Universum nicht wahrnehmbar sind und daher außerhalb des Bereichs der direkten wissenschaftlichen Beobachtung liegen. Vielleicht gibt es andere Universen, vielleicht auch nicht, aber selbst wenn es andere Universen gäbe, können wir nicht davon ausgehen, dass es in den meisten davon kein Leben gibt, wie viele Befürworter der Multiversum-Theorie annehmen. Es könnte sein, dass es in allen Universen Leben gibt, genau wie in unserem, dem einzigen Universum, das wir beobachten können. Da wir das aber nicht wissen, werden die Argumente für einen Schöpfergott durch die Multiversum-Theorie weder bestärkt noch infrage gestellt.

Vor der Entdeckung der Feinabstimmung des Universums gab es kein starkes wissenschaftliches Interesse an einem Multiversum. Paul Davies meint, dass erst die Entdeckung, dass das Universum so exakt auf Lebenserhalt abgestimmt ist – er nennt es das *Goldilocks enigma* (Goldlöckchen-Rätsel) –, ein Umdenken bewirkt hat. In dieser Hinsicht ist der Multiversum-Einwand eigentlich ein indirektes Kompliment an die Stärke des Feinabstimmungsarguments, denn die Wissenschaftler haben erkannt, dass die Beweise für die Feinabstimmung eine Erklärung erfordern, und sich auf die Suche nach einer solchen gemacht. Die Erklärung durch die Existenz einer Vielzahl anderer Universen wirft, wie wir gesehen haben, neue Fragen auf beziehungsweise verschiebt das Problem nur auf eine andere Ebene.

Hinweis 3: Die Sprache Gottes

Wie ich bereits erwähnt habe, hat Darwin das Rätsel um die Entstehung des ersten Lebens nicht gelöst oder auch nur zu lösen versucht. Seine Theorie ist ein Erklärungsversuch, wie wir von einfacheren Lebensformen zu komplexen Lebensformen gekommen sind. Was ist nun aber mit dem Ursprung des Lebens? Woher kommt die erste biologische Zelle? Wie können wir deren Existenz erklären?

Die Fortschritte in der Molekularbiologie der letzten Jahrzehnte haben uns gezeigt, dass die sogenannte primitive biologische Einzelzelle alles andere als einfach ist. Sie ist in Wirklichkeit ein äußerst komplexes Gebilde. Am besten kann man sich eine einzelne biologische Zelle wie eine ganze Fabrik vorstellen: Sie verfügt über einen Grenzzaun, Tore, Andockstellen und Sicherheitssysteme, Eingangsanlagen für Rohstoffe, Versandanlagen für Fertigproduktte, interne Transportsysteme, Kraftwerke, Abfallentsorgungsanlagen, ein Heer von Arbeitern mit vielen verschiedenen Fähigkeiten, Boten und ein ausgeklügeltes Netzwerk von ineinandergreifenden Fließbändern, von denen jedes aus einer Reihe großer Maschinen besteht, die Proteine herstellen, die Arbeitspferde des Lebens. Diese Proteinmaschinen bestehen wiederum aus hochgradig koordinierten beweglichen Teilen.

Ich hoffe, Sie werden nie wieder eine biologische Zelle gering schätzen!

Es ist dieses unglaubliche Maß an Komplexität, das den renommierten Evolutionsbiologen John Haldane zu dem Schluss brachte, dass die erste lebende Zelle niemals zufällig entstanden sein kann. Haldane schreibt:

> Unsere Nachkommen mögen einmal in der Lage sein, eine [einzelne biologische Zelle] herzustellen, aber wir müssen die Vorstellung aufgeben, dass ein solcher Organismus in der Vergangenheit anders erzeugt wurde als durch einen ähnlichen, bereits existierenden Organismus oder durch einen natürlichen oder übernatürlichen Akteur, der mindestens so intelligent ist wie wir selbst und über deutlich mehr Wissen verfügt.

Die einzelne biologische Zelle kommt in ihrer Komplexität nicht nur einer Fabrik gleich, sie kann auch etwas tun, was keine vom Menschen geschaffene Fabrik kann, nämlich sich selbst reproduzieren. Woher weiß die Zelle, wie sie das machen soll? Sie verfügt über einen Bauplan. In jeder lebenden Zelle gibt es verschlüsselte Anweisungen, die der Zelle sagen, was sie bauen soll und wie sie es bauen soll. Die Forschungen der Mikrobiologie haben gezeigt, dass eine einzelne biologische Zelle nicht einfach nur Materie ist, sondern Materie, die mit Informationen gefüllt ist.

Die Bedeutung dieser letzten Aussage sollte angemessen gewürdigt werden. Edgar Andrews, emeritierter Professor für Werkstoffe an der Universität London, stellt fest:

> Uns wird oft gesagt, dass das Leben nichts anderes als organische Chemie ist und dass wir die Vorstellung verwerfen müssen, dass es in irgendeiner Weise geheimnisvoll oder »besonders« ist, aber diese abwertende Aussage ignoriert die unbequeme Tatsache, dass Leben entscheidend von der Speicherung und Übertragung detaillierter Informationen abhängt. Es ist vielleicht leicht, das zu übersehen, aber es ist trotzdem dumm, es zu tun.

Diese Informationen befinden sich im Zellkern, gespeichert in einem Polymermolekül, der Desoxyribonukleinsäure, besser bekannt unter der Abkürzung DNA. Entlang des Rückgrats des DNA-Moleküls ragen Teile hervor, die wie Stäbchen aussehen. Das sind die Basen, die im DNA-Molekül zu finden sind. Es ist wichtig zu wissen, dass es nur vier Arten dieser Basen gibt, deren chemische Namen – Adenin, Cytosin, Guanin und Thymin – üblicherweise mit dem Akronym ACGT abgekürzt werden. Wenn diese vier chemischen Basen in Sequenzen eingebaut werden, können sie von der Zelle erkannt werden und werden so zu einem Code, einer Sprache.

ACGT kann also als das Vier-Zeichen-Alphabet der Sprache des Lebens angesehen werden. Es sieht nicht nur aus wie eine Sprache, es ist eine Sprache. Diese Sprache ist in allen lebenden Systemen vorhanden und ohne sie wäre kein Leben möglich.

Wissenschaftler sagen uns, dass die DNA eines einfachen Bakteriums etwa vier Millionen Buchstaben lang ist. Das menschliche Genom ist über 3,5 Milliarden Buchstaben lang. Das sind 3,5 Milliarden Buchstaben mit detaillierten und komplexen Anweisungen für den Aufbau des menschlichen Wesens – 3,5 Milliarden Buchstaben Sprache, genug komplexe Information, um eine ganze Bibliothek zu füllen.

Und die große Frage ist: Woher stammt eine derart komplexe Sprache? Was ist die Quelle dieser Sprache? Natürlich wurde die Information, die wir heute in unserer DNA haben, von anderer DNA an uns weitergegeben. Die Frage ist jedoch, was mit den ersten lebenden Zellen war. Woher stammten die Informationen in *ihrer* DNA?

Die einzige Quelle von Sprache, die wir kennen, ist Intelligenz. Als die Hieroglyphen auf dem Stein von Rosetta entdeckt und als Sprache erkannt wurden, nahm daher niemand an, dass die Inschrift durch Umwelteinflüsse entstanden sei. Jeder schloss ganz natürlich und vernünftig auf eine Intelligenz hinter der Sprache. Stellen Sie sich vor, wir würden eines Tages eine in Stein geschriebene Sprache auf den Planeten Mars oder Jupiter entdecken. Was würden wir dann daraus schließen? Umwelteinflüsse? Nein, wir würden folgern, dass wir nicht die erste intelligente Lebensform auf diesem Planeten sind.

Das Argument, dass Gott der Schöpfer des Universums ist, ist eigentlich ganz einfach. Man könnte es so formulieren: Stellen Sie sich vor, Sie machen einen Spaziergang in der Natur und stoßen plötzlich auf eine Enzyklopädie, die vor ihnen auf dem Weg liegt. Würden Sie zu dem Schluss kommen, dass sie dort liegt, weil in der Nähe eine Druckerei explodiert ist und die ganze Tinte, der Klebstoff und das Papier sich zufällig in der Luft zusammengeballt und diese Enzyklopädie gebildet haben, die vor Ihnen liegt? Natürlich nicht! Aber warum nicht? Nun, nicht nur wegen der physikalischen Unwahrscheinlichkeit, dass sich die Bestandteile zufällig in der Luft zu einem Buch zusammenfügen, sondern auch, weil Sie als intelligentes Wesen beim Aufschlagen des Buches schnell erkennen, dass etwas vorhanden ist, das »Information« genannt wird. Die Enzyklopädie enthält komplexe Informationen, und wo immer wir auf komplexe Informationen stoßen, erkennen wir als intelligente Wesen sofort die Arbeit eines anderen intelligenten Akteurs. Kurz gesagt, die Informationen weisen uns auf eine Intelligenz hinter diesen Informationen hin.

Fragen wir also John Lennox, den emeritierten Professor der Universität Oxford, ob es angesichts der Tatsache, dass die DNA im menschlichen Genom mehr intelligente Informationen enthält als ganze Säle voller Enzyklopädien, nicht vernünftig wäre, auch hinter diesen Informationen Intelligenz zu vermuten.

Tatsächlich war es unter anderem dieses Argument der Information – der Sprache in den Kernen unserer biologischen Zellen –, das dazu beitrug, dass Antony Flew, früher bekannt für seinen akademischen Atheismus, sich dem Theismus zuwandte. Flew schreibt: »Mir scheint, dass die Ergebnisse von mehr als fünfzig Jahren wissenschaftlicher DNA-Forschung Material für ein neues und enorm starkes Argument für eine planvolle Erschaffung geliefert haben.«

Bei der öffentlichen Bekanntgabe des Abschlusses des Humangenomprojekts sagte dessen Leiter Francis Collins: »Es macht mich demütig und erfüllt mich mit Ehrfurcht, zu erkennen, dass wir einen ersten Blick auf unsere eigene Gebrauchsanweisung geworfen haben, die bisher nur Gott bekannt war.« Es war eine Art von Sprache, die Collins später als »die Sprache Gottes« bezeichnen sollte.

Wissenschaft und Glaube

Es gibt eine gewisse Ironie unserer Zeit. Auf der einen Seite gibt es Weltklassewissenschaftler wie Collins, die Christen sind und deren Glaube an einen Schöpfergott durch die moderne Wissenschaft gestärkt und unterstützt wird. Auf der anderen Seite scheinen viele Laien immer noch zu denken, dass die Wissenschaft irgendwie ein Universum ohne absichtsvolle Planung bewiesen hat und dass wir deshalb einfach akzeptieren müssen, dass wir dieses Leben, solange wir es haben, niemand anderem zu verdanken haben als dem Zufall.

In diesem Kapitel haben wir aber gesehen, dass die Wissenschaft Gott nicht abgeschafft hat. Das Gegenteil ist der Fall. Wir haben gesehen, dass Naturwissenschaft und Glaube an Gott von Anfang an Freunde waren und es auch heute noch sind. Wir haben erkannt, dass die Wissenschaft zwar großartig ist, aber nicht alle wichtigen Fragen des Lebens beantworten kann. Und wir haben festgestellt, dass die Wissenschaft die Existenz Gottes zwar weder beweisen noch widerlegen kann, uns aber wichtige Hinweise auf die Existenz eines Schöpfergottes hinter allem liefert, durch den überwältigenden Eindruck von Ordnung und Planung, die Entdeckung, dass unser Universum einen eindeutigen Anfang hatte, die Entdeckung, dass unser Universum von Anfang an auf Lebenserhalt abgestimmt war, und die Entdeckung der semiotischen Information, der Sprache, die in unserer DNA enthalten ist.

Es ist kein Wunder, dass die Naturwissenschaft den Glauben vieler Menschen an einen Schöpfergott inspiriert hat. Genauso wie der Glaube an einen Schöpfergott die Geburt der modernen Naturwissenschaft inspirierte und auch heute noch große Wissenschaft inspiriert. James Tour, einer der weltweit führenden Nano-Ingenieure, sagt: »Nur ein Anfänger, der nichts über Naturwissenschaft weiß, würde sagen, dass die Wissenschaft dem Glauben abträglich ist. Wenn du dich wirklich mit der Wissenschaft beschäftigst, wird es dich Gott näher bringen.«

9

HINWEISE IN UNS

Warum glaube ich, dass manche Dinge tatsächlich falsch sind?

Ein kurzer Blick auf die menschliche Geschichte, in die Soziologie und Literatur zeigt uns, dass die Menschen über Religionen, Kulturen, Regionen und Epochen hinweg eine grundlegende Gemeinsamkeit haben. Nämlich einen tiefen und durchgehend vorhandenen moralischen Instinkt. Auf diesen Instinkt habe ich bereits hingewiesen und ebenso auf die Tatsache, dass es, wie der Philosoph Plantinga es einmal formulierte, »extrem schwierig ist, ein menschliches Wesen zu sein und nicht zu denken, dass manche Handlungen richtig und andere falsch sind«.

Obwohl dieser Instinkt existiert, mache ich bei meinen Vorträgen an Universitäten oft die Erfahrung, dass ein großer Teil der Zuhörer die philosophische Position vertritt, so etwas wie eine absolute oder objektive moralische Wahrheit gebe es nicht. Manche sind etwa der Ansicht, dass Moral nichts weiter als ein kulturelles Konstrukt ist. Andere meinen, Moral sei eine Illusion, die von unseren Genen hervorgebracht wurde – eine evolutionäre Anpassung –, deren Zweck einfach darin besteht, unser Überleben zu sichern. Doch trotz der Zurückhaltung, die Existenz objektiver moralischer Wahrheit anzuerkennen, die Gültigkeit für unser

Leben beansprucht, treffe ich selbst in einem solchen Publikum nur selten auf Menschen, die mir nicht zustimmen würden, wenn ich sage, dass es absolut falsch ist, unschuldige Menschen zum Spaß zu foltern. Oder dass Völkermord oder Kindesmissbrauch absolut falsch sind. Und dass diese Dinge auch dann noch falsch wären, wenn Gesetze verabschiedet würden, die solche Handlungen legalisierten, und alle ihre Freunde diese Dinge für richtig und gut hielten. Warum ist das so?

Kurz nach dem Zweiten Weltkrieg standen führende Nazi-Offiziere, die für die Gräueltaten in den Konzentrationslagern verantwortlich waren, bei den Nürnberger Prozessen vor Gericht. Sie wurden verurteilt, obwohl sie, wie ihre Verteidiger argumentierten, einfach nur im Einklang mit dem damaligen Gesetz ihres Landes gehandelt hatten. Warum? Weil die Richter ein höheres Gesetz anerkannt haben, vor dem wir uns alle verantworten müssen, einem Gesetz, das nicht einfach durch den Federstrich eines Gesetzgebers oder eine Änderung der öffentlichen Meinung außer Kraft gesetzt werden kann.

Als Menschen erkennen wir intuitiv die Existenz dieses höheren Gesetzes. Es ist ein moralisches Gesetz, dem wir alle verpflichtet sind. Christen glauben, dass diese moralische Intuition, die wir besitzen, etwas ist, das Gott in uns hineingelegt hat, und dass sie ein wichtiger Teil dessen ist, was uns zu Menschen macht – die Fähigkeit, sich nicht nur der objektiven Kategorien von »ist« und »ist nicht« bewusst zu sein, sondern auch von »gut« und »böse«, »richtig« und »falsch«, »sollte« und »sollte nicht«.

Manche Menschen bestreiten, dass es ein objektives moralisches Gesetz gibt, das für alle gilt, mit der Begründung, dass, wenn es ein solches Gesetz gebe, die Menschen in moralischen Fragen nicht unterschiedlicher Meinung sein dürften. Das sei aber häufig der Fall. Nun stimmt es zwar, dass Menschen ständig Meinungsverschiedenheiten in moralischen Fragen haben, aber ist Ihnen schon mal aufgefallen, dass wir uns bei solchen Meinungsverschiedenheiten immer auf einen objektiven Moralstandard berufen? Wenn Herr Müller zum Beispiel sagt: »Es war falsch von Herrn Schmidt, dies oder jenes zu tun«, und Herr Schmidt sagt: »Es war nicht falsch von mir, dies zu tun«, dann können Herr Müller und Herr Schmidt nur deshalb eine moralische Meinungsverschiedenheit haben, weil beide an so etwas wie Richtig und Falsch glauben, worüber man richtig oder falsch denken kann.

Das ist wie bei Leuten, die darüber streiten, ob ein Fußballer ein Foul begangen hat. Ihre Meinungsverschiedenheit darüber, ob ein Foul begangen wurde, stellt die Existenz von Fußballregeln nicht infrage, im Gegenteil, sie bestätigt sie. Denn es hat keinen Sinn, sich darüber zu streiten, ob ein Foul begangen wurde, wenn es keine Fußballregeln gäbe, gegen die man verstoßen könnte. Genauso stellen moralische Meinungsverschiedenheiten die Existenz eines objektiven moralischen Gesetzes nicht infrage. Sie bestätigen es vielmehr. Denn es hat keinen Sinn, über Moral zu streiten, wenn es keine objektive Moral gibt, über die man unterschiedlicher Meinung sein kann.

Moral als Beweis für Gott

In einem früheren Kapitel habe ich erwähnt, dass Atheisten manchmal die Existenz des Bösen in der Welt, etwa den Terrorismus oder die nationalsozialistischen Konzentrationslager, als Beweis dafür anführen, dass ein allmächtiger und allgütiger Gott nicht existieren kann. Und ich habe erklärt, warum dieses Argument, das als logisches Problem des Bösen bekannt ist, von Philosophen nicht mehr als überzeugendes Argument angesehen wird.

Man könnte sogar argumentieren, dass die Existenz des Bösen die Existenz Gottes nicht nur nicht widerlegt, sondern sogar auf sie hindeutet. Denn wenn wir behaupten, dass etwas moralisch böse oder falsch ist, müssen wir auch davon ausgehen, dass es ein objektives moralisches Gesetz gibt, nach dem wir die Richtigkeit oder Falschheit erkennen. Aber wenn wir von einem objektiven moralischen Gesetz ausgehen, müssen wir dann nicht auch einen »objektiven moralischen Gesetzgeber« annehmen? Und wer außer Gott könnte dieser objektive moralische Gesetzgeber sein?

Das sogenannte moralische Argument für die Existenz Gottes kann wie folgt formuliert werden:

Prämisse 1: Wenn es Gott nicht gäbe, gäbe es auch keine objektiven moralischen Pflichten.

Prämisse 2: Es gibt objektive moralische Pflichten.

Schlussfolgerung: Gott existiert.

Das ist ein starkes Argument. Denn um es zu widerlegen, muss man entweder Prämisse 1 oder Prämisse 2 widerlegen – das heißt, man muss entweder erklären, wie objektive moralische Pflichten ohne Gott existieren können, oder man muss leugnen, dass es überhaupt objektive moralische Pflichten gibt. Beides lässt sich nur schwer durchführen. Daher müssten Atheisten entweder die Ansicht vertreten, dass es keine objektiven moralischen Pflichten gibt, oder die Ansicht, dass es zwar objektive moralische Pflichten gibt, diese sich aber auf etwas anderes begründen als auf Gott.

Keine objektive Moral?

Der wohl berühmteste Atheist, der die Ansicht vertrat, dass es keine objektive Moral gibt, ist Friedrich Nietzsche. Er argumentierte folgendermaßen: Nachdem wir Gott aus der Welt geschafft hätten, müssten wir auch erkennen, dass wir den einzigen objektiven Bezugspunkt für die Entscheidung, was richtig und was falsch sei, beseitigt hätten. Der Existenzialist und Atheist Jean-Paul Sartre formulierte denselben Gedanken: »Es ist sehr unangenehm, dass Gott nicht existiert, denn mit ihm verschwindet jede Möglichkeit, Werte in einem intelligiblen Himmel zu finden.«

Wenn diese atheistischen Philosophen recht haben und es keine objektiven moralischen Pflichten gibt, stellt sich die Frage, warum dann fast alle Menschen so handeln, als gäbe es sie.

Eine Erklärung, die atheistische Denker wie John Gray geben, besagt, dass unser anscheinend tief verwurzeltes Gefühl, dass es ein objektives moralisches Gesetz gebe, in Wirklichkeit eine Illusion sei, verursacht durch unsere Gene, eine Illusion, die unsere Überlebenschancen erhöhe.

Der Wissenschaftsphilosoph Michael Ruse beschreibt diese Position so:

Der moderne Evolutionist vertritt den Standpunkt, dass der Mensch ein Bewusstsein für Moral hat..., weil ein solches Bewusstsein biologisch wertvoll ist. Moral ist eine biologische Anpassung, genauso wie Hände, Füße und Zähne... Als rational begründbare Behauptungen über ein objektives Etwas betrachtet, ist Ethik illusorisch. Ich verstehe, dass jemand, der sagt: »Liebe deinen Nächsten wie dich selbst«, denkt, dass er damit über sich selbst hinausweist... Dennoch... entbehrt ein solcher Bezug jeglicher Grundlage. Moral ist nur eine Hilfe zum Überleben und zur Fortpflanzung, und jede tiefere Bedeutung ist illusorisch...

Ähnlich äußerte sich Dawkins in einem Interview mit einem britischen Journalisten. Er erklärte, dass unsere tief verwurzelte Überzeugung, dass Vergewaltigung falsch ist, genauso willkürlich ist wie die Tatsache, dass wir fünf statt sechs Finger entwickelt haben. Dieses Verständnis von Moral – dass sie nichts anderes ist als eine evolutionäre Hilfe zum Überleben und zur Fortpflanzung – widerspricht unseren tiefsten menschlichen Instinkten. Warum? Weil die meisten von uns es als ihre objektive moralische Pflicht ansehen, Überzeugungen zu vertreten wie die, dass Vergewaltigung falsch ist. Ruse selbst gibt zu: »Wer sagt, dass es moralisch akzeptabel ist, kleine Kinder zu vergewaltigen, irrt genauso wie jemand, der sagt, dass 2 + 2 = 5 ist.«

Die Ansicht, Moral sei nichts anderes als eine evolutionäre Überlebenshilfe, läuft nicht nur unserem tiefen moralischen Gespür zuwider, sie untergräbt auch die Vernunft selbst. Das lässt sich dadurch begründen, dass, wenn wir glauben, dass es keinen Gott gibt (und dass unser Verstand und unsere Wahrnehmung der Realität ausschließlich von unseren Genen gesteuert werden, die ihrerseits auf das evolutionäre Ziel des Überlebens ausgerichtet sind), wir unseren moralischen Instinkten und Überlegungen nicht mehr trauen können, weil wir davon ausgehen müssen, dass unser Verstand, der von unseren Genen gesteuert wird, in erster Linie auf das Überleben und nicht auf die Wahrheit ausgerichtet ist. Gray räumt genau diesen Punkt selbst ein: »Der menschliche Verstand dient dem evolutionären Erfolg, nicht der Wahrheit.«

Wenn das aber der Fall ist, was heißt das dann für Grays eigenen Verstand? Wenn wir ihm glauben, müssen wir zu dem Schluss kommen, dass er mit dem Schreiben des zitierten Satzes dem evolutionären Erfolg und nicht der Wahrheit dient. Wenn das stimmt, warum sollten wir dann irgendetwas glauben, was er sagt?

Sehen Sie, wo das Problem liegt? Zu behaupten, dass der menschliche Verstand nicht der Wahrheit dient, ist unsinnig. Es ist das philosophische Äquivalent dazu, den Ast abzusägen, auf dem man sitzt. Die Theorie, dass unsere Gedanken über die Realität und unsere Intuitionen dazu im Grunde nichts anderes sind als die unfreiwilligen Diener des evolutionären Erfolgs, untergräbt nicht nur ihre eigene Rationalität, sondern die Vernunft selbst.

Eine objektive Moral ohne Gott?

Andere atheistische Philosophen wollen die Behauptung, dass schlimme Dinge wie Rassismus, Sexismus und Kindesmissbrauch nicht objektiv falsch sind, nicht akzeptieren. Deshalb haben sie versucht, objektive moralische Werte anders als durch die Existenz Gottes zu begründen.

Vernunft als Grundlage für Moral?

Der renommierte zeitgenössische Moralphilosoph John Finnis vertritt zum Beispiel die Ansicht, dass es ein grundlegendes Prinzip sei, dass niemand absichtlich das Wohlergehen eines anderen schädigen sollte. Warum? Weil, so argumentiert er, es für uns unvernünftig wäre, das Wohlergehen anderer absichtlich zu schädigen, wenn wir unser eigenes Wohlergehen schätzten, denn Intelligenz und Vernunft würden uns helfen, zu erkennen, dass unser eigenes Wohlergehen keinen höheren Wert haben könne als das anderer, nur weil es unser eigenes sei.

Die Schwäche einer solchen Theorie ist, dass sie keine Erklärung dafür liefert, warum grundsätzliche Unparteilichkeit eine moralische Verpflichtung sein sollte. Finnis geht einfach davon aus, dass wir intelligenter- und vernünftigerweise erkennen, dass das eigene Wohl nicht mehr wert ist als das eines anderen. Aber warum? Herr Müller könnte zum Beispiel der Meinung sein, dass alle Menschen gleich wertvoll sind, während Herr Schmidt glauben könnte, dass sein eigenes Wohlergehen einen höheren Wert hat als das anderer

Menschen. Oder Herr Schmidt glaubt, dass sein Kind wertvoller ist als das Wohlergehen von Herrn Müller. Und wenn das der Fall ist, ist es nicht unbedingt unvernünftig oder unlogisch, wenn er Herrn Müller absichtlich Schaden zufügt, um etwas zu erreichen, das für ihn selbst oder für jemanden, den er liebt, von großer Bedeutung ist.

Vernunft ist wunderbar, aber als Grundlage für Moral ist sie nicht ausreichend. Es gibt keine logische Formel, die beweist, dass wir nicht zu unserem eigenen Nutzen handeln sollten, und es gibt auch keinen Syllogismus, der beweist, dass wir das Wohl anderer genauso wichtig nehmen sollten wie unser eigenes. Kai Nielsen, einer der bekanntesten Atheisten Kanadas, kommt zu dem Schluss, dass die »reine praktische Vernunft ... selbst bei guter Kenntnis der Fakten nicht zur Moral« führt. Er schreibt:

> Wir konnten nicht zeigen, dass die Vernunft verlangt, einen moralischen Standpunkt zu haben, oder dass alle wirklich vernünftigen Menschen, die nicht von Mythen oder Ideologien beeinflusst werden, zwingend keine individuellen Egoisten oder klassischen Amoralisten sein müssen. Die Vernunft entscheidet hier nicht. Das Bild, das ich für Sie gezeichnet habe, ist nicht erfreulich. Wenn ich darüber nachdenke, deprimiert es mich. ... Die reine praktische Vernunft wird Sie, selbst bei guter Kenntnis der Fakten, nicht zur Moral führen.

Unsere Menschlichkeit als Grundlage für Moral?

Ein weiterer prominenter Moralphilosoph, der versucht, eine nicht religiöse Grundlage für die Moral zu schaffen, ist Ronald Dworkin. Dworkin argumentiert, dass wir fast alle akzeptieren, dass das menschliche Leben heilig ist. Einige von uns, so Dworkin, tun dies aus religiösem Glauben, andere aus der zutiefst säkularen Überzeugung heraus, dass »der kosmische Prozess zwar sinnentleert, aber jedes menschliche Leben dennoch ein Meisterwerk der natürlichen und menschlichen Schöpfung ist«.

Dworkins Grundlage für die objektive Moral ist also der große Wert, den *wir* jedem Menschen beimessen, der als kreatives Meisterwerk verstanden wird. Aber auf wen bezieht sich Dworkin, wenn er »wir« sagt? Natürlich würden die meisten modernen westlichen Liberalen nicken und zustimmen, dass »wir« jedem menschlichen Wesen einen hohen Wert beimessen. Aber was ist mit den Nazis? Haben die Nazis den Juden einen Wert zugebilligt? Oder die Türken den Armeniern? Oder die Hutus den Tutsis?

Das Problem mit Dworkins Grundlage für die Moral ist, dass sie einen Konsens unter den menschlichen Akteuren voraussetzt, den es nach Beweislage der Anthropologie nicht gibt.

Der Anthropologe Claude Lévi-Strauss sagte:

> Die Idee einer alle einschließenden Humanität, die keinen Unterschied zwischen Rassen oder Kulturen macht, ist erst sehr spät in der Geschichte der Menschheit aufgetaucht und hat sich nicht sehr weit über den Globus verbreitet. Die Vorstellung, dass Humanität jeden Menschen auf der Erde einbezieht, existiert für die Mehrheit der menschlichen Spezies und über Zehntausende von Jahren überhaupt nicht. Die Zuschreibung endet an der Grenze des jeweiligen Stammes.

Selbst Aristoteles, der große griechische Moralphilosoph, befürwortete die Idee der gleichen Würde aller Menschen nicht. Wie seine Zeitgenossen sah er Frauen und Sklaven als von Natur aus minderwertige Wesen an.

Wie Historiker und politische Philosophen wie Tom Holland, Larry Siedentop und Jürgen Habermas in ihren Schriften dargelegt haben, ist die Idee der Menschenwürde und der Gleichheit aller Menschen keine allgemein akzeptierte Vorstellung. Historisch gesehen ist sie ein Produkt von Judentum und Christentum, die beide erklären, dass der Mensch ein Geschöpf ist, das nach dem Bild Gottes geschaffen wurde. Holland stellt fest:

> Die Menschen im Westen, selbst die, die sich vom christlichen Glauben emanzipiert zu haben glauben, sind in Wirklichkeit im Blick auf fast alles durchtränkt von christlichen Ansichten ... Wir alle im Westen sind Goldfische, und das Wasser, in dem wir schwimmen, ist das Christentum, womit ich nicht unbedingt die konfessionelle Form des Glaubens meine, sondern eher die Gesamtheit der Zivilisation darunter verstehe.

Sosehr wir uns auch wünschen, dass wir eine Moral darauf aufbauen können, dass jeder das menschliche Leben für heilig hält (wie Dworkin behauptet), die traurige Wahrheit ist: Es ist schlicht nicht der Fall, dass jeder Mensch und jede Kultur auf dem Planeten diese Idee akzeptiert. Es gibt kein universelles »Wir«, das die Unantastbarkeit jedes menschlichen Lebens bejaht.

Wissenschaft als Grundlage für Moral?

Kürzlich wurde von populären atheistischen Autoren behauptet, dass die Naturwissenschaft uns jetzt eine angemessene Grundlage für die Moral böte, auch wenn meines Wissens kein seriöser Philosoph diese Position vertreten würde.

Der Grund dafür, warum nur wenige Philosophen die Naturwissenschaft als angemessene Grundlage für die Moral betrachten, liegt zu einem guten Teil in einer Tatsache, die David Hume schon vor langer Zeit festgestellt hat. Keine noch so gute Argumentation kann dazu führen, dass man von einer Beschreibung der Art und

Weise, wie die Dinge in der Welt sind (was Aufgabe der Naturwissenschaft ist), zu einer Vorschrift kommt, wie die Dinge in der Welt sein sollten (was Aufgabe der Moral ist), egal, wie sehr man sich bemüht. Wer dies versucht, begeht einen Fehler, der in der Philosophie als »Sein-Sollen-Fehlschluss« bekannt ist. Er versucht, den unmöglichen logischen Sprung von dem, »was ist«, zu dem, »was sein sollte«, zu machen.

John Lennox bringt es auf humorvolle Weise auf den Punkt:

Die Wissenschaft kann uns sagen, dass Ihre Großmutter stirbt, wenn Sie ihr Strychnin in den Tee geben, aber die Wissenschaft kann Ihnen nicht sagen, ob Sie das tun sollten oder nicht tun sollten, um an ihr Eigentum zu kommen.

Zu dem Buch *The Moral Landscape* (Die moralische Landschaft) des atheistischen Schriftstellers Sam Harris schreibt Richard Dawkins in seiner Empfehlung:

Ich gehörte zu denen, die unreflektiert dem einschüchternden Mythos aufgesessen waren, dass die Naturwissenschaft nichts über Moral sagen kann. Sam Harris' Buch *The Moral Landscape* hat das für mich geändert. Auch Moralphilosophen werden feststellen, dass ihre Welt beglückend auf den Kopf gestellt wird, wenn sie entdecken, dass sie etwas über Neurowissenschaften lernen müssen. Was die Religion und die absurde Vorstellung angeht, dass wir Gott brauchen, um gut zu sein, so führt niemand ein schärferes Bajonett dagegen als Sam Harris.

Welches neue Argument führt Harris also an, das Dawkins veranlasst hat, seine Meinung zu ändern? Harris erklärt:

Wir müssen einfach irgendwo stehen. Ich behaupte, dass wir im Bereich der Moral von der gesicherten Prämisse ausgehen können, dass es gut ist, sich nicht so zu verhalten, dass für jeden das größtmögliche Unglück entsteht, sondern folglich so, dass das Wohl gefördert wird.

Ausgehend von dieser Prämisse entwickelt er Vorschläge, wie die Neurowissenschaft es uns in Zukunft ermöglichen könnte, dieses Wohl zu messen.

Sie fragen sich vielleicht, wie Harris das Problem des »Sein-Sollen-Fehlschlusses« vermeiden konnte? Gar nicht. Er geht einfach davon aus, dass es objektive moralische Pflichten gibt und dass die grundlegende moralische Pflicht darin besteht, das Unglück für alle zu minimieren. Das Problem ist nur, was immer ihn zu dieser Annahme veranlasst hat, es ist nicht wissenschaftlich. Es ist also nicht wahr, dass die Wissenschaft die Grundlagen von Harris' Theorie untermauert. Tatsächlich ist seine grundlegende moralische Wahrheit nichts weiter als eine Behauptung. Und erst nachdem er die Behauptung aufgestellt hat, dass wir den Schaden für alle so gering wie möglich halten *sollten*, bringt er die Wissenschaft ins Spiel.

Dagegen wendet sich der Evolutionsbiologe und bekennende Atheist Paul Zachary Myers:

Ich glaube nicht, dass Harris' These – dass wir die Wissenschaft nutzen können, um das Streben nach der Maximierung des Wohls jedes Einzelnen zu begründen – stichhaltig ist. Das können wir nicht. Wir können die Wissenschaft sicherlich nutzen, um zu sagen, wie wir das Wohl maximieren können, wenn wir dieses Wohl erst einmal definiert haben … obwohl selbst das etwas heikler sein könnte, als er es darstellt … Harris schmuggelt eine unwissenschaftliche Prämisse in seine Kategorie »Wohl« ein.

Harris bringt die Naturwissenschaft ins Spiel, um herauszuarbeiten, wie er seine grundlegende moralische Wahrheit am besten erreichen kann, aber die wichtigste Frage, die vorher beantwortet werden müsste, ist, auf welcher Basis seine grundlegende moralische Wahrheit gerechtfertigt ist. Denn was ist, wenn jemand seine »unwissenschaftliche Prämisse« infrage stellt – die Annahme, dass es gut ist, sich nicht so zu verhalten, dass es für alle zum größtmöglichen Unglück führt? Was ist, wenn jemand wie Hitler beschließt, dass wir Harris' ethischen Ausgangspunkt ändern sollten, indem wir Menschen bestimmter Rassen oder Ethnien von der Liste derer ausschließen, denen wir keinen Schaden zufügen oder deren Unglück wir nicht verursachen sollten? Auch Hitler ging von bestimmten grundlegenden unwissenschaftlichen Behauptungen aus und wie Harris bediente auch er sich der Wissenschaft als Werkzeug, um seine Behauptungen zu propagieren. Wenn die Wissenschaft hier wirklich die Grundlage ist, auf welcher wissenschaftlichen Basis können wir dann sagen, dass Hitlers Ausgangspunkt falsch ist und Harris' Ausgangspunkt richtig?

Wir stolpern über die unvermeidliche philosophische Schwäche jedes ethischen Systems, das auf einem moralischen Prinzip beruht, das sich angeblich von selbst versteht, weil jedes Prinzip, das zur Untermauerung dieses ethischen Systems herangezogen wird, als eine willkürliche oder subjektive Behauptung des jeweiligen Begründers dieses Systems angesehen werden könnte. Das ist das ursprüngliche Problem, das Nietzsche gegen diejenigen vorbrachte, die an der Idee einer objektiven Moral ohne Bezug auf Gott festhalten wollten: Wenn Gott tot ist, wer spricht dann? Nun, es muss der Mensch sein, denn ohne Gott ist »der Mensch das Maß aller

Dinge«, wie Protagoras es bekanntlich propagierte. Dann stellt sich jedoch die nächste Frage: Welcher Mensch? Welcher Mann oder welche Frau? Sam Harris oder Adolf Hitler? Mutter Teresa oder Josef Stalin? Sie oder ich?

Objektive Moral als unumstößlicher Fakt?

Einige atheistische Denker haben versucht zu argumentieren, dass es schlicht eine nicht hinterfragbare Gegebenheit des Universums ist, dass manche Handlungen moralisch richtig und andere moralisch falsch sind. Das heißt, wir können nicht erklären, warum Freundlichkeit richtig und Grausamkeit falsch ist, es ist einfach so.

Das Hauptproblem bei dieser Sichtweise stellt der atheistische Philosoph J. L. Mackie heraus. Es wäre doch sehr seltsam, wenn in einem unpersönlichen und zwecklosen Universum, in dem sich alles letztlich auf die grundlegenden Teilchen der Physik reduziert, moralische Tatsachen »einfach so existieren« würden.

Wir können verstehen, wie naturwissenschaftliche Gesetze in einem Universum existieren können, das sich auf die grundlegenden Teilchen der Physik reduziert, denn naturwissenschaftliche Gesetze beschreiben einfach, was in unserem Universum passiert. Sie stellen Beobachtungen über Dinge dar, die mit zuverlässiger Regelmäßigkeit geschehen. Doch naturwissenschaftliche Gesetze *beschreiben*, während moralische Gesetze *vorschreiben*. Sie sagen uns nicht, wie die Dinge sind, sondern wie sie sein sollten, wie wir leben sollten. Warum sollten wir aber glauben, dass ein unpersönliches Universum eine Meinung über irgendetwas hat, geschweige denn eine Meinung darüber, wie wir unser Leben leben?

Es ist geradezu das Wesen der Moral, ein Urteil darüber zu fällen, wie wir handeln, denken und reden sollten. Aber ich frage Sie: Wie können wir Urteile fällen ohne Richter? Wie können wir eine Meinung haben ohne Verstand? Wie kann in diesem Universum eine Moral existieren, ohne dass eine Person dahintersteht? Denn etwas, das unpersönlich ist, das keinen Verstand besitzt, weiß nicht und interessiert sich nicht. Wie Chesterton schreibt:

> Wenn es von Anfang an etwas gab, das man eventuell als Absicht bezeichnen könnte, dann muss es seinen Sitz in etwas haben, das die Elemente einer Person hat. Ein Zweck oder eine Absicht kann nicht einfach so in der Luft schweben, genauso wenig wie eine Erinnerung, an die sich niemand erinnert.

Wenn der Atheismus recht hat und das Universum letztlich unpersönlich und sinnlos ist – eine riesige Maschine aus ungesteuerten Ursachen und Wirkungen, die *aus* nichts und *durch* nichts entstanden ist und *für* nichts da ist –, dann ist das, was es dazu zu sagen hat, wie wir unser Leben leben, nichts und kann nur nichts sein.

Selbst wenn das Unmögliche möglich wäre und ein unpersönliches Universum irgendwie moralische Wahrheiten hervorbringen könnte, wie würden sie sich in der Realität zeigen und welche Auswirkungen hätten sie? Nehmen wir zum Beispiel die moralische Verpflichtung, keine unschuldigen Menschen zum Spaß zu foltern. Nehmen wir an, ein unpersönliches Universum hat irgendwie ein objektives moralisches Gesetz geschaffen, das besagt, dass es falsch ist, Menschen aus Spaß zu foltern. Stellen wir uns nun eine Situation vor, in der ein Herrscher oder Monarch mit absoluter und totaler Macht über seine Bürgerinnen und Bürger genau das gerne tut, unschuldige Menschen zum Spaß foltern. Was würde es für diesen Herrscher bedeuten, dass es diese moralische Verpflichtung gibt? Und welchen Unterschied würde es machen, wenn er diese moralische Verpflichtung, die von einem unpersönlichen Universum erzeugt wurde, einfach ignorierte? Es ist schon schwer genug, sich vorzustellen, was es bedeutet, wenn ein objektives moralisches

Gesetz als bloße Abstraktion irgendwo im Universum existiert und uns vorschreibt, wie wir unser Leben zu leben haben. Noch schwieriger ist es, einem solchen Gesetz Autorität über diejenigen zuzuschreiben, die nicht geneigt sind, es zu befolgen.

In einem unpersönlichen Universum eine moralische Realität zu erwarten, ist unsinnig. Wir verurteilen Wirbelstürme nicht dafür, dass sie Häuser zerstören, Meteoriten nicht dafür, dass sie mit Planeten kollidieren, und nicht einmal Katzen dafür, dass sie Mäuse quälen. Moral wird immer nur mit Personen verbunden.

Der Versuch, ein objektives moralisches Gesetz ohne einen objektiven moralischen Gesetzgeber zu erklären, ist ein bisschen so, als würde man versuchen, sich eine Geschichte ohne einen Erzähler oder ein Urteil ohne einen Richter vorzustellen. Es ergibt keinen Sinn. Im Gegensatz dazu erklärt die Existenz eines persönlichen Gottes, der hinter diesem Universum steht, ein objektives moralisches Gesetz ganz hervorragend.

Euthyphron-Dilemma

Ein Einwand gegen die Vorstellung von Gott als Quelle eines objektiven moralischen Gesetzes, den Atheisten manchmal vorbringen, ist der, dass dies Moral als willkürlich erscheinen lässt. Wir spüren das Gewicht dieser Kritik in einer Frage, die Sokrates seinem Gesprächspartner Euthyphron stellte und die oft als »Euthyphron-Dilemma« bezeichnet wird. Grob umschrieben lautet sie: Ist etwas gut, weil Gott es will, oder will Gott es, weil es gut ist? Das Problem mit der ersten Option ist, dass sie Moral als willkürlich erscheinen lässt und impliziert, dass Moral nur das ist, was Gott befiehlt, egal, was er befiehlt. Das Problem mit der zweiten Option ist, dass sie Gott scheinbar einschränkt, indem sie seinen Willen einer Autorität unterwirft, die noch höher ist als er selbst. Für Christen, die wissen, dass es keine höhere Autorität gibt als Gott, ist dieses Problem relevant.

Der christliche Philosoph William Alston meint, Euthyphron hätte Sokrates erwidern sollen: »Es gibt noch eine dritte Möglichkeit, nämlich dass Gott das, was er will, nicht will, weil es gut ist, sondern weil *er* gut ist.« Mit anderen Worten: Das Gute selbst kommt von Gott. Das Gute und Gottes Wille können also niemals im Widerspruch zueinander stehen.

Das Christentum vertritt die Ansicht, dass das Gute weder eine Illusion noch eine menschliche Erfindung noch eine Abstraktion ist, die in einem unpersönlichen Universum herumschwebt. Es ist real – verwurzelt und begründet in einer Person, der Person Gottes. Im Gegensatz zur moralischen Leere des Atheismus bietet die Existenz eines moralisch guten Gottes eine weitaus bessere und befriedigendere Erklärung für die Existenz einer objektiven Moral – und auch dafür, dass wir selbst ein Bewusstsein von dieser objektiven Realität haben, denn wir sind Wesen, die nach dem Bild dieses moralisch guten Gottes geschaffen wurden.

Hören Sie nicht auf, zu glauben

Wenn Sie, wie die meisten Menschen, an ein objektives moralisches Gesetz glauben – dass einige Dinge wirklich richtig und andere falsch sind –, dann war dieses Kapitel vielleicht hilfreich dafür, zu erkennen, dass dieser Glaube in einem Universum absolut vernünftig ist, in dem Sie und ich nicht zufällig, sondern absichtlich existieren, weil Gott wollte, dass wir hier sind, und eine Meinung darüber hat, wie wir unser Leben in diesem von ihm geschaffenen Universum leben sollen. Wenn Sie überzeugter Atheist sind, hat dieses Kapitel vielleicht Zweifel geweckt an Ihrem Glauben an die Existenz eines objektiven moralischen Gesetzes oder an Ihrem Glauben an die Nichtexistenz Gottes. Ich hoffe natürlich, dass Letzteres der Fall ist. Das Letzte, was unsere Welt braucht, sind mehr Menschen, die wie Nietzsche nicht glauben, dass Völkermord, Kindesmissbrauch oder Rassismus objektiv falsch sind. Denn was immer ein Philosoph über einen Menschen, der solche Dinge nicht als tatsächlich böse erkennen kann, denken mag, ein Psychologe wäre darüber sehr besorgt.

Wer von uns könnte außerdem an der Existenz von Moral zweifeln, selbst wenn wir es versuchen würden? Wer von uns könnte bezweifeln, dass Grausamkeit falsch ist und dass liebevolle Taten gut sind? Wir können die Existenz eines moralischen Gesetzes genauso wenig anzweifeln wie die Existenz naturwissenschaftlicher Gesetze. Beide sind wahr, beide sind wichtig. Unser Verständnis des Lebens wäre unvollständig, wenn eins davon fehlte. Die Existenz Gottes begründet und erklärt beides. Er gibt dem Leben in seiner Gesamtheit einen Sinn.

10

HISTORISCHE BEWEISE

Ist die Geschichte von Jesus Tatsache oder Fiktion?

Welcher Gott?

Bis jetzt haben wir uns Gründe und Beweise für die Existenz Gottes angesehen. Wenn es nun einen Schöpfergott gibt, warum sollten wir zu dem Schluss kommen, dass es der Gott der Bibel ist?

Für Christen lautet die erste Antwort auf diese Frage: »Wegen Jesus Christus!« Wenn Gott existiert – und die Beweise, die wir uns angesehen haben, deuten stark darauf hin –, dann lautet die nächste Frage, ob er geredet hat. Das Christentum beantwortet diese Frage mit einem nachdrücklichen Ja. Er hat zu uns gesprochen, und zwar ganz eindeutig, durch Jesus.

Das Christentum geht davon aus, dass Jesus, der als Mensch in diese Welt kam, Gott war und ist. Denken wir mal einen Moment darüber nach. Gott hat sich dazu entschlossen, als einer von uns in unsere raumzeitliche Geschichte einzutreten. Das bedeutet, dass in Jesus Gott selbst aß und trank, schwitzte und müde wurde, Schmerzen und menschliche Gefühle empfand – Liebe, Freude, Traurigkeit. Es bedeutet auch, dass er normale menschliche Erfahrungen machte, wie in einer Familie aufzuwachsen, einen Job zu haben, in Versuchung zu geraten, und auch schmerzhafte menschliche Erfahrungen durchlebte wie Trauer, Verrat, Folter und schließlich die Kreuzigung.

Das ist das große Wunder, das die Christen als Inkarnation bezeichnen, nämlich dass Gott, der Allerhöchste, sich aus Liebe so tief beugt und in unsere Welt eintritt, indem er als einer von uns geboren wird, unter uns lebt und für uns leidet und stirbt, um uns vor uns selbst zu retten, und dann wieder aufersteht, um uns vor dem Tod zu retten. C. S. Lewis gebraucht eine bemerkenswerte Analogie, um das Wunder dieses göttlichen Abstiegs und der Auferstehung zu veranschaulichen:

> Man hat das Bild eines Tauchers vor Augen, der ein Kleidungsstück nach dem anderen auszieht, sich nackt macht, für einen Moment durch die Luft schießt und dann durch das grüne, warme und sonnenbeschienene Wasser in das pechschwarze, kalte, eisige Wasser hinabsinkt, hinunter in den Schlamm und den Schlick, dann wieder aufsteigt, während seine Lungen fast platzen, zurück in das grüne, warme und sonnenbeschienene Wasser und schließlich wieder hinaus in den Sonnenschein, in der Hand das tropfende Etwas, das zu holen er hinuntertauchte. Dieses Etwas ist die menschliche Natur.

Hier geht es um die Vorstellung, dass Jesus in die Welt kam, um uns nicht nur moralisch, intellektuell und emotional zu retten und zu beleben, sondern auch geistlich. Wie Chesterton feststellt: »Jesus kam nicht in die Welt, um schlechte Menschen gut zu machen; er kam, um tote Menschen lebendig zu machen.«

Was Jesus Christus einzigartig macht

Manchmal sind Menschen überrascht, wenn ich sage, dass Jesus eine reale Person war. Gar nicht wenige gehen davon aus, dass er eine Art mythische Figur oder Legende ist, aber für Historiker ist die Tatsache, dass Jesus wirklich existiert hat, unumstritten. So sagt der Historiker John Dickson, die Annahme, Jesus habe nie existiert, sei das historische Äquivalent zur Leugnung der Mondlandung. Und der Bibelwissenschaftler Bart Ehrman, der selbst kein Christ ist, stellt fest, dass praktisch alle Altertumswissenschaftler, Bibelexegeten, Altphilologen und Kenner der frühen Kirche darin übereinstimmen, dass Jesus gelebt hat.

Da das Christentum gemessen an der Gesamtzahl der Anhänger das größte Glaubenssystem der Welt ist, lässt sich nicht leugnen, dass Jesus einen enormen und dauerhaften Einfluss auf die Menschheit und ihre Geschichte hat. Er hat nicht nur von allen religiösen Führungsfiguren die größte Anhängerschaft, er hat auch die größte kultur- und ethnienübergreifende Wirkung – auch auf Menschen, die keine Christen sind.

Albert Einstein sagte einmal in einem Interview:

> Niemand kann die Tatsache leugnen, dass Jesus existiert hat. Ich bin Jude, aber mich bezaubert die leuchtende Gestalt des Nazareners. Niemand kann die Evangelien lesen, ohne das Gefühl der Wirklichkeit Jesu zu empfinden. Der Pulsschlag seiner Persönlichkeit ist wahrnehmbar in jedem Wort. Kein Mythos ist mit solchem Leben gefüllt.

Das Leben von Jesus und seine Botschaft haben nicht nur den Westen geprägt, sondern auch Afrika, Südamerika und Asien, die Teile der Welt, in denen heute die meisten Christen leben. Jesus selbst kam aus einem Teil der Welt, der an Afrika, Asien und Europa grenzt.

Seine Lehren gelten weithin als das Größte, was je über die Lippen eines Menschen gekommen ist: Liebe deinen Nächsten wie dich selbst. Behandle andere so, wie du selbst behandelt werden willst. Liebe deine Feinde. Halte die andere Wange hin.

Selbst viele Atheisten halten seine Worte für die größten Worte, die je gesprochen wurden. John Mortimer, der bekannte Anwalt und Schriftsteller, der die Serie *Rumpole von Old Bailey* erfunden hat, ein bekennender Atheist, sagt: »Es steht außer Zweifel, dass die Gesellschaft zur Lehre Jesu als ethischem System zurückkehren muss, wenn wir soziale Katastrophen vermeiden wollen.«

Als Jurist kann ich sagen, dass unser westliches Rechtssystem, das auf der ganzen Welt bewundert wird, nicht einfach aus einem philosophischen oder ethischen Vakuum heraus entstanden ist. Auch wenn es heutzutage selten anerkannt wird, gründet sich unser Rechtssystem auf die jüdisch-christliche Ethik. Viele unserer Gesetze basierten ursprünglich auf der Lehre Jesu. Das Recht der Fahrlässigkeitshaftung zum Beispiel – das besagt, dass jeder von uns die Pflicht hat, Handlungen zu vermeiden, bei denen vernünftigerweise vorhersehbar ist, dass sie andere verletzen könnten – geht direkt auf die Lehre von Jesus zurück, dass wir unseren Nächsten lieben sollen.

Über den moralischen Einfluss von Jesus in dieser Welt schreibt der renommierte Historiker W. E. H. Lecky, der sich selbst als Skeptiker bezeichnet:

Der Charakter Jesu war nicht nur das höchste Beispiel der Tugend, sondern auch der größte Ansporn zu ihrer Ausübung, und hat einen so tiefen Einfluss ausgeübt, dass man wahrhaftig sagen kann, dass die einfache Aufzeichnung von drei kurzen

Jahren aktiven Lebens mehr dazu beigetragen hat, die Menschheit zu erneuern und ihre Härte zu mildern, als alle Abhandlungen von Philosophen und alle Ermahnungen von Moralisten.

Sogar Napoleon Bonaparte, der die Geschichte in seiner Zeit stark beeinflusste, soll bemerkt haben:

> Zwischen [Jesus] und jeder anderen Person auf der Welt gibt es keinen möglichen Vergleich. Alexander, Cäsar, Karl der Große und ich selbst haben Weltreiche gegründet; aber auf welcher Grundlage haben wir die Schöpfungen unseres Genies errichtet? Auf Gewalt. Jesus Christus gründete ein Weltreich auf Liebe und in dieser Stunde würden Millionen von Menschen für ihn sterben.

Dieses unglaubliche und beispiellose Ausmaß an historischer Bedeutung verlangt nach einer Erklärung, vor allem, wenn wir bedenken, dass Jesus nicht reich war, dass er kein Politiker war, keine Armee hatte, nicht weit in der Welt herumkam und im Alter von nur 33 Jahren auf erniedrigende Art und Weise getötet wurde: Er wurde nackt an ein Kreuz gehängt, um in aller Öffentlichkeit zu sterben. In einer Kultur der Schande und der Ehre, wie sie damals herrschte, hätte dieses unrühmliche Ende den völligen Zerfall der Bewegung bedeuten müssen, die er ins Leben rufen wollte. Doch zweitausend Jahre später bekennen sich über zwei Milliarden Menschen als seine Anhänger. Wir datieren sogar historische Ereignisse danach, ob sie »vor ihm« (vor Christus) oder »nach ihm« (nach Christus) geschehen sind.

Um all das zu erklären, muss nach seinem Tod etwas wirklich Außergewöhnliches geschehen sein. Die christliche Antwort darauf lautet, dass wirklich etwas Außergewöhnliches passiert ist: Jesus ist von den Toten auferstanden.

Manche Menschen mögen auf diese christliche Behauptung antworten: »Okay, ich gebe zu, dass Jesus offensichtlich existierte und viel bewirkt hat. Historiker bezweifeln das nicht, das sehe ich ein. Warum müsst ihr aber so abgehoben und übernatürlich werden und behaupten, dass Jesus Gott war? Warum können wir nicht einfach sagen, dass er ein sehr guter moralischer Lehrer war, der einige gute moralische Dinge getan und gesagt hat, und es dabei belassen?« Nun, die sachgemäße Antwort darauf lautet, dass wir das nicht können, weil Jesus selbst uns das nicht erlaubt.

Betrachten wir die Aussagen, die er über sich selbst gemacht hat. Andere religiöse Lehrer lehrten die Menschen, wie sie leben sollten. Jesus sagte: »Ich bin der Weg.« Andere religiöse Lehrer verkündeten Wahrheiten, an die die Menschen glauben sollten. Jesus sagte: »Ich bin die Wahrheit.« Andere religiöse Lehrer lehrten die Menschen, wie sie ein erfülltes Leben führen können, aber Jesus sagte: »Ich bin das Leben« (Johannes 14,6; HFA).

In Jesus begegnen wir einem Mann, der nicht nur behauptete, dass sein Wort das wichtigste auf der ganzen Welt sei, sondern der auch den Anspruch erhob, durch sein Wort die ganze Welt erschaffen zu haben. Im Gegensatz zu allen anderen großen religiösen Lehrern lehrte Jesus nicht nur über Gott, sondern beanspruchte durch seine Worte und Taten, selbst Gott zu sein.

Wir können einen solchen Anspruch nicht einfach als Behauptung eines großen Morallehrers abtun. Denn aus dem Munde jedes anderen würden diese Behauptungen wie das Geschwätz eines Verrückten oder eines Größenwahnsinnigen klingen.

Viele Prediger haben festgestellt, dass Jesus ausgehend von dem, was er gesagt hat, entweder ein Lügner, ein Verrückter oder der Herr war. Auf jeden Fall können wir ihn nicht einfach einen guten Morallehrer nennen und es dabei belassen. C. S. Lewis schreibt in *Pardon, ich bin Christ*:

Ein bloßer Mensch, der solche Dinge sagen würde, wie Jesus sie gesagt hat, wäre kein großer Morallehrer. Er wäre entweder ein Irrer – oder der Satan in Person. Wir müssen uns deshalb entscheiden: Entweder war – und ist – dieser Mensch Gottes Sohn, oder er war ein Narr oder Schlimmeres. Wir können ihn als Geisteskranken einsperren, wir können ihn verachten oder als Dämon töten. Oder wir können ihm zu Füßen fallen und ihn Herr und Gott nennen. Aber wir können ihn nicht mit gönnerhafter Herablassung als einen großen Lehrer der Menschheit bezeichnen. Das war nie seine Absicht; diese Möglichkeit hat er uns nicht offengelassen.

Könnte Jesus also ein Verrückter gewesen sein? Was immer man über die Lehre von Jesus sagen mag, man kann sicher nicht behaupten, dass es sich um die Lehre eines Verrückten handelt. Seine Lehre wird fast allgemein als brillant und tiefgründig anerkannt. Die Psychiater Pablo Martínez und Andrew Sims (ehemaliger Präsident des *Royal College of Psychiatrists*) haben die geistige Gesundheit von Jesus mithilfe einer Reihe von Tests anhand seiner Worte, seiner Taten, seiner Beziehungen zu anderen, seiner Reaktion auf Widrigkeiten und seines Einflusses auf Menschen untersucht. Sie kommen zu dem Schluss: »Jesus war nicht nur ein Mann mit einer ausgeglichenen Persönlichkeit, sondern er lebte auch ein durch und durch ehrbares Leben. Die Worte und Taten von Jesus deuten eindeutig auf eine außergewöhnliche geistige Gesundheit und eine unzweifelhafte moralische Integrität hin.« Sie stellen außerdem fest: »Wäre Jesus psychotisch gewesen, wäre er höchstwahrscheinlich nicht als Krimineller ans Kreuz genagelt, sondern einfach einem Leben auf der Straße überlassen worden.«

Jesus war eindeutig nicht wahnsinnig. Aber wenn er nicht verrückt war, könnte er dann ein schlechter Kerl gewesen sein? Eine Art religiöser Hochstapler?

Wir lesen, dass Jesus drei Jahre lang praktisch rund um die Uhr mit seinen Jüngern herumzog, mit ihnen aß, redete und das Leben teilte und dass sie nicht ein einziges Mal erlebt haben, dass er etwas Falsches tat. Andernfalls hätten sie nie geglaubt, dass er Gott ist. Kein noch so guter Hochstapler könnte bei diesem Maß an Nähe und Offenheit so lange etwas vortäuschen.

Und obwohl sein eigenes Leben tadellos war, wurde Jesus als Freund der Sünder bekannt, weil er mit Menschen verkehrte, die von der Gesellschaft gemieden wurden – Prostituierte, Aussätzige, Zöllner. Jesus hatte Zeit für sie alle. Und diese Menschen waren angesichts ihrer Lebenserfahrungen wahrscheinlich ziemlich gut darin, Schwindler zu erkennen und Lügen zu riechen.

Jesus hatte sogar Zeit für kleine Kinder und ließ sich nicht von den Forderungen der Menge oder der Mächtigen beeinflussen. Die Einzigen, bei denen er nicht beliebt war, waren die religiösen Machthaber seiner Zeit, aber selbst seine schlimmsten Verleumder konnten nicht mit dem Finger auf ihn zeigen und ihm etwas vorwerfen. Er konnte die Religionsvertreter fragen: »Wer von euch kann mir zu Recht eine Sünde vorwerfen?« (Johannes 8,46). Und als Jesus vor dem römischen Statthalter von Judäa, Pontius Pilatus, vor Gericht stand, kam auch der zu dem Schluss, dass dieser Mann nichts Unrechtes getan hatte. Pilatus plädierte gegenüber der Menge wiederholt dafür, Jesus freizulassen.

Selbst als Jesus gefoltert wurde und am Ende seiner körperlichen Kräfte war, sagte er: »Vater, vergib ihnen, denn sie wissen nicht, was sie tun!« (Lukas 23,34; HFA). Aus all diesen Gründen beschrieb der russische Schriftsteller Dostojewski Jesus als »unendlich schön«.

Wie könnte so jemand als schlechter Mensch bezeichnet werden?

Die vielleicht wichtigste Tatsache, die zu klären ist, wenn es um die Frage geht, ob Jesus Gott war oder nicht, ist folgende: Ist er von den Toten auferstanden, wie er es gesagt hat? Das ist eine entscheidende Frage. Ist er wirklich aus dem Grab zurückgekommen? Denn wenn Jesus wirklich auferstanden ist, wie er es gesagt hat, dann ergibt es Sinn, alles zu glauben, was er über sich selbst zu sagen hatte. Wenn er aber nicht auferstanden ist, dann ergibt es wenig Sinn zu glauben, dass er wirklich Gott war, mögen seine Worte und Taten auch noch so schön gewesen sein.

Mit anderen Worten: Wir müssen hier eine Entscheidung treffen. Es gibt keinen Mittelweg. Entweder war er Gott oder er war es nicht. Und was davon zutrifft, hängt davon ab, ob er tot geblieben ist, wie es Tote tun, oder ob er wirklich am dritten Tag vom Tod auferstanden ist, wie er es zuvor angekündigt hatte. Sogar der Apostel Paulus gesteht bereitwillig zu, dass es sinnlos wäre, an Jesus als den Herrn zu glauben, wenn er nicht auferstanden wäre, egal, wie tiefgründig seine Lehren waren. In einem seiner Briefe, die im Neuen Testament aufgezeichnet sind, schreibt er: »Und wenn Christus nicht auferstanden ist, dann war unser Predigen wertlos, und auch euer Vertrauen auf Gott ist vergeblich … Wenn der Glaube an Christus nur für dieses Leben Hoffnung gibt, sind wir die elendesten Menschen auf der Welt« (1. Korinther 15,14.19).

Die Auferstehung

Ist es also für einen gebildeten Menschen, der im 21. Jahrhundert lebt, vernünftig, an die historische Auferstehung von Jesus Christus zu glauben?

Manche würden sagen: »Natürlich nicht! Denn, seien wir ehrlich, zu glauben, dass Jesus vom Tod auferstanden ist, bedeutet, an etwas Außergewöhnliches zu glauben, für das es keine Beweise gibt. Dabei werden doch Behauptungen über ein Ereignis aufgestellt, das fast zweitausend Jahre zurückliegt.«

Ja, es stimmt, dass wir über ein Ereignis sprechen, das sich vor zweitausend Jahren ereignet hat. Aber es gibt viele andere Ereignisse in der Antike, von denen wir sicher sind, dass sie stattgefunden haben, wie zum Beispiel der Fall Roms, die Eroberungen Alexanders des Großen, der Tod von Sokrates und die Schlacht bei den Thermopylen. Wenn wir jede Überzeugung als irrational bezeichnen würden, nur weil sie sich auf ein Ereignis in der Antike bezieht, würden wir einen großen Teil unserer Überzeugungen im Blick auf unsere Welt als unvernünftig abstempeln und damit einen beträchtlichen Teil des schulischen Lehrplans streichen müssen.

Ich behaupte Folgendes: Wenn man nicht so skeptisch ist, dass man historische Studien völlig ignoriert, und wenn man aufgeschlossen genug ist, die historischen Beweise für die Auferstehung von Jesus Christus zu prüfen und zu berücksichtigen, dann gibt es sehr überzeugende Argumente für die Historizität der Auferstehung.

Glaube an Wunder

Ich höre aber oft, dass Leute sagen: »Hör mal! Es ist mir egal, welche Beweise ihr für die Auferstehung zu haben meint. Ich muss sie mir nicht einmal ansehen. Denn ›ich weiß, dass ich weiß, dass ich weiß‹, dass Menschen einfach nicht von den Toten auferstehen. Das ist gegen die Naturgesetze und daher völlig unmöglich.«

Bevor wir also die Beweise für die Auferstehung untersuchen, wollen wir uns mit diesem Einwand gegen den Glauben an die Auferstehung befassen – dem Einwand, dass Wunder unmöglich sind. Ist das wirklich ein vernünftiger Einwand? Die Argumentation sieht, etwas formeller dargestellt, ungefähr so aus:

Prämisse 1: Alles, was passiert, ist das Ergebnis von konstanten Naturgesetzen.

Prämisse 2: Ein Wunder (ein Ereignis, das durch konstante Naturgesetze unerklärlich ist) wäre ein Verstoß gegen Prämisse 1.

Schlussfolgerung: Wunder geschehen nie.

Das Problem bei dieser Argumentation ist jedoch, dass sie zirkulär ist. Denn die Aussage, dass »alles, was geschieht, das Ergebnis unveränderlicher Naturgesetze ist« (Prämisse 1), ist nur eine andere Art zu sagen, dass »Wunder nie geschehen« (Schlussfolgerung). Mit anderen Worten: Das Argument beginnt damit, dass es genau das behauptet, was es zu beweisen versucht. In der Logik wird diese Art des Zirkelschlusses als formaler Fehlschluss bezeichnet. Wenn also jemand behauptet, dass es keine Wunder gibt, weil die Naturgesetze alles erklären, ist das eigentlich gar kein Argument. Es handelt sich dabei (wie in Kapitel 7 erwähnt) um eine Weltanschauung, die davon ausgeht, dass die gesamte Existenz als ein geschlossenes, autarkes System natürlicher Bedingungen erklärt werden kann.

Wie der atheistische Naturalismus geht auch das Christentum davon aus, dass wir in einem System unveränderlicher natürlicher Bedingungen leben, zu denen zum Beispiel die Schwerkraft zählt (Isaac Newton war schließlich Christ). Aber wie Newton glauben Christen, dass dieses System unveränderlicher natürlicher Bedingungen kein geschlossenes, sondern ein offenes System ist – ein System, in das Gott, der Schöpfer des Systems, eingreifen kann. Schon das Wort selbst – Wunder – setzt die Vorstellung, dass die Natur nach konsistenten und geordneten Naturgesetzen funktioniert, eher voraus, als dass es sie entkräftet. Denn wenn das nicht der Fall wäre, gäbe es nichts Auffälliges oder Überraschendes an Wundern, wenn sie auftreten.

Falls Sie Philosophie studiert haben, ist Ihnen vielleicht ein viel ausgefeilteres Argument gegen Wunder bekannt, das der Aufklärer

David Hume vorgebracht hat. Es beruht nicht auf der Unmöglichkeit von Wundern, sondern auf deren Unwahrscheinlichkeit.

Humes stärkstes Argument gegen die Vernünftigkeit eines Glaubens an Wunder lautet in etwa so: Basierend auf unserem allgemeinen Wissen und der Beobachtung, wie die Welt funktioniert (das heißt der Tatsache, dass wir jeden Tag unzählige Ereignisse beobachten, die alle durch unveränderliche Naturgesetze erklärbar sind), ist die innere Wahrscheinlichkeit eines Wunders so außerordentlich gering, dass es niemals vernünftig sein kann, nur wegen dem Zeugnis einer Person an ein Wunder zu glauben.

Ähnlich wie Hume argumentiert auch der Neutestamentler Bart Ehrman:

> Historiker können nur feststellen, was in der Vergangenheit wahrscheinlich passiert ist, und ein Wunder ist per Definition das unwahrscheinlichste Ereignis. Nach den Regeln der Geschichtsforschung können wir also nicht behaupten, dass ein Wunder wahrscheinlich geschehen ist. Per Definition ist es wahrscheinlich nicht geschehen.

Wenn Hume und Ehrman recht haben, könnte man meinen, dass historische Studien niemals die Gültigkeit von Wundern wie der Auferstehung belegen können. Doch das stimmt nicht, wie andere Philosophen inzwischen herausgefunden haben. Der Fehler in Humes Argumentation ist folgender: Er zieht den Schluss, dass die Wahrscheinlichkeit, dass eine bestimmte Wunderbehauptung wahr ist, extrem gering sein muss, weil die Wahrscheinlichkeit von Wundern im Allgemeinen ebenfalls extrem gering ist. Das klingt logisch, ist es aber nicht. Die Argumentation ist aus dem Grund fehlerhaft, dass Indizien ein an sich unwahrscheinliches Ereignis sehr wahrscheinlich machen können.

Man könnte das anhand des Satzes von Bayes aufzeigen, auch bekannt als »Bayes-Theorem«. Das ist eine mathematische Formel, die Philosophen und Wissenschaftler verwenden, um bedingte Wahrscheinlichkeiten zu schätzen. Das wäre ziemlich technisch und nur für die Mathematiker interessant, die dieses Buch lesen. Die Idee dahinter ist aber, dass Indizien ein ansonsten unwahrscheinliches Ereignis sehr wahrscheinlich machen können, etwas, das die meisten Menschen intuitiv verstehen, wenn sie einige Beispiele kennen.

Wenn zum Beispiel die Wahrscheinlichkeit, dass Ereignis X in einem bestimmten Moment eintritt, das Einzige wäre, was wir berücksichtigen würden, um festzustellen, ob Ereignis X in einem bestimmten Moment eingetreten ist, dann würde uns das dazu verleiten, die Zuverlässigkeit vieler alltäglicher Nachrichten, die wir in der Zeitung lesen, zu verneinen. Wir würden zum Beispiel bestreiten, dass Bob Edwards wirklich zum dritten Mal in seinem Leben vom Blitz getroffen wurde, wie in der *Times* berichtet wurde, oder dass Jill Smith wirklich zum zweiten Mal in ihrem Leben im Lotto gewonnen hat, wie im *Guardian* berichtet wurde. In Wirklichkeit glauben wir solche Nachrichten jedoch, obwohl die Wahrscheinlichkeit, dass ein Mensch dreimal vom Blitz getroffen wird oder zweimal im Lotto gewinnt, extrem gering ist. Warum? Weil wir, ob bewusst oder unbewusst, auch Beweise im Umfeld dieser Ereignisse berücksichtigen, so etwa die Unwahrscheinlichkeit, dass eine Zeitung über solche unwahrscheinlichen Ereignisse berichtet, wenn sie nicht wirklich passiert sind.

Übrigens wurde ein Mann aus North Carolina, namens Bob Edwards, tatsächlich dreimal vom Blitz getroffen, einmal 1997, einmal 2009 und einmal 2012. Dem Mann möchte man lieber nicht allzu nahe kommen.

Interessant ist, dass auch unser Rechtssystem auf demselben Verständnis von Wahrscheinlichkeit und Beweisen beruht. Vor allem Richter sind sich bewusst, dass Indizien über die Umstände ein ansonsten unwahrscheinliches Ereignis sehr wahrscheinlich machen können. Im Jahr 2008 lieferte eine Richterin im britischen *Privy Council*[3] einmal eine denkwürdige Illustration, um zu zeigen, wie das funktioniert. Sie erklärte es so: Wenn ein Mann, der im *Regent's Park* in London spazieren geht, behauptet, im Park einen Löwen gesehen zu haben, hat er sich höchstwahrscheinlich geirrt. Es war wahrscheinlich nur ein großer Hund. Wenn jedoch weiteres Beweismaterial auftaucht, wie zum Beispiel die Tatsache, dass der Löwenkäfig im Londoner Zoo, der direkt neben dem *Regent's Park* liegt, offensteht und sich kein Löwe im Käfig befindet, was eigentlich der Fall sein sollte, dann ist es jetzt wahrscheinlich, dass der Mann tatsächlich einen Löwen gesehen hat. Mit anderen Worten: Die Indizien im Umfeld der Behauptung haben das, was normalerweise sehr unwahrscheinlich wäre, ziemlich wahrscheinlich gemacht.

Aus diesem Grund erkennen Juristen, Philosophen, Mathematiker und Wissenschaftler an, dass solche Behauptungen von Fall zu Fall geprüft werden müssen. Man kann die Beweise nicht einfach ignorieren. Rational betrachtet gibt es also kein Argument, das von vornherein dagegenspricht, ein Wunder historisch zu belegen.

Der Theologe Wolfhart Pannenberg stellt fest:

Wenn jemand es wie David Hume... für eine allgemeine Regel hält, die keine Ausnahme kennt, dass die Toten tot bleiben, dann kann man die christliche Behauptung, dass Jesus auferweckt wurde, natürlich nicht akzeptieren. Das ist dann aber kein historisches Urteil, sondern eine ideologische Überzeugung.

---

[3] Ein politisches Beratungsgremium des britischen Monarchen [Anm. d. Lekt.]

Ein guter Historiker sollte also wie ein Anwalt bereit sein, der Spur zu folgen, in die das Beweismaterial führt. Das bringt uns zurück zu unserer Frage.

Welches Beweismaterial gibt es für die Auferstehung?

Untersuchung der Beweise für die Auferstehung

Um so unvoreingenommen wie möglich zu sein, wollen wir nur die historischen Fakten über Jesus Christus als Beweismaterial heranziehen, die praktisch jeder ernsthafte Historiker anerkennt, egal ob Christ, Atheist, Agnostiker oder eines anderen Glaubens.

Dank der Arbeit etlicher Wissenschaftler sind wir in der Lage, dies zu tun. Ich beziehe mich insbesondere auf die Arbeit von Gary R. Habermas und Michael R. Licona, die gemeinsam über 3 500 wissenschaftliche Werke und Artikel – praktisch alles, was von akademischen Historikern seit 1975 über Leben, Tod und Auferstehung von Jesus geschrieben wurde – zusammengetragen und analysiert haben, um die historischen Fakten zu ermitteln, über die sich alle einig sind.

Was ihre Arbeit zeigt, ist, dass praktisch jeder seriöse Historiker, ob Christ, Atheist, Agnostiker oder Sonstiges, die folgenden drei minimalen Fakten über Jesus Christus anerkennt: erstens, dass er durch Kreuzigung starb; zweitens, dass seine Jünger wirklich glaubten, dass Jesus von den Toten auferstanden und ihnen bei mehreren Gelegenheiten erschienen war; und drittens, dass die frühe Kirche bald nach dem Tod von Jesus zahlenmäßig explodierte. Genau genommen gibt es mehr als nur diese drei allgemein anerkannten Fakten, die wir als Beweise für die Auferstehung anführen könnten, aber um das Ganze einfach zu halten, werde ich mich auf diese drei Fakten beschränken.

Bei der Untersuchung der Historizität der Auferstehung geht es darum, zu beurteilen, welche der verfügbaren Hypothesen im Licht dieser allgemein anerkannten Basisfakten am sinnvollsten ist. Das ist übrigens im Wesentlichen das, was Richter mit Beweisen tun, die bei Gericht vorgelegt werden. Richter entscheiden, welche Beweise stichhaltig sind, und ziehen dann Schlussfolgerungen aus den Beweisen, um die beste Erklärung für die Beweise zu finden. Das Fachwort für diesen Argumentationsprozess heißt »Abduktion«. Es ist übrigens dieselbe Art von Argumentation, die Sherlock Holmes bei der Lösung all seiner Fälle anwendet.

Wenn die Auferstehung tatsächlich stattgefunden hat, würde das natürlich perfekt zu den anerkannten historischen Fakten passen. Das heißt, wenn die Auferstehung stattgefunden hat, würde das erklären, warum die Jünger von Jesus glaubten, dass Jesus von den Toten auferstanden und ihnen bei mehreren Gelegenheiten erschienen ist, und es würde erklären, warum die frühe Kirche bald darauf zahlenmäßig explodierte.

Hier kommt aber die Herausforderung: Wenn es eine plausible lebensnahe Alternative für diese anerkannten Fakten der Geschichte gibt, dann ist es unwahrscheinlich, dass die Auferstehungsbehauptung wahr ist, zumindest von einem historischen Standpunkt aus.

Alternative Theorien

Was sind dann die alternativen Hypothesen? Nun, wenn Jesus nicht von den Toten auferstanden ist, wie die Christen glauben, bedeutet das, dass seine Jünger, die das behaupteten, Betrüger waren, getäuscht wurden oder sich etwas vorgemacht haben.

Hätten die Jünger alle anderen täuschen können? Nein, das konnten sie sicher nicht. Abgesehen davon, dass sie den Leichnam hätten stehlen müssen, um eine Auferstehung vorzutäuschen, was praktisch unmöglich war, da das Grab mit einem Felsbrocken versiegelt war und von römischen Soldaten bewacht wurde, stimmen fast alle Historiker darin überein, dass die Jünger aufrichtig davon überzeugt waren, den auferstandenen Jesus gesehen zu haben. Und warum? Weil die Jünger selbst nach Verfolgung, Folter und Hinrichtungen nicht von ihrer Behauptung abrücken wollten, dass Jesus auferstanden war. Und wie Historiker wissen, beweist nichts die Aufrichtigkeit mehr als das Martyrium. Menschen opfern nicht bereitwillig alles für etwas, wovon sie wissen, dass es eine Lüge ist, vor allem dann nicht, wenn sie von einer solchen Lüge nichts hätten. Die ersten Jüngerinnen und Jünger hatten nichts zu gewinnen, wenn sie eine Lüge über die Auferstehung von Jesus erfunden hätten, aber sie hatten alles zu verlieren: ihren Ruf, ihre Freundschaften, ihr gesellschaftliches Ansehen, ihre Sicherheit und sogar ihr eigenes Leben.

Wenn die Jünger nun aber nicht bewusst gelogen haben, wurden sie vielleicht getäuscht. Ist das eine plausible Erklärung? Wer hätte sie denn täuschen wollen? Sicher nicht die Römer. Sie wollten keine Legende in die Welt setzen, die die Autorität Roms infrage gestellt hätte. Auch nicht die jüdischen Religionsvertreter. Sie wollten Jesus tot sehen, weil er ihre religiöse Autorität infrage stellte.

Vielleicht hat Jesus selbst alle getäuscht und ist nicht wirklich gestorben? Das war eine Zeit lang die führende naturalistische Theorie – Jesus sei am Kreuz lediglich ohnmächtig geworden, habe sich im Grab wieder erholt, den massiven Stein weggewälzt, der sein Grab versiegelte, sei irgendwie an den römischen Soldaten vorbeigeschlüpft, die das Grab bewachten, und habe dann seine Anhänger davon überzeugt, dass er von den Toten auferstanden sei, obwohl er in Wirklichkeit gar nicht tot war. Die praktische Unmöglichkeit dieser Theorie erinnert mich an die Geschichte eines Jungen, der den folgenden Brief an die Fragekolumne einer Zeitschrift schickte:

Sehr geehrte Damen und Herren,
mein Lehrer sagt, dass Jesus am Kreuz nur in Ohnmacht gefallen ist und dass die Jünger ihn wieder gesund gepflegt haben. Was meinen Sie dazu?
Mit freundlichen Grüßen
Tommy

Er erhielt folgende Antwort:

Lieber Tommy,
ich schlage vor, du nimmst deinen Lehrer und schlägst ihn 39-mal mit einer neunschwänzigen Peitsche, dann nagelst du ihn an ein Kreuz und hängst ihn sechs Stunden in der Sonne auf, dann stößt du ihm einen Speer durch die Seite in die Lunge und steckst ihn für 36 Stunden in ein kaum belüftetes Grab, um zu sehen, was passiert.
Mit freundlichen Grüßen
Charles

Auch wenn die Ohnmachtstheorie einmal populär war, wurde sie in der neueren Zeit als unglaubwürdig eingestuft. Denn erstens verstößt sie gegen das Gewicht der historischen Beweise (darunter etwa unser Wissen darüber, mit welcher Gründlichkeit die römischen Soldaten sicherstellten, dass ihre gekreuzigten Verbrecher wirklich tot waren. Andernfalls wären sie vielleicht selbst bald tot gewesen). Und zweitens widerspricht sie modernen medizinischen Erkenntnissen. Unter anderem deutet der Ausfluss von Blut und Wasser aus der Seite darauf hin, dass der Speer sowohl das Herz als auch die Lunge von Jesus durchbohrt hat. Das Wasser weist auf eine Ansammlung von Herzbeutel- und Rippenfellflüssigkeit in den Membranen um Herz und Lunge hin, was wiederum ein Symptom für starken Blutverlust und Durst ist.

Wenn die Jüngerinnen und Jünger weder getäuscht noch betrogen wurden, dann wurden sie vielleicht Opfer einer Illusion. Einige haben versucht, diese These zu verteidigen. Die führende alternative Theorie ist, dass die Jünger die Auferstehung halluzinierten.

Natürlich könnte eine Halluzinationstheorie erklären, wie es möglich ist, dass bestimmte Menschen glauben, sie hätten jemanden gesehen, der von den Toten auferstanden ist. Das Problem bei dieser Theorie ist, dass sie zwar Erscheinungen bei Einzelpersonen erklären könnte, nicht aber, dass der auferstandene Jesus auch Gruppen erschien. Denn das Wahrnehmen von Halluzinationen ist kein Gruppenphänomen – vor allem nicht von Halluzinationen, die vierzig Tage lang bleiben, die über fünfhundert Menschen sehen, die mit Gruppen von Menschen sprechen und essen und deren Worte und Handlungen anschließend von verschiedenen Menschen auf genau dieselbe Weise erinnert werden.

Das Fehlen einer plausiblen naturalistischen Erklärung für die anerkannten geschichtlichen Fakten in Bezug auf die Auferstehung hat zu der wichtigen Schlussfolgerung beigetragen, die Richard Swinburne, Professor in Oxford, in seinem Buch *The Resurrection of God Incarnate* (Die Auferstehung des menschgewordenen Gottes) präsentiert. Unter Anwendung der Wahrscheinlichkeitsanalyse nach dem Bayes-Theorem argumentiert Swinburne, dass es zu 97 Prozent wahrscheinlich ist, dass Jesus Christus wirklich von den Toten auferstanden ist. Natürlich kann man immer irgendwo ein Buch finden, das eine beliebige Behauptung unterstützt, aber hier handelt es sich um ein Buch, das von der *Oxford University Press* veröffentlicht und auf höchster akademischer Ebene begutachtet worden ist. Swinburne selbst sagt, dass wir nicht zu viel auf die genaue Zahl geben sollten, die er als Prozentsatz angibt. Wie bei jeder Schlussfolgerung in der Wahrscheinlichkeitstheorie basiert seine Berechnung an verschiedenen Stellen auf fundierten Schätzungen, die in die Gleichung einflossen. Die Betonung liegt jedoch auf dem Wort »fundiert«.

Die Tatsache, dass Swinburne seine Schlussfolgerung auf akademischen Konferenzen auf der ganzen Welt verteidigen kann, zeigt, dass es eine Vielzahl von Gründen und historischen Beweisen für die Auferstehung von Jesus Christus gibt, die nicht einfach ignoriert werden können. Doch genau das tun viele Kommentatoren, die den Glauben an eine historische Auferstehung abtun. Der bekannte britische Theologe N. T. Wright stellt fest:

> Ich habe alle alternativen Erklärungen, antike und moderne, für den Aufstieg der frühen Kirche untersucht und muss sagen, dass die bei Weitem beste historische Erklärung die ist, dass Jesus von Nazareth ... tatsächlich von den Toten auferstanden ist.

Selbst Géza Vermès machte das Zugeständnis, dass in zweitausend Jahren historischer Forschung keine naturalistische Erklärung angeboten wurde, die die anerkannten Fakten der Geschichte zufriedenstellend erklären könnte, nämlich die nachdrücklichen Behauptungen der Jünger, den auferstandenen Jesus erlebt zu haben, die vollständige Veränderung ihres Lebens sowie ihrer Weltanschauung und das schnelle Wachstum der frühen Kirche. Deshalb scheint sich die Herangehensweise derjenigen, die die Auferstehung leugnen, in den letzten Jahrzehnten gewandelt zu haben, von dem Versuch, die Auferstehung durch historische Forschung zu falsifizieren, hin zu der Behauptung, dass die Frage nach der Historizität der Auferstehung »wahrscheinlich unbeantwortbar« ist.

In der Geschichte wie vor Gericht verlangen Beweise jedoch nach einer Beurteilung. Wenn man ohne dogmatische Vorannahmen über Wunder an das Beweismaterial herangeht, ist die Erklärung, die am besten zu diesen bemerkenswerten und anerkannten Fakten der Geschichte passt: Jesus Christus ist wirklich und wahrhaftig von den Toten auferstanden. Es ist nicht nur die *beste* Erklärung, in dem Sinn, dass sie am besten zu den Fakten passt, es ist auch die *einzige* Erklärung, die zu den Fakten passt.

Es ist also kein Wunder, dass es eine große Anzahl von veröffentlichten Zeugnissen von ehemals skeptischen Anwälten, Philosophen, Naturwissenschaftlern, Ermittlern und Journalisten gibt, die alle von der Echtheit der Auferstehung überzeugt wurden, als sie sich mit dem Christentum beschäftigten, um es zu widerlegen: Menschen wie Simon Greenleaf, C. S. Lewis, Frank Morison, John Warwick Montgomery, Alister McGrath, Lee Strobel und J. Warner Wallace. Ihre Arbeiten unterstreichen, dass ein Großteil der Skepsis gegenüber den Behauptungen des Christentums über die Geschichte nicht darauf zurückzuführen ist, dass die Beweise geprüft und für unzureichend befunden wurden, sondern darauf, dass das Beweismaterial oft genug überhaupt nicht untersucht worden ist.

Die Bedeutung der Auferstehung

Die Bedeutung der Auferstehung von Jesus Christus als historische Tatsache kann gar nicht hoch genug eingeschätzt werden. Denn normalerweise wird uns gesagt: Wenn wir sterben, dann war's das. Aus das Spiel. Unser Leben hört einfach auf zu sein und damit alles, was wir sind, unsere Gedanken, Gefühle und Erinnerungen. Asche zu Asche. Staub zu Staub. Der zeitgenössische französische Philosoph Luc Ferry sagt:

Im Gegensatz zu den Tieren ist der Mensch das einzige Geschöpf, das weiß, dass es sterben wird, und die, die er liebt, ebenfalls. Daher kann er nicht verhindern, dass er über diesen Zustand nachdenkt, der beunruhigend und absurd, ja fast unvorstellbar ist.

Kein Wunder, dass der bekannte britische Künstler Damien Hirst fragt:

> Warum fühle ich mich so wichtig, obwohl ich es nicht bin? Nichts ist wichtig und alles ist wichtig. Ich weiß nicht, warum ich hier bin, aber ich bin froh, dass ich hier bin. Ich wäre lieber hier, als dass ich nicht hier wäre. Ich werde sterben und ich möchte für immer leben. Ich kann dieser Tatsache nicht entkommen und ich kann diesen Wunsch nicht loslassen.

Für uns alle ist der Tod unvermeidlich. Er schwebt wie ein Gespenst über unserem Leben und droht der Gegenwart jeden die Endlichkeit unseres Lebens übersteigenden Sinn zu rauben. Er erfüllt uns desto mehr mit Angst, je näher wir ihm kommen. Die Auferstehung von Jesus Christus – wenn sie wahr ist – bewirkt, dass der Tod nicht das letzte Wort über unser Leben haben muss. Jesus hat nicht nur all unsere moralische Gebrochenheit, unsere Schuld und unsere Schande auf seine Schultern genommen, als er am Kreuz hing, und diese Dinge mit ins Grab genommen, sondern auch den Tod besiegt – nicht nur metaphorisch, sondern tatsächlich. Das bedeutet, dass alle, die ihr Vertrauen in Jesus setzen, den Tod nicht mehr fürchten müssen.

Das Wunderbare an alldem liegt für mich nicht nur in der Schönheit der Geschichte von einem Gott, der sein Leben für das unsere gibt und schließlich über unseren größten Feind – den

Tod – triumphiert. Es liegt auch darin, dass es keinen Grund gibt, diese Geschichte in das Reich der Mythen, Märchen oder Wunschvorstellungen zu verbannen. Denn wie wir gesehen haben, ist es eine Geschichte, die auf Realität beruht, eine Geschichte, die im historischen Leben, im Tod und in der Auferstehung von Jesus Christus begründet ist. Und sie ist für jeden zugänglich, der bereit ist, sich auf der Suche nach der Wahrheit mit dem Beweismaterial auseinanderzusetzen.

Was könnte besser sein als eine gute Geschichte, die dazu auch noch wahr ist?

FAZIT

Eine Welt ohne Seele

Es macht mir wirklich Freude, von den verschiedenen Wegen zu hören, wie Menschen zum Glauben finden. Jede einzelne Geschichte ist einzigartig.

Kürzlich habe ich ein faszinierendes Interview mit dem Kolumnisten der *New York Times* David Brooks über seinen Weg gelesen. Brooks erinnert sich: »Ich bin in einer mehr oder weniger säkularen Welt aufgewachsen und hatte deren Kategorien übernommen.« Als er aber älter wurde, mehr vom Leben erfuhr und den vielen Menschen, die er kennenlernen und über die er schreiben durfte, mehr Aufmerksamkeit schenkte, kam er ins Nachdenken:

[E]s leuchtete mir nicht ein, dass sie nur Säcke mit genetischem Material sein sollten. Sinn ergab für mich dagegen, dass sie eine *Seele* hatten, dass es einen Teil von ihnen gab, der keine materielle Dimension, keine Größe oder Form hatte, ihnen aber unendliche Würde verlieh, jedem Einzelnen von ihnen.

Brooks erklärt, dass ihm diese Erkenntnis half, »den einen oder anderen Blick auf eine andere Ebene des Lebens« zu erhaschen, und mit der Zeit veränderte sich seine Perspektive.

Ich wurde von einem eindeutig Nichtgläubigen zu jemandem, der glaubte, dass der Glaube gut für andere ist, aber dass er sich nicht wirklich auf mich auswirkte, und gelangte dann zu einem wachsenden Bewusstsein, das sich mehr wie das Erkennen von etwas anfühlte, das ich latent in mir trug, nämlich Glauben.

Wenn er auf sein jüngeres Ich zurückblickt, kommt er daher zu dem Schluss: »Meine mentalen Kategorien waren der Realität, wie ich sie erlebte, nicht angemessen.« Anders ausgedrückt haben seine säkularen oder atheistischen Annahmen in der realen Welt der Menschen und Beziehungen nicht funktioniert. Sie waren nicht in der Lage, die Komplexität und Tiefe des menschlichen Lebens oder die Strukturen und Farbschattierungen der Welt, die er erlebte, so zu erklären, wie es, wie er schließlich entdeckte, das Christentum tat.

Der christliche Glaube gibt den Dingen einen Sinn, die für die menschliche Seele wirklich wichtig sind: Sinn und Zweck, Wert und Tugend, Wahrheit und Liebe, aber auch Hoffnung im Leid. Das fällt einer atheistischen Position schwer. Denn ihre wichtigste Erklärungsmethode ist der Reduktionismus, manchmal auch *Nothing-buttery* genannt. Warum? Weil er die Dinge, die für unsere menschlichen Erfahrungen entscheidend sind – wie Sinn und Moral oder Freundschaft und Liebe –, auf »nichts als« (»nothing but«) Physik und Chemie reduziert, auf »nichts als« Genetik und DNA oder auf »nichts als« das Gehirn und seine Neuronen.

Das Christentum ergibt auch angesichts der Funktionsweise der Physik, der Chemie, der DNA und des menschlichen Gehirns im menschlichen Leben Sinn. Im Gegensatz zum Reduktionismus des Atheismus geht es aber davon aus, dass menschliches Leben mehr ist als diese Dinge. So wie Kunst mehr ist als Farbkleckse auf einer Leinwand und Musik mehr als eine Kombination von Tönen. Das Christentum besagt, dass ein menschliches Leben mehr ist als die Summe seiner physischen Teile.

Die Neuen Atheisten mögen weiterhin über die Vorstellung des Übernatürlichen lachen. Ihre Welt ist, wie Daniel Dennett mit abfälligem Seitenblick auf die theistische Weltsicht feststellt, eine Welt ohne »Spuk«. Doch so ist sie auch eine Welt ohne Seele.

Wie erklärt der Atheismus unseren angeborenen religiösen Drang als Menschen, unseren Hunger nach dem Heiligen, dem Spirituellen? Untersuchungen des *Centre of Anthropology and Mind* der Universität in Oxford haben gezeigt, dass das menschliche Denken untrennbar mit religiösen Konzepten wie der Existenz Gottes, übernatürlichen Akteuren und der Möglichkeit eines Lebens nach dem Tod verbunden ist. Einem Artikel in der Zeitschrift *New Scientist* zufolge deuten viele Studien von Kognitionswissenschaftlern darauf hin, dass Atheismus als Glaube aufgrund der Weise, wie menschliches Denken angelegt ist, eigentlich psychologisch unmöglich ist. Nach den Erkenntnissen der Kognitionswissenschaft können Atheisten also nicht wirklich glauben, was sie behaupten zu glauben. Ironischerweise ist der Autor dieses Artikels, Dr. Graham Lawton, selbst bekennender Atheist.

Einige atheistische Denker haben versucht, die spirituellen Sehnsüchte und religiösen Impulse der Menschen als biologischen Überlebensmechanismus zu erklären, als »nichts als« einen Impuls, der von unseren Genen ausgelöst wird. Denn unsere Gene erkennen, dass ein solcher Impuls in gewissem Maße unsere Überlebenschancen als Spezies erhöht.

Diese Erklärung wirft jedoch eine Reihe von problematischen Fragen auf. Wie ist es möglich, dass unsere Gene, die ein Teil von uns sind, so viel schlauer sind als unser gesamtes Selbst, dass sie in der Lage sind, uns zu täuschen, damit wir glauben, was sie uns glauben machen wollen, nur um selbst zu überleben? Sind nur Atheisten in der Lage, über ihre Gene hinauszuwachsen und zu erkennen, wann ihre Gene versuchen, sie auszutricksen? Und wenn ja, wie haben Atheisten dieses Kunststück geschafft, während religiöse Menschen dazu nicht in der Lage waren? Und wie können Atheisten sicher sein, dass ihre vernunftbasierten Schlussfolgerungen wahr sind, wenn alle unsere Gedanken letztlich von unseren Genen gesteuert werden, deren Hauptmotiv nicht die Wahrheit, sondern der evolutionäre Erfolg ist?

Im Gegensatz zur *Nothing-buttery*-Haltung des atheistischen Reduktionismus argumentiert C. S. Lewis: »Wenn ich in mir ein Verlangen finde, das keine Erfahrung in dieser Welt befriedigen kann, ist die wahrscheinlichste Erklärung die, dass ich für eine andere Welt geschaffen wurde.«

Die christliche Erklärung der Realität macht die Tiefe und Komplexität der menschlichen Erfahrung verständlich. Neue atheistische Autoren wie Daniel Dennett oder Richard Dawkins tun den Glauben an Gott in ihren Büchern dagegen im Brustton der Überzeugung als verrückt, verblendet, wahnsinnig, irrational oder überholt ab. Warum? Etwa weil der Atheismus die Menschheit zu den besten Ideen ihrer Geschichte angeregt hat? Nein. Oder weil diese Autoren der Welt begründet und auf Beweise gestützt dargelegt haben, inwiefern der Atheismus, anders als alle anderen Glaubenssysteme, die fundamentalen Lebensfragen am besten beantworten kann? Nein. Oder weil sie endlich bewiesen haben, dass die Realität keine spirituelle Dimension hat? Nein.

Laut dem Philosophen James K. A. Smith liegt die eigentliche Anziehungskraft der Neuen Atheisten im Versprechen von »Status« und »Ansehen« und nicht in der Aussicht auf eine »angemessene Erklärung«. Smith erklärt, dass Menschen der neuen atheistischen Position weniger deshalb Glauben schenken, »weil das ›System‹ intellektuell funktioniert, sondern eher, weil es Erleuchtung und Kompetenz verspricht«. Es bietet *Zugehörigkeit,* die Möglichkeit, zum Kreis der Eingeweihten und Aufgeklärten zu gehören.

In ihrem Versuch, zwischen den Aufgeklärten, die ihr Leben auf die Vernunft gründen, und den Verblendeten, die ihr Leben auf den Glauben gründen, zu unterscheiden, verkennen die Neuen Atheisten, dass sowohl die Vernunft als auch der Glaube für ein geistig gesundes Leben unerlässlich sind. Die Frage ist nicht, ob man glauben soll oder nicht. Die Frage ist, woran man glaubt und warum.

In Wirklichkeit ist unsere Vernunft selbst eine Sache des Glaubens. Wie Chesterton erklärt: »Es ist ein Akt des Glaubens, zu behaupten, dass unsere Gedanken einen Bezug zur Realität haben.«

Sinnvoller Glaube

Der christliche Glaube ist nicht vernunftfeindlich und die Vernunft nicht glaubensfeindlich. Tatsächlich gibt uns der christliche Glaube einen Grund, unserem Verstand zu vertrauen, was der Atheismus nicht tut. Denn wenn alles, einschließlich unseres Verstandes, nur das Produkt natürlicher, ungesteuerter, geistloser Prozesse ist – wie der Atheismus behauptet –, auf welcher rationalen Grundlage können wir dann annehmen, dass die Realität verständlich ist, und auf welcher Grundlage können wir annehmen, dass unser Verstand uns ein wahrheitsgetreues Bild dieser Realität vermittelt?

Einstein bemerkte einmal: »Das Unverständlichste am Universum ist im Grunde, dass wir es verstehen können.« Unverständlich ist es nur aus einer atheistischen Perspektive. Aus christlicher Sicht ergibt die Verständlichkeit des Universums unbedingt Sinn, denn es gibt ein vernunftgeleitetes Wesen hinter allem – eine »Ordnung gebende Person« hinter der Ordnung und einen Planer hinter dem Plan. Wenn man die Realität aus christlicher Sicht betrachtet, wird sie einleuchtend. Zur Realität gehören unsere Vernunft, die Naturwissenschaft mit all ihren Entdeckungen, die Existenz von Recht und Unrecht, von Gut und Böse und die Tiefe und Komplexität unserer menschlichen Erfahrungen einschließlich unserer tiefsten Sehnsüchte und Wünsche.

Das Christentum ist ein Glaube, der in der realen Welt funktioniert. Er ergibt in dieser realen Welt einen Sinn. Wer an Jesus Christus glaubt, muss nicht auf seine Vernunft, seinen Verstand oder seine Liebe zur Naturwissenschaft verzichten. Das Christentum ist in dem Sinne ein äußerst vernünftiger Glaube, dass er die Dinge einleuchtend erklärt, nicht nur im Bereich von Verstand und Vernunft, sondern auch im Blick auf andere menschliche Fähigkeiten, wie unsere Emotionen, unsere Intuition und unsere Vorstellungskraft.

Die Neuen Atheisten beschreiben den christlichen Glauben gern als eine Art verblendete Fantasie, die an Wahnsinn grenzt. Demgegenüber meint Chesterton, dass es nicht die Vorstellungskraft ist, die Wahnsinn verursacht, sondern ein Mangel daran. Er schreibt: »Der Wahnsinnige ist nicht der Mensch, der seine Vernunft verloren hat; der Wahnsinnige ist der Mensch, der alles verloren hat außer seiner Vernunft.«

Der Punkt ist, dass Vernunft für die geistige Gesundheit zwar unerlässlich ist, aber nicht ausreichend. Wir brauchen auch Fantasie, denn die Vernunft ist zwar ein wertvolles, aber kein produktives Werkzeug. Sie ist hauptsächlich eine Verteidigungswaffe. Sie prüft Behauptungen, und zwar eine nach der anderen, aber es braucht Vorstellungskraft, um das große Ganze zu sehen, die verschiedenen Stränge zu einem Ganzen zusammenzufügen und die Bedeutung zu erkennen, die unter der Oberfläche der Dinge liegt.

Ich finde es faszinierend, dass viele der größten Fortschritte in der naturwissenschaftlichen Erkenntnis – etwa bei Kopernikus, Newton, Pasteur und Einstein – mit großen Sprüngen der Vorstellungskraft verbunden waren. Dieser Aspekt der Naturwissenschaft wird am besten von Einstein selbst beschrieben, der sagte: »Ich bin Künstler genug, um frei nach meiner Fantasie zu greifen. Fantasie ist wichtiger als Wissen. Wissen ist begrenzt. Fantasie umkreist die Welt.«

Lassen Sie mich Ihnen eine Frage stellen: Übersteigt es Ihre Vorstellungskraft, dass es hinter allem, was Sie mit Ihren Augen sehen können, einen Gott gibt, der Sie erschaffen hat, der Sie liebt und dem es ein Anliegen ist, dass Sie seine Gnade kennenlernen und sein Wirken in Ihrem Leben, Ihren Gedanken, Ihren Gefühlen und Ihrem Herzen erfahren?

Ich weiß nicht, ob Sie jemals darüber nachgedacht haben, warum uns die Dinge, über die wir in diesem Buch gesprochen haben – Sinn, Wert, Tugend, Wahrheit, Liebe, Leid und Hoffnung –, überhaupt wichtig sind, oder darüber, wie unwahrscheinlich oder unnatürlich es wäre, dass uns die Frage nach Gott oder dem Leben nach dem Tod interessiert, wenn es wirklich keinen Gott und kein Leben nach dem Tod gäbe.

Der Bibel zufolge hat Gott »die Ewigkeit in die Herzen der Menschen gelegt« (Prediger 3,11). Wie König Salomo feststellt, ist dies eine tiefe Sehnsucht unserer Seele, die zwar unterdrückt oder abgelenkt werden kann – etwa durch Romantik, Reichtum, Ruhm, Vergnügen oder Erfolg –, die aber niemals ganz verschwinden wird. Sie ist wie ein innerer Peilsender, schwach, aber hartnäckig, der leicht von konkurrierenden Geräuschen übertönt wird, aber im Hintergrund immer da ist und darauf wartet, dass wir auf ihn hören, um uns nach Hause rufen zu lassen.

Diese Dimension des menschlichen Daseins wird in einem der großen Werke der Literatur, den *Bekenntnissen* des Augustinus, der ersten Autobiografie der Geschichte, auf brillante Weise beleuchtet. Sie schildern den Weg des frühreifen jungen Augustinus vom Glauben an den Gott der Bibel zur Ablehnung seines Kinderglaubens und zur Suche nach Befriedigung in Vergnügen und Erfolg, von Erfolg und Erfüllung als Erwachsener zu einer philosophischen Suche nach Antworten auf die tiefsten Fragen des Lebens und schließlich von tiefer philosophischer Infragestellung zurück zum christlichen Glauben, der nun aber ein im Schmelztiegel von Vernunft und Erfahrung geprüfter Glaube war.

In der berühmtesten Zeile aus diesem Buch formuliert Augustinus einprägsam das menschliche Dilemma: »Du hast uns zu dir hin geschaffen, o Herr, und unser Herz ist unruhig, bis es ruht in dir.«

Heimatlosigkeit und Heimat

Unruhe, das Gefühl, nie ganz in der Welt zu Hause zu sein, ist ein Thema, das fast jeder Mensch auf diesem Planeten nachempfinden kann, vor allem im Westen, wo unser Leben oft von Hektik, Instabilität und Veränderung geprägt ist.

Der Journalist Malcolm Muggeridge, der erst spät im Leben zum christlichen Glauben kam, sagt:

> Das Erste, das ich von dieser Welt erinnere, ist – und ich bete, dass es auch das Letzte sein möge –, dass ich darin ein Fremder war. Dieses Gefühl, das jeder in gewissem Maße hat und das zugleich die Herrlichkeit und das Elend des Homo sapiens ist, ist der einzige rote Faden, den ich in meinem Leben erkennen kann.

Chesterton drückt dasselbe Gefühl in seinem Gedicht *The House of Christmas* (Das Haus der Weihnacht)[4] so aus: »Die Menschen haben Heimweh in den eigenen Häusern / und sie sind Fremde

---

[4]   Das Gedicht wurde frei übersetzt und ist im Original hier nachzulesen: http://www.gkc.org.uk/gkc/books/house.html (aufgerufen am 30.4.2024).

unter der Sonne.« Ebenso wie Augustinus und Muggeridge bringt dieses Gefühl Chesterton jedoch nicht zur Verzweiflung, denn er erkennt, dass es eine Heimat für die menschliche Seele gibt, auch wenn sie nicht an einem bestimmten Ort zu finden ist. Der Rest seines Gedichts lautet:

Die Menschen haben Heimweh in den eigenen Häusern
Und sie sind Fremde unter der Sonne...
Doch unser Heim ist unter wundersamen Himmeln,
Wo die Weihnachtserzählung begann.

Ein Kind in schmutzigem Stall,
Wo Tiere schäumend kauen;
Nur wo er heimatlos war,
Sind du und ich daheim;
Wir haben gestaltende Hände und Köpfe, die verstehen,
Aber unsere Herzen haben wir verloren – wie lange ist das her!
An einem Ort, den weder Karte noch Schiff zeigen können
Unter der Kuppel des Himmels...

Am Abend sollen die Menschen
Heimkommen in ein offenes Haus,
An einen Ort, älter als Eden,
In eine Stadt, größer als Rom.
Ans Ende des Weges des wandernden Sterns,
Zu den Dingen, die nicht sein können und die sind,
Zu dem Ort, an dem Gott heimatlos war
Und alle Menschen zu Hause sind.

Jesus Christus, der Sohn Gottes, verließ seine Heimat im Himmel, um uns zu sich nach Hause zu holen. Augustinus fragt: »Hätte

Gott etwas Gütigeres oder Großzügigeres tun können, als dass die wahre, ewige, unveränderliche Weisheit Gottes selbst sich herabließ, menschliche Gestalt anzunehmen?«

Er wurde in einem schmutzigen Stall als Sohn eines jüdischen Bauernmädchens geboren. Er wuchs in einem unbedeutenden Dorf am östlichen Rand des Römischen Reiches auf. Er schuftete an der Werkbank eines Zimmermanns, um seine Mutter und seine jüngeren Geschwister zu unterstützen. Schließlich begann er sein öffentliches Wirken. Er predigte, heilte und verkündete die Botschaft, dass das Leben im Reich Gottes für alle verfügbar war. Er hatte nur wenige Besitztümer und kein Zuhause, »keinen Ort, an dem er sich ausruhen« (Lukas 9,58) konnte. Er reiste zu Fuß und zog von Dorf zu Dorf. Die Menschen, die ihm folgten, waren einfache und ärmliche Leute, vor allem Fischer und dergleichen. Er freundete sich mit Prostituierten und Zöllnern an und legte Aussätzigen und Ausgestoßenen die Hände auf.

Er empörte die Religionsvertreter seiner Zeit, weil er mit Sündern aß und Vergebung der Sünden verkündete. Also stellten sie ihn auf die Probe, verleumdeten ihn und versuchten ernsthaft, ihn zu diskreditieren. Fast alle Mächtigen sahen in ihm ein Ärgernis und eine Bedrohung. Doch einige riskierten ihren Ruf und setzten ihre Hoffnung und ihr Vertrauen in ihn.

Doch schließlich wurde er verhaftet und alle seine Anhänger flohen. Er wurde als Verbrecher vor Gericht gestellt, und obwohl der römische Statthalter Pontius Pilatus erkannte, dass er unschuldig war, wurde er dazu verurteilt, ausgepeitscht und zum Sterben an ein Kreuz genagelt zu werden.

Er protestierte nicht und fluchte auch nicht, als sie ihm ins Gesicht spuckten, ihm den Bart ausrissen, ihm den Rücken zerschlugen und sein Haupt mit Dornen krönten. Als die grausamen Nägel in seine Hände und Füße getrieben wurden und sie das Kreuz in den Himmel hoben, rief er: »Vater, vergib diesen Menschen, denn sie wissen nicht, was sie tun« (Lukas 23,34).

Und doch war sein Tod keine Tragödie, sondern ein Sieg. Er war nicht das Scheitern seiner Mission, sondern ihre Vollendung. Denn nachdem er unsere menschliche Gestalt angenommen hatte, nahm er am Kreuz auch all unsere Schuld und Schande auf sich und trug die Strafe für all unsere Sünden.

Und als alles vollendet und bezahlt war, rief Jesus aus: »Es ist vollbracht«, und starb – an unserer Stelle.

Das Herzstück des christlichen Glaubens ist nicht ein Bündel an Glaubenssätzen, sondern ein Ereignis: die Kreuzigung von Jesus Christus, dem Sohn Gottes. Es ist ein historisches Ereignis, das kosmische Auswirkungen hat, ein Ereignis, das angesichts unserer angemaßten Selbstgenügsamkeit unvorstellbar ist, das aber zu unserem tiefsten Verlangen und unseren tiefsten Ängsten spricht. Es ist ein Ereignis, das uns zur Demut und damit zur Hoffnung zurückruft.

Die Bibel sagt: »Denn Gott hat die Welt so sehr geliebt, dass er seinen einzigen Sohn hingab, damit jeder, der an ihn glaubt, nicht verloren geht, sondern das ewige Leben hat« (Johannes 3,16).

Ist es nicht wunderbar zu denken, dass Gott die Welt so sehr liebt, dass er *Sie* so sehr liebt?

Gott liebt Sie. Die Bibel ist absolut eindeutig darin, dass Gott seinen Sohn in die Welt gesandt hat, um kaputte Menschen zu retten – Sie und mich eingeschlossen –, und dass er uns einlädt, uns mit ihm zu versöhnen, in unserem tiefsten Inneren. Wir dürfen zu ihm zurückkehren. Wir dürfen nach Hause kommen.

Er wird uns jedoch nie dazu zwingen. Warum nicht? Weil er uns dadurch das Gute nehmen würde, das er für uns vorgesehen hat, nämlich unsere geistlich toten Herzen wieder zum *Leben* zu erwecken. »Ich bin gekommen«, sagt Jesus, »damit sie das Leben in

Fülle haben« (Johannes 10,10). Man kann ein geistlich totes Herz nicht mit Gewalt zum Leben erwecken.

Wie sagte Augustinus? »Du hast uns zu dir hin geschaffen, o Herr, und unser Herz ist unruhig, bis es Ruhe findet in dir.« Wenn Christus versuchen würde, uns mit Gewalt dazu zu bringen, zu ihm zu kommen, wäre unser Herz immer noch unruhig, denn wir würden keine Ruhe finden, sondern Widerstand leisten.

Königreiche im Konflikt

Das Leben, zu dem Christus uns ruft, findet sich in einer frei gegebenen und frei empfangenen, interaktiven, lebendigen Beziehung zu Gott und in seinem Reich. Die Bibel sagt: »Das ist der Weg zum ewigen Leben: dich zu erkennen, den einzig wahren Gott, und Jesus Christus, den du in die Welt gesandt hast« (Johannes 17,3). Wir können dieses Leben jedoch nicht erfahren, wenn wir nicht bereit sind, Christus aufzunehmen und in Gottes Reich einzutreten. Und wir können nicht in Gottes Reich eintreten, wenn wir nicht bereit sind, unser eigenes Reich aufzugeben. Wie wir gesehen haben, ist das sowohl das Einfachste als auch das Schwierigste, was wir überhaupt tun können.

Denn Gottes Reich ist, wie Dallas Willard es ausdrückt, der Bereich, in dem sein Wille wirksam ist, in dem getan wird, was er will; unser Reich dagegen ist der Bereich, in dem unser Wille wirksam ist, in dem getan wird, was wir wollen.

Dass wir unser eigenes Reich bauen, beginnt im Kleinen. Bei unserem ersten Kind, Grace, fing alles damit an, dass sie ihren rechten Zeigefinger entdeckte. Sie war etwa fünf oder sechs Monate alt. Diese unglaubliche Entdeckung faszinierte sie tagelang. Das Ding konnte sie vor ihr Gesicht halten und krümmen, wenn sie wollte, oder strecken, wenn sie wollte. Das Berauschende für sie war, dass es etwas war, das *sie* kontrollieren, steuern und bestimmen konnte. Denn es war *ihr* Finger.

Schließlich entdeckte sie auch ihre anderen Finger, es folgten ihre Beine und ihre Stimme, und jedes Mal, wenn sie die ersten kleinen Entscheidungen darüber traf, was sie mit ihren Händen, Füßen und ihrer Stimme tun würde, sagten meine Frau und ich zueinander: »Hast du gesehen, was sie gemacht hat?« Oder: »Hast du gehört, was sie gerade gesagt hat?«

Wir schätzten und liebten ihre Kreativität und Individualität sehr. Warum? Weil es das ist, was sie zu mehr macht als nur einer Sache. Unsere Einzigartigkeit als Menschen macht unter anderem aus, dass wir die Fähigkeit haben, echte Entscheidungen zu treffen. Das ist ein Teil dessen, was es bedeutet, nach Gottes Ebenbild geschaffen zu sein. Wir handeln nicht aus reinem tierischem Instinkt oder biologischem Trieb oder aufgrund irgendeines Schicksals. Als Menschen haben wir die Fähigkeit, jedes Mal, wenn wir eine Wahl treffen, etwas Neues zu schaffen oder in dieses Universum zu bringen. Jedes Mal, wenn wir eine Entscheidung treffen! Denn wir treffen unsere Entscheidungen aus unserem Willen beziehungsweise aus dem Herzen heraus. Und aus unserem Herzen heraus entscheiden wir das Wichtigste überhaupt, nämlich was wir lieben wollen.

Aus der Sicht der Bibel ist die Entscheidung, die unser Schicksal am meisten bestimmt, die Entscheidung darüber, was wir über alles lieben. Denn das ist es, worauf wir unser eigenes Reich aufbauen.

Als kleine Kinder brauchen wir nicht sehr lange, um zu entdecken, dass wir ein Reich haben. Es beginnt vielleicht mit einer Handvoll. Doch im Laufe der Jahre wächst dieses Reich. Was sind zum Beispiel die Lieblingswörter eines Zweijährigen? »Nein« und »mein«. Das sind wichtige Wörter, Königreichswörter, Wörter, die den Bereich definieren, in dem das, was wir sagen, gilt und wo wir unseren Willen durchsetzen.

Unsere Fähigkeit zu wählen ist kostbar, aber sie ist auch ein Problem, denn unser Wille ist nicht die einzige Realität im Universum. Was passiert also, wenn unser Wille auf etwas anderes trifft, das nicht kooperieren will, wie ein Spielzeug, dem die Batterien ausgehen? Oder auf *jemand* anderes, der nicht kooperieren will, wie einen Bruder oder eine Schwester?

Sind Sie mit Geschwistern aufgewachsen? Wenn ja, können Sie sich erinnern, was Kinder oft als Erstes tun, wenn sie sich im Auto der Eltern auf den Rücksitz setzen? Sie ziehen eine Linie in der Mitte und sagen: »Überschreite diese Linie nicht.« Sie stecken ihr Herrschaftsgebiet ab. Und was passiert dann? Sie fangen an, die Linie zu überschreiten, und dringen in das Reich des anderen ein, also streiten sie und zanken. Und dann regt Papa, wenn er das Auto fährt, sich auf, weil er natürlich findet, dass das Auto *sein* Herrschaftsgebiet ist.

Und dort, im Mikrokosmos des Autos, haben wir ein Bild von unserem Problem. Unsere kleinen Reiche stoßen bei dem Versuch, sie auszudehnen, auf Hindernisse, die sich ihnen in den Weg stellen, darunter auch andere kleine Reiche. Und was haben wir dann? Reiche im Konflikt.

Großbritannien war früher ein Land, in dem sich die Königreiche bekriegten. Die vielen Burgen und Festungen im ganzen Land zeugen bis heute davon. Zum Glück gehört das der Vergangenheit an. Inzwischen geht es relativ geordnet und zivilisiert zu. Wenn man aber nur ein bisschen an der Oberfläche kratzt, wird man schnell merken, dass auch unsere zivilisierte Gesellschaft nur eine dünne Schicht ist, die nur mäßig überdeckt, wie heftig hier Wille gegen Wille streitet.

Ist Ihnen schon mal aufgefallen, dass die Zeitungen jeden Tag voll sind von Streit, Gewalt, Klatsch und Kummer? Ohne Ausnahme. Man sollte meinen, dass es vielleicht ein- oder zweimal im Jahr einen Tag gibt, an dem die Zeitungen nichts von diesen Dingen zu berichten haben. Doch bis jetzt ist dieser Tag noch nicht gekommen und aller Wahrscheinlichkeit nach kommt er auch nie.

Wir leben in einer Welt voller Reiche, die miteinander im Konflikt stehen. Das ist der Zustand der Menschheit. Das ist der Grund, warum wir alle schon von anderen Menschen verletzt worden sind, genauso wie wir andere verletzt haben. So verhalten wir uns nun mal.

In gewisser Weise sind wir alle wie Schiffe, die versuchen, auf ein und demselben Ozean ihren Weg durchs Leben zu finden. Wir würden gern segeln, wie, wo, mit wem und wann wir wollen. Wir streben nach dem, wovon wir denken, dass es uns glücklich macht. Sei es nach *Vergnügen* (unsere eigene paradiesische Insel zu finden) oder nach *Ruhm* (überall bekannt zu sein – »Oh, da fährt die *HMS Celebrity!*«) oder nach *Beziehungen* (mit den coolen Schiffen abzuhängen) oder nach *Status* (als großes Schiff bekannt zu werden) oder nach *Macht* (andere Schiffe zu kapern oder zu dominieren) oder nach *Reichtum* (ein Handelsschiff zu werden oder nach versunkenen Schätzen zu suchen) oder nach *Schönheit* (das Schiff zu haben, das am meisten hermacht – »Wow, seht euch den Schwung dieser Segel an!«). Sie verstehen, was ich meine.

Wie Schiffe setzen wir die Segel mit Kurs auf das, was wir lieben, was wir als höchstes Gut schätzen. Es gibt dabei nur zwei Probleme: Erstens ist der Ozean des Lebens oft unberechenbar. Manchmal haben wir guten Wind in den Segeln, manchmal drohen Wind und Wellen uns zu überwältigen. Zweitens gibt es viele andere Schiffe auf dem Meer und auch sie haben ihre Fernrohre auf die Dinge gerichtet, die sie anstreben. Dann bleibt es nicht aus, dass das, was andere Segler wollen, dem in die Quere kommt, was wir wollen, weil wir beide dasselbe erstreben.

Und wenn das passiert, was machen wir dann? Entweder holen wir die Kanonen raus und greifen das andere Boot an oder wir drehen ab und weichen aus, um einen Zusammenstoß zu vermeiden. Diese beiden Reaktionen – Angriff und Rückzug – sind typisch in menschlichen Beziehungen.

Wir greifen jemanden an, wenn wir absichtlich versuchen, ihn zu verletzen, zu beherrschen, einzuschüchtern oder zu schwächen, entweder körperlich oder verbal; und wir weichen aus oder treten den Rückzug an, indem wir auf Distanz gehen. Wir würdigen den anderen keines Wortes mehr oder brechen den Kontakt sogar ganz ab.

Diese kleinen Kämpfe werden jeden Tag zwischen Menschen ausgefochten, die im selben Unternehmen oder in derselben Wohltätigkeitsorganisation arbeiten, zwischen Spielern im selben Sportteam oder zwischen Menschen, die in einer gemeinsamen Wohnung leben, also zwischen Menschen, die eigentlich Brüder und Schwestern sein sollten, zwischen Ehepartnern, zwischen Eltern und Kindern.

Das ist einer der Gründe, warum unser Leben von Stress und Angst geprägt ist. Wir sind hin- und hergerissen zwischen den widerstreitenden Gefühlen von Angst und Sehnsucht. Wir sehnen uns nach den Dingen da draußen auf dem Ozean, die wir wollen und von denen wir glauben, dass sie uns glücklich machen werden, aber wir fürchten uns vor allem, was unser Schiff zum Sinken bringen könnte, wenn wir uns auf den Ozean hinauswagen, um diese Dinge zu bekommen. Wir fürchten uns vor den anderen Schiffen auf dem Meer und davor, was sie uns antun könnten, und wir fürchten uns vor den ungewissen Umständen des Lebens auf hoher See – vor Stürmen, Strömungen, Eisbergen –, den unvorhersehbaren Gefahren des echten Lebens.

Das war aber nicht der ursprüngliche Plan.

Das Abenteuer des Glaubens

Leo Tolstoi, der vielleicht größte Romancier der Welt, diagnostiziert das Problem folgendermaßen: Er stellt fest, dass jeder Mensch ein natürlicher Egoist ist, der die Welt sieht, als wäre sie ein Roman, in dem er oder sie der Held oder die Heldin ist. Tolstoi meint jedoch, das »wirklich gute Leben« beginne, wenn jemand die Welt so sehen könne, als wäre er oder sie eine Nebenfigur im Roman eines anderen.

Die Bibel bestätigt diesen Gedanken. Sie sagt, dass wir nicht dazu bestimmt sind, ein Leben voller Angst in unserem eigenen kleinen Reich, in unserem eigenen kleinen Boot, in unserer eigenen kleinen Geschichte zu führen. Vielmehr sind wir dazu bestimmt, in einer viel größeren Geschichte zu leben, in einem viel größeren Reich – in Gottes Reich, in Gottes Geschichte.

Das heißt, Sie müssen begreifen, dass es im Leben nicht um Sie geht.

Es geht um mich! Nein, ich mache Spaß. Die Bibel sagt, dass es weder um Sie noch um mich geht; es geht um Gott. Diese Welt ist seine Welt. Er hat sie erschaffen. Er liebt sie. Ihm gehört sie. Und wir haben sie verdorben, haben sie stark verwüstet. Wir sind Rebellen, die ihre kleinen Schlösser in fremden Reichen errichten. Die Schlösser, von denen wir glauben, dass sie uns die Freiheit bringen, werden in Wirklichkeit zu kleinen, einsamen Gefängnissen für uns, was übrigens eine sehr gute Beschreibung für die Hölle ist.

Was passiert also, wenn Sie aufhören, als Hauptperson der Geschichte für sich selbst zu leben, und anfangen, für Gott zu leben, als Teil seiner Geschichte, in der er der Held ist? Also, es geschieht etwa Folgendes: Anstatt ein Leben zu führen, in dem Sie andere Boote mit Ihren Kanonen angreifen oder zu einer einsamen Inselbucht segeln in der Hoffnung, dass Sie niemand stört, nicht einmal der Wind oder die Wellen, hören Sie eine Stimme. Es ist die Stimme von Jesus. Er sagt: »Steig aus dem Boot! Steig aus deinem kleinen Boot aus, es treibt sowieso auf meinem Meer. Steig aus dem Boot, leg deine Hand in meine und ich werde dir zeigen, wie du auf dem Wasser gehen kannst, wie du ein übernatürliches Leben der Liebe führen kannst, in dem du dich ganz auf mich verlässt, wenn es darum geht, dich über Wasser zu halten. Es ist ein Leben voller Glauben und Freiheit, Risiko und Abenteuer – aber es gibt keinen sichereren Ort auf der Welt.«

Wie ich schon sagte, ist es sowohl das Einfachste als auch das Allerschwierigste, das man überhaupt tun kann. Am schwierigsten ist es, weil Sie alles Jesus überlassen und ihm vertrauen müssen, dass er weiß, was am besten ist, aber es ist auch das Einfachste. Denn alles, was Sie tun müssen, ist loslassen, die Dinge aus der Hand geben. Sie müssen Christus erlauben, derjenige zu sein, der Ihr Leben leitet und gestaltet. C. S. Lewis schreibt:

Das Schreckliche, das fast Unmögliche ist, dein ganzes Selbst – all deine Wünsche und Vorsichtsmaßnahmen – Christus zu übergeben, aber das ist viel einfacher als das, was wir stattdessen zu tun versuchen. Denn wir versuchen, das zu bleiben, was wir »wir selbst« nennen, unser persönliches Glück als großes Ziel im Leben beizubehalten und gleichzeitig »gut« zu sein. Wir alle versuchen, unseren Verstand und unser Herz ihren eigenen Weg gehen zu lassen – ausgerichtet auf Geld oder Vergnügen oder Ehrgeiz –, und hoffen, uns trotzdem ehrlich, keusch und demütig zu verhalten.

Und das ist genau das, wovor Christus uns gewarnt hat, dass wir das nicht tun können. Wie er sagte: Eine Distel kann keine Feigen hervorbringen. Wenn ich ein Feld bin, auf dem nichts als Gras wächst, kann ich keinen Weizen produzieren. Wenn ich das Gras schneide, kann ich es vielleicht kurz halten, aber ich werde trotzdem Gras und keinen Weizen hervorbringen. Wenn ich Weizen hervorbringen will, muss die Veränderung tiefer gehen als bis zur Oberfläche. Ich muss umgepflügt und neu eingesät werden.

Es klingt beängstigend, Ihr eigenes kleines Reich loszulassen, in dem Sie das Sagen haben, und in Gottes Reich einzutreten, in dem er das Sagen hat, aber es lohnt sich. Denn Jesus zu kennen ist das Beste auf der Welt, einfach weil er selbst das Beste auf der Welt ist, die Quelle und das Zentrum von allem, was gut, schön und wahr ist. Er will unseren Herzen wahre Heimat geben.

Da wir uns dem Ende dieses Buches nähern, kann ich nicht anders, als mit einer persönlichen Botschaft an Sie, meine Leser, zu schließen. Ich glaube nicht, dass es ein Zufall ist, dass dieses Buch in Ihre Hände gelangt ist. Und ich hoffe, dass es Ihnen geholfen hat zu erkennen, dass der christliche Glaube sinnvoll ist – sowohl für den Kopf als auch für das Herz – und dass es das Vernünftigste, Rationalste und Wunderbarste ist, was man überhaupt tun kann, sein Vertrauen auf Christus zu setzen. Ich wäre jedoch noch nicht ganz zufrieden, wenn es bei Ihnen nicht weiterginge als bis zu diesem Punkt, wenn Ihre Reise zum christlichen Glauben nur so weit ginge, dass Sie bestimmte Wahrheiten kognitiv erkennen. Denn Jesus zu folgen ist letztendlich etwas, das man tut. Es ist ein Abenteuer. Sicher ist es beängstigend, aber dennoch absolut vernünftig.

Normalerweise und ganz natürlich beginnt das Abenteuer des Glaubens damit, dass Sie mit Gott sprechen (beten) und ihm sagen, dass Sie ihm folgen wollen, dass es Ihnen leidtut, dass Sie ohne ihn gelebt haben. Sie sagen ihm, dass Sie dankbar sind für alles, was Jesus durch seinen Tod und seine Auferstehung für Sie getan hat, und dass Sie seine Einladung zur Vergebung und zu einem neuen

Leben in einer Beziehung mit ihm annehmen und nicht mehr für Ihr eigenes Reich, sondern für sein Reich leben wollen.

Damit beginnt das Abenteuer. Jeden Tag lernen wir vom Schöpfer des Lebens, wie man lebt. Wir lernen also von dem, der wirklich weiß, wie das Leben sein soll und wie man es gut lebt.

Ich lerne, auf ihn zu schauen, um Sinn und Zweck meines Lebens zu erkennen und zu wissen, dass seine Pläne gut für mich sind. Ich lerne, den eigenen Wert nicht darin zu finden, was ich tue, sondern in dem, wer ich bin. Ich lerne, nicht auf meine eigene Tugendhaftigkeit zu vertrauen, sondern auf seine Güte und auf seine Gnade, die mir hilft, das Leben zu führen, für das ich geschaffen bin. Ich lerne, still zu werden und auf seine Stimme zu hören, auf seine Führung, auf seine Sicht der Wahrheit und worauf es wirklich ankommt. Ich lerne, nicht nur die zu lieben, die liebenswert sind, sondern auch die, die mir nicht liebenswert erscheinen und von denen ich meine, sie verdienten meine Zuwendung nicht, so wie Christus mich geliebt hat. Und ich lerne, ihm auch in Zeiten von Leid und Schmerz zu vertrauen, weil ich weiß, dass er mich versteht und bei mir ist und mich niemals verlassen wird.

Ich hoffe und bete, dass auch Sie dieses Leben voller Abenteuer und Liebe durch den Glauben an Jesus Christus kennenlernen. Dass Sie das erleben, falls das bisher noch nicht der Fall ist. Ich wünsche Ihnen, dass Sie in der Tiefe Ihres Herzens erkennen, dass Ihr Leben wichtig ist, dass Sie nicht zufällig, sondern beabsichtigt hier sind, weil Gott wollte, dass Sie hier sind, und dass er das bestmögliche Leben für Sie will – nicht nur in dieser Welt, sondern in Ewigkeit.

BIBLIOGRAFIE

Bücher

Ahbel-Rappe, Sara und Kamtekar, Rachana (Hrsg.), *A Companion to Socrates* (Oxford: Wiley-Blackwell, 2009).

Alexander, Brian und Young, Larry, *The Chemistry Between Us: Love, sex and the science of attraction* (London: Current, 2012).

Alston, William P., »What Euthyphro should have said«, in: William Lane Craig (Hg.), *Philosophy of Religion: A Reader and Guide* (Edinburgh: Edinburgh University Press, 2002).

Andrews, Edgar, *Who Made God?* (Darlington: EP Books, 2012).

Ariely, D., *The (Honest) Truth about Dishonesty* (New York: HarperCollins, 2012); dt. erschienen unter: *Die halbe Wahrheit ist die beste Lüge* (München: Abod, 2015).

Beauvoir, Simone de, *The Second Sex* (London: Penguin, 1949); dt. erschienen unter: *Das andere Geschlecht* (Berlin: Volk und Welt, 1989).

Ben-Shahar, Tal, *Happier* (New York: McGraw-Hill, 2008); dt. erschienen unter: *Glücklicher* (München: Riemann, 2007).

Botton, Alain de, *Status Anxiety* (London: Penguin, 2005); dt. erschienen unter: *Statusangst* (Frankfurt a. M.: Fischer, 2004).

Brian, D., *Einstein: A Life* (New York: Wiley, 1996); dt. erschienen unter: *Einstein. Sein Leben* (Weinheim: Wiley, 2005).

Calaprice, Alice (Hg.), *Einstein sagt* (München/Zürich: Piper, 1997) [zitiert in der dt. Ausgabe].

Carson, D. A., *The Intolerance of Tolerance* (Grand Rapids: Eerdmans, 2012); dt. erschienen unter: *Die intolerante Toleranz* (Waldems: 3L-Verlag, 2014).

Chesterton, G. K., *The Defendant* (London: R. Brimley Johnson, 1901); dt. erschienen unter verschiedenen Titeln: *Das Gold in der Gosse* (Stuttgart: Klett-Cotta, 1986); *Verteidigung des Nonsens* (Leipzig: Kiepenheuer, 1991); *Verteidigung des Unsinns, der Demut, des Schundromans und anderer missachteter Dinge* (Frankfurt am Main: Fischer, 1986) u. a.

Chesterton, G. K., *The Everlasting Man* (Mineola: Dover, 2007); dt. erschienen unter: *Der unsterbliche Mensch* (Bonn: nova&vetera, 2009).

Chesterton, G. K., *Orthodoxy* (London: Hodder & Stoughton, 1996); dt. erschienen unter: *Orthodoxie* (Frankfurt: Eichborn, 2001).

Chesterton, G. K., *St. Thomas Aquinas* (London: Hodder & Stoughton, 1943); dt. erschienen unter: *Thomas von Aquin* (München: edition credo, 2023 u. weitere).

Darwin, Charles; Barrett, Paul H. und Freeman, R. B., *The Works of Charles Darwin, Vol. 16: The Origin of Species, 1876* (London: Routledge, 1992); dt. erschienen unter: *Über die Entstehung der Arten* (Norderstedt: Hansebooks GmbH, 2016, Nachdruck der Ausgabe von 1876).

Dawkins, Richard, *River Out of Eden* (London: Phoenix, 2001); dt. erschienen unter: *Und es entsprang ein Fluss in Eden* (München: Goldmann, 1998).

Dawkins, Richard, *The God Delusion* (London: Black Swan, 2016); dt. erschienen unter: *Der Gotteswahn* (Berlin: Ullstein, 2008).

Davies, Paul, *The Cosmic Blueprint* (London: Heinemann, 1987); dt. erschienen unter: *Prinzip Chaos* (München: Bertelsmann, 1988).

D'Costa, G., *Resurrection Reconsidered* (Oxford: Oneworld Publications, 1996).

Dickson, John, *A Spectator's Guide to World Religions* (Oxford: Lion Hudson, 2008).

Dickson, John, *Is Jesus History?* (Epsom: Good Book Company, 2019).

Doyle, Arthur C., *The Sign of Four* (New York: Quality Paperback Book Club, 1994); dt. erschienen unter: *Das Zeichen der Vier* (Zürich: Haffmans, 1988).

Dworkin, Ronald, *Justice for Hedgehogs* (Cambridge: Belknap Press of Harvard University Press, 2011); dt. erschienen unter: *Gerechtigkeit für Igel* (Berlin: Suhrkamp, 2014).

Ehrman, Bart, *The New Testament* (Oxford: Oxford University Press, 2012).

Einstein, Albert und Harris, A., *The World as I See It* (London: John Lane, 1935).

Eldredge, J., *Wild at Heart: Discovering the Secret of a Man's soul* (Nashville, TN: Thomas Nelson, 2001); dt. erschienen unter: *Der ungezähmte Mann* (Gießen: Brunnen, 2003).

Exell, J., *The Biblical Illustrator* (London: Fleming H. Revell Company, 1886).

Ferry, Luc, *A Brief History of Thought* (New York: Harper Perennial, 2011).

Finnis, John, *Natural Law and Natural Rights* (Oxford: Oxford University Press, 2011).

Frankl, V., *Man's Search for Meaning* (London: Ebury, 2004).

Gray, John, *Straw Dogs: Thoughts on Humans and Other Animals* (London: Granta, 2002); dt. erschienen unter: *Von Menschen und anderen Tieren* (München: dtv, 2012).

Greenleaf, S., *An examination of the testimony of the four evangelists by the rules of evidence administered in courts of justice: With an account of the trial of Jesus* (London: A. Maxwell, ²1847).

Grimm, Robert (Hg.), *Notable American Philanthropists* (London: Greenwood Press, 2002).

Gumbel, Nicky, *Questions of Life: An opportunity to explore the meaning of life* (Colorado Springs: Cook Communications Ministries, 2003); dt. erschienen unter: *Fragen an das Leben* (Asslar: Gerth Medien, ⁹2007).

Habermas, Gary R. und Licona, Michael R., *The Case for the Resurrection of Jesus* (Grand Rapids: Kregel Publications, 2004).

Haldane J. B. S., »Data needed for a blueprint of the first organism«, in: S. W. Fox (Hg.), *The Origins of Prebiological Systems and Their Molecular Matrices* (New York: Academic Press, 1965).

Hardenberg, F. von, *Hymns and Thoughts on Religion by Novalis*, (Edinburgh: T. & T. Clark, 1888); online abrufbar unter: https://ia600608.us. archive.org/10/items/hymnsthr00nova/hymnsthr00nova.pdf (aufgerufen am 30.4.2024).

Harris, Sam, *The Moral Landscape: How science can determine human values* (London: Bantam, 2010).

Holland, Tom, *Dominion: The making of the Western mind* (London: Abacus, 2020); dt. erschienen unter: *Herrschaft: Die Entstehung des Westens* (Stuttgart: Klett-Cotta, 2023).

Hume, David und Buckle, S., *An Enquiry Concerning Human Understanding und Other Writings* (Cambridge Texts in the History of Philosophy) (Cambridge: Cambridge University Press, 2007).

Huxley, Aldous, *Ends and Means* (London: Harper & Brothers Publishers, 1937); dt. erschienen unter: *Ziele und Wege,* Berlin und Bielefeld: Cornelsen, 1949).

Jami, Criss, *Killosophy* (Scotts Valley: CreateSpace, 2015).

Kreeft, Peter, *Fundamentals of the Faith: Essays in Christian apologetics* (San Francisco: Ignatius Press, 1988).

Lasch, Christopher und Lasch-Quinn, Elizabeth, *Women and the Common Life: Love, marriage, and feminism* (New York: W. W. Norton, 1997).

Lecky, W., *History of European Morals from Augustus to Charlemagne* (London: Watts & Co., 1930).

Lennox, John, *God's Undertaker: Has science buried God?* (Oxford: Lion, 2009); dt. erschienen unter: *Hat die Wissenschaft Gott begraben? Eine kritische Analyse moderner Denkvoraussetzungen* (Holzgerlingen: SCM R.Brockhaus, [16]2020).

Lennox, John, *Gunning for God: Why the New Atheists are missing the target* (Oxford: Lion, 2011); dt. erschienen unter: *Gott im Fadenkreuz: Warum der Neue Atheismus nicht trifft* (Witten: SCM R.Brockhaus, 2013).

Lévi-Strauss, Claude, *Structural Anthropology* (London: Allen Lane, 1968); dt. erschienen unter: *Strukturale Anthropologie* (München: Suhrkamp, 2015).

Lewis, C. S., *God in the Dock* (Grand Rapids: Eerdmans, 1972); dt. erschienen unter: *Gott auf der Anklagebank* (Basel: Brunnen, 1981 u. später).

Lewis, C. S., *The Problem of Pain* (London: Geoffrey Bles, 1940); dt. erschienen unter: *Über den Schmerz* (Gießen: Brunnen, 1982 u. später).

Lewis, C. S., *Surprised by Joy* (London: Geoffrey Bles, 1950); dt. erschienen unter: *Überrascht von Freude* (Gießen: Brunnen, 1992 u. später).

Lewis, C. S., *Mere Christianity* (New York: HarperCollins, 2011); dt. erschienen unter: *Pardon, ich bin Christ* (Basel: Brunnen, [18]2006).

Lewis, C. S. und Hooper, W., *The Weight of Glory and Other Addresses* (New York: Macmillan, 1980); dt. erschienen unter: *Das Gewicht der Herrlichkeit und andere Essays* (Basel: Brunnen, 2005).

Lippmann, W., *Liberty and the News* (Princeton: Princeton University Press, 2008); dt. erschienen unter: *Die Illusion von Wahrheit – oder die Erfindung von Fake News* (Frankfurt a. M.: Edition Buchkomplizen, 2021).

Lloyd-Jones, Sally, *The Jesus Storybook Bible* (Grand Rapids: Zondervan, 2007); dt. erschienen unter: *Die Gott hat dich lieb Bibel* (Asslar: Gerth Medien, 2009).

Mackie, J. L., *The Miracle of Theism* (Oxford: Clarendon Press, 1982); dt. erschienen unter: *Das Wunder des Theismus* (Leipzig: Reclam, 2013).

Martínez, P. und Sims, A., *Mad or God?* (London: IVP, 2018).

McGrath, Alister, *Through a Glass Darkly: Journeys through science, faith and doubt* (London: Hodder & Stoughton, 2020).

Montgomery, J. W., *Fighting the Good Fight* (Orlando: Wipf & Stock, 2016).

Morgan, D., *The SPCK Introduction to Karl Barth* (London: SPCK, 2010).

Morison, F., *Who Moved the Stone?* (Bromley: STL, 1983); dt. erschienen unter: *Wer wälzte den Stein?* (Frankfurt a. M.: Fischer-Bücherei, 1961).

Muggeridge, M. und Hunter, I., *The Very Best of Malcolm Muggeridge* (London: Hodder & Stoughton, 1998).

Nagel, Thomas, *The Last Word* (Oxford: Oxford University Press, 1997); dt. erschienen unter: *Das letzte Wort* (Stuttgart: Reclam, 1999 u. später).

Newbigin, Lesslie, *The Gospel in a Pluralist Society* (London: SPCK, 2014).

Nietzsche, Friedrich, *Twilight of the Idols* (New York: Macmillan, 1911); im Original auf Deutsch erschienen unter: *Götzen-Dämmerung oder Wie man mit dem Hammer philosophiert* (Berlin: Insel Taschenbuch, 1984 u. später).

Paley, William, *Natural Theology* (Cambridge: Cambridge Library Collection, 2009); dt. erschienen unter: *Natürliche Theologie* (Stuttgart: Cotta, 1837).

Pascal, Blaise, *The Mind on Fire: A faith for the sceptical and indifferent; from the writings of Blaise Pascal*, J. M. Houston (gekürzte Neuausgabe) (Vancouver: Regent College Publishing, 2003).

Pascal, Blaise, *Human Happiness* (London: Penguin, 2008).

Plato, *The Republic* (London: Penguin Classics, 2007); dt. erschienen unter: *Der Staat* (div. Ausgaben).

Ruse, Michael und Mayr, E., *Darwinism Defended: A guide to the evolution controversies* (London: Addison-Wesley, 1982).

Russell, Bertrand, *A Free Man's Worship* (Portland: T. B. Mosher, 1923).

Russell, Bertrand, *Mysticism and Logic* (Abingdon: Routledge, 1976); dt. erschienen unter: *Mystik und Logik* (Wien und Stuttgart: Humboldt, 1952).

Sartre, J. und Mairet, P., *Existentialism and Humanism* (London: Eyre Methuen, 1973); dt. u. a. erschienen unter: *Der Existentialismus ist ein Humanismus* (Hamburg: Rowohlt, 2023).

Scruton, Roger, *Modern Philosophy* (London: Penguin, 1994).

Scruton, Roger, *The Soul of the World* (Princeton: Princeton University Press, 2014).

Sheed, F. J., *The Confessions of St Augustine* (London: Sheed & Ward, 1984).

Skinner, B. F., *About Behaviorism* (New York: Vintage, 1974); dt. erschienen unter: *Was ist Behaviorismus?* (Reinbek bei Hamburg: Rowohlt, 1978).

Smith, James K. A., *On the Road with Saint Augustine* (Grand Rapid: Brazos Press, 2019).

Solzhenitsyn, A., *One Word of Truth…: The Nobel speech on literature 1970* (London: Bodley Head, 1972).

Strobel, Lee, *The Case for Christ* (Grand Rapids: Zondervan, 2016); dt. erschienen unter: *Der Fall Jesus* (Asslar: Gerth Medien, 2005 u. später).

Swinburne, R., *The Resurrection of God Incarnate* (Oxford: Oxford University Press, 2003).

Tolkien, J. R. R., *Lord of the Rings* (Boston, MA: Mariner, 2012); dt. erschienen unter: *Der Herr der Ringe* (Stuttgart: Klett-Cotta, div. Ausgaben).

Vermès, Geza, *The Resurrection* (London: Penguin, 2008).

Warner-Wallace, J., *Cold-Case Christianity* (Colorado Springs: David C. Cook, 2013); dt. erschienen unter: *Ungelöster Fall Christentum* (Dillenburg: CV Dillenburg, 2023).

Wicks, Robert, *Kant: A complete introduction* (London: Hodder & Stoughton, 2014).

Willard, Dallas, *The Allure of Gentleness: Defending the faith in the manner of Jesus* (San Francisco, CA: HarperOne, 2014).

Willard, Dallas, *The Divine Conspiracy: Rediscovering our hidden life in God* (London: William Collins, 2014); dt. erschienen unter: *GOTT: Du musst es selbst erleben* (Basel: Fontis, 2022).

Willard, Dallas, *The Disappearance of Moral Knowledge* (New York: Taylor & Francis, 2018).

Wolterstorff, Nicholas, *Lament for a Son* (Grand Rapids: William B. Eerdmans, 1987); dt. erschienen unter: *Klage um einen Sohn* (Göttingen: Vandenhoek & Ruprecht, 1988).

Wright, J., *Hume's »A Treatise of Human Nature«: An introduction* (Cambridge Introductions to Key Philosophical Texts) (Cambridge: Cambridge University Press, 2009).

Yancey, Philip, *What Good Is God?* (London: Hodder & Stoughton, 2010); dt. erschienen unter: *Spuren der Gnade: Erlebnisse auf meinen Reisen* (Gießen: Brunnen, 2013).

Artikel

Adams, Candace (15.3.2000), »Leading nanoscientist builds big faith«, *Baptist Standard.*

Al-Khalili, Jim (13.12.2012), »What is love? Five theories on the greatest emotion of all«, *The Guardian.*

Ananthaswamy, Anil (7.3.2012), »Is the universe fine-tuned for life?«, *Nova*, https://pbs.org/wgbh/nova/article/is-the-universe-fine-tuned-for-life (aufgerufen am 19.3.2024).

Associated Press, The (23.10.1994), »A Stradivarius lost 27 years ago now brings tug of war«, *New York Times*, www.nytimes.com/1994/10/23/us/a-stradivarius-lost-27-years-now-brings-tug-of-war.html (aufgerufen am 19.3.2024).

Atheist bus campaign, https://humanism.org.uk/campaigns/successful-campaigns/atheist-bus-campaign (aufgerufen am 19.3.2024).

BBC News (26.6.2000), »What they said: Genome in quotes«, *BBC News,* http://news.bbc.co.uk/1/hi/sci/tech/807126.stm (aufgerufen am 19.3.2024).

Bort, Julie (29.9.2016), »I've never felt more isolated: The man who sold Minecraft to Microsoft for $2.5 billion reveals the empty side of success«, *The Independent*, www.independent.co.uk/life-style/gadgets-and-tech/i-ve-never-felt-more-isolated-man-who-sold-minecraft-microsoft-2-5-billionreveals-empty-side-success-a7329146.html (aufgerufen am 19.3.2024).

Brodwin, Erin (26.10.2016), »What psychology actually says about the tragically social media-obsessed society in ›Black Mirror‹«, *Business Insider*, http://static1.businessinsider.com/psychology-black-mirror-nosedive-socialmedia-2016-10 (aufgerufen am 19.3.2024).

Brooks, David (7.4.2014), »What suffering does«, *New York Times,* https://www.nytimes.com/2014/04/08/opinion/brooks-what-suffering-does.html (aufgerufen am 19.3.2024).

Chesterton, G.K. (2008), »The house of Christmas«, *The Chesterton Review*, 34(3), 475-476.

Craig, Nicke und Snook, Scott A. (Mai 2014), »From purpose to impact«, *Harvard Business Review,* https://hbr.org/2014/05/from-purpose-to-impact (aufgerufen am 19.3.2024).

Craig, William Lane (28.3.2006), »Is there historical evidence for the resurrection of Jesus? A Debate between William Lane Craig and Bart D. Ehrman«, https://www.holycross.edu/sites/default/files/migration/files/resurrection-debate-transcript_1.pdf (aufgerufen am 30.4.2024).

Davies, Paul (26.6.2007), »Yes, the universe looks like a fix. But that doesn't mean that a god fixed it«, *The Guardian*, https://www.theguardian.com/commentisfree/2007/jun/26/spaceexploration.comment (aufgerufen am 30.4.2024).

Donnelly, Laura und Scott, Patrick (22.1.2017), »Mental health crisis among children as selfie culture sees cases of anxiety rise by 42 per cent in five years, NHS figures show«, *The Telegraph*, https://www.telegraph.co.uk/health-fitness/mind/mental-health-crisis-among-children-selfie-culture-sees-cases (aufgerufen am 30.4.2024).

Eames, Tom (20.11.2013), »Nicole Kidman: ›Oscar win showed me the emptiness of my life‹«, *Digital Spy*, www.digitalspy.com/movies/a532637/nicole-kidman-oscar-win-showed-me-the-emptiness-of-my-life (aufgerufen am 30.4.2024).

Einstein, Albert (1936), »Physics and reality«, *Journal of the Franklin Institute*, 221(3), 349-382.

Fry, Stephen (17.03.2014), »How can I be happy?«, *YouTube*, https://www.youtube.com/watch?v=Tvz0mmF6NW4 (aufgerufen am 30.4.2024).

Gibbs, Nancy (3.4.2017), »When a president can't be taken at his word«, *Time Magazine*, https://time.com/4710615/donald-trump-truth-falsehoods (aufgerufen am 30.4.2024).

Habermas, Gary (2004), »My pilgrimage from atheism to theism: A discussion between Antony Flew and Gary Habermas«, *Philosophia Christi*, 6(2), https://digitalcommons.liberty.edu/cgi/viewcontent.cgi?article=1336&context=lts_fac_pubs (aufgerufen am 30.4.2024).

Halliday, Nigel (2012), »Damien Hirst«, *Third Way Magazine* (https://www.thirdwaymagazine.co.uk/, aufgerufen am 30.4.2024; der Artikel ist online nicht mehr verfügbar).

Harris, Sam (7.6.2011, Update: 25.5.2011), »Toward a science of morality«, *Huffington Post*, https://www.huffpost.com/entry/ascience-of-morality_b_567185?guccounter=1 (aufgerufen am 30.4.2024).

Holland, Tom (27.9.2019), »We swim in Christian waters«, *Church Times*, www.churchtimes.co.uk/articles/2019/27-september/features/features/tom-holland-interview-we-swim-in-christian-waters (aufgerufen am 30.4.2024).

Hoyle, Fred (November 1981), »The universe: Past and present reflections«, *Engineering and Science*, 45(2), http://calteches.library.caltech.edu/527/2/Hoyle.pdf (aufgerufen am 30.4.2024).

Lawton, Graham (20.11.2019), »Why almost everyone believes in an afterlife – even atheists«, *NewScientist*, https://newscientist.com/article/mg24432570-500-why-almost-everyone-believes-in-an-afterlife-even-atheists/#ixzz6g7zE2AzO (aufgerufen am 30.4.2024).

M'Naghten [1843] UKHL J16 House of Lords, vgl.: Kaplan, Robert M. (20.1.2023), »Daniel M'Naghten: The Man Who Changed the Law on Insanity«, *Psychiatric Times*, 40(1), https://www.psychiatrictimes.com/view/daniel-m-naghten-the-man-who-changed-the-law-on-insanity (aufgerufen am 30.4.2024) [Quelle als Ergänzung zur dt. Ausgabe, da die Onlinequelle, die im Original zitiert wird, von Deutschland aus nicht erreichbar ist].

Nielsen, Kai (1984), »Why should I be moral? Revisited«, *American Philosophical Quarterly*, 21(1), 81-91.

Pannenberg, W. (1998), »The historical Jesus as a challenge to Christology«, *Dialog*, 37(1), 22-27.

Post-truth world, the, briefing (10.9.2016), »Yes, I'd lie to you«, *The Economist*, www.economist.com/briefing/2016/09/10/yes-id-lie-to-you (aufgerufen am 30.4.2024).

Scruton, Roger (31.5.2014), »Humans' hunger for the sacred: Why can't the New Atheists understand that?«, *The Spectator*, https://www.spectator.co.uk/article/humans-hunger-for-the-sacred-why-can-t-the-new-atheists-understand-that/ (aufgerufen am 30.4.2024).

Skiena, Steven and Ward, Charles B. (10.12.2013), »Who's biggest? The 100 most significant figures in history«, *Time Magazine*, https://ideas.time.com/2013/12/10/whos-biggest-the-100-most-significant-figures-in-history/ (aufgerufen am 30.4.2024).

#StatusofMind, www.rsph.org.uk/our-work/campaigns/status-of-mind.html (aufgerufen am 30.4.2024).

Stewart, Naomi (4.8.2016), »Swipe right for negative self-perception says research into Tinder users«, *The Guardian*, https://www.theguardian.com/science/2016/aug/04/swipe-right-for-negative-self-perception-says-research-into-tinder-users (aufgerufen am 30.4.2024).

Wehner, Peter (7.5.2019), »David Brooks's journey toward faith«, *The Atlantic*, https://de.everand.com/article/408991092/David-Brooks-s-Journey-Toward-Faith (aufgerufen am 30.4.2024).

Wright, N. T. (17.4.2014), »Only love believes: The resurrection of Jesus and the constraints of history«, *ABC*, https://abc.net.au/religion/only-love-believes-the-resurrection-of-jesus-and-the-constraints/10099298 (aufgerufen am 30.4.2024).

Denken und Glauben
ONLINE-KURS

+ 12-wöchiger moderierter Apologetik-Kurs

+ Wissenschaftlich fundierte Video-Vorträge

+ Austausch und Vertiefung im Online-Forum

+ Eigenen Fragen und Zweifeln nachgehen

+ Respektvoll sprach- & dialogfähig werden

20% Rabatt ✱ **Code: DENKEN20**

Weitere Infos und Anmeldung

www.pontesinstitut.org/akademie

Das Pontes Institut für Wissenschaft, Kultur und Glaube baut Brücken zwischen Denken und Glauben.
Für Skeptiker und Fragende. Für alle, die weiter denken und tiefer glauben.

 Kopfknistern – der Podcast
über Leben mit Sinn und Sehnsucht

 @pontesinstitut